トム・ウェインライト

ハッパノミクス

麻薬カルテルの経済学

千葉敏生訳

みすず書房

NARCONOMICS

How to Run a Drug Cartel

by

Tom Wainwright

First Published by PublicAffairs, 2016

詐欺師たちはすでにこうしたトリックを知っている。まっとうな人々もだまされないよう同じトリックを知っておく必要がある。

――ダレル・ハフ『統計でウソをつく法』

ハッパノミクス　目次

N
デンバー
ニューヨーク
ワシントンDC
アメリカ
サンディエゴ
エル・パソ
ティフアナ
シウダー・
フアレス
メキシコ湾
レイノサ
メキシコ
バハマ
大　西　洋
ハバナ
キューバ
ドミニカ
共和国
メキシコ
シティ
ジャマイカ
ハイチ
ベリーズ
アカプルコ
グアテマラ
ホンジュラス
カリブ海
エルサルバドル
ニカラグア
トリニダード・
トバゴ
パナマ
コス
タリカ
カラカス
ベネズエラ
ガイアナ
メデジン
スリナム
ボゴタ
フランス領ギアナ
コロンビア
キト
エクアドル
ブラジル
リマ
ブラジリア
ペルー
ラパス
ボリビア
サン
パウロ
リオデジャネイロ
チリ
パラグアイ
アスンシオン
太　平　洋
サンティアゴ
ブエノス
アイレス
ウルグアイ
モンテビデオ
アルゼンチン
0
2, 000 km
0
1, 200 マイル
ホーン岬

Introduction

カルテル株式会社

「みなさま、当機はただ今シウダー・フアレスに到着いたしました。現地時刻は午前8時ちょうどでございます」

11月の肌寒い朝。メキシコの砂漠上にある滑走路で、インテルジェット2283便の乗客のひとりが、靴下の内側に隠した小さなパッケージをそわそわした様子でいじっている。本当にこれでよかったのだろうか？　焼けるように暑い昼と凍てつくように寒い夜、その二つの顔を併せ持つ国境の街・フアレスは、アメリカへの主要なコカインの入口だ。太平洋岸とメキシコ湾岸のちょうど中間にあり、米テキサス州と金属フェンスで仕切られているその街は、かねてから麻薬密輸入者たちのたまり場となってきた。

ここでは、違法な財が築かれては、高級車、豪邸、そしてほどなくして華々しい霊廟へとつぎこまれていく。しかし、まぶしい朝日に目を細め、出口を警備する迷彩服と防寒帽姿の海軍兵士にびくびくしながらターミナルへと歩いているその乗客というのは、麻薬の運び屋ではない。この私だ。

ターミナルに入るなり、私はいちばん近いトイレを見つけ、個室にこもって、例のパッケージを取り出す。黒い小型の電子機器だ。ライター大でボタンとLEDライトがひとつずつついている。その数日前、メキシコシティで現地のセキュリティ・コンサルタントから渡されたものだ。彼は目の前にいる頼りないイギリス人の若者が、ファアレスで事件にあうのを心配していた。私が初めてファアレスを訪れたとき、現地では敵対カルテルの殺し屋たちが縄張りである都心部や軽量ブロックづくりのスラム街で抗争を繰り広げていて、この街は「世界一殺人の多い都市」の称号を得たばかりだった。連日、路上の殺人、大量虐殺、風変わりな切断遺体といった話題が地元紙やテレビ報道を埋め尽くしている。特に、余計なことに首を突っこんだジャーナリストが粘着テープでぐるぐる巻きにされ、車のトランクに押しこめられる事件はあとを絶たない。つまり、ファアレスは遊び半分で来るような場所ではないのだ。そういうわけで、先ほどのコンサルタントは私にデバイスを渡しながらこう説明した。空港に到着したら、デバイスのボタンを押し、LEDライトが点灯するのを待って、靴下に隠しておきなさい。ライトが点灯しているかぎり、たとえ私が何かの事情でホテルにチェックインできなかったとしても、私の所在を突き止められる――少なくとも、私の右足の所在は。

トイレの個室で、私は追跡デバイスをそっと取り出し、両手でひっくり返してボタンを押す。そして待つ。ライトは点灯しない。変だ。もういちど押す。反応なし。それから数分間、ボタンを軽くつついたり、ぎゅっと押したり、しばらく押下（おうか）しつづけたりしてみたが、何をしてもライトは点灯しない。結局、私はその不良品を靴下のなかに戻し、荷物をまとめて、緊張に震えながらシウダー・ファアレスの街へと降り立った。デバイスは壊れている。頼れるのは自分だけだ。

本書は、この地球上でもっとも異質で残酷な世界の取材へと派遣されたひとりの弱気なビジネス・ジャーナリストの物語である。私がメキシコを訪問した２０１０年といえば、金めっきを施した自動小銃AK－47で一部地域をほぼ無政府状態へと追いやっていた麻薬組織と政府との戦争がちょうど激化しはじめたころだった。２０１０年のメキシコの殺人件数は2万件を超え、西ヨーロッパ全土の約5倍にもおよんでいた。[1] 翌年になると暴力はいっそう増加した。ニュースは麻薬関連の話題で埋め尽くされ、毎週のように警官の腐敗、役人の暗殺、軍やライバル組織による麻薬密売人の虐殺が報じられた。それは文字どおり麻薬戦争であり、麻薬組織の側が勝利しつつあることは明白だった。

それまで、私は欧米の消費者の視点から麻薬関連の記事を書いたことはあった。ところが、ラテンアメリカを訪れた私は、麻薬産業の恐ろしい供給面を目撃することになった。そして、麻薬密売について書けば書くほど、麻薬ビジネスが非常に組織的なグローバル・ビジネスと酷似していることに気づきはじめた。どちらの業界でも、製品が設計、製造、輸送され、市場に流通し、世界の2億５０００万の消費者へと販売される。年間売上高は約３０００億ドルにのぼり、国にたとえれば経済規模で世界の40位以内に入る。[2] 麻薬王たちは妖しい魅力を湛（たた）え、怪物のようなニックネームを持つことも少なくない（メキシコのある麻薬王は「エル・コメニーニョス」「子ども喰い」と呼ばれている）。しかし、いざそうした麻薬王たちと個人的に会い、彼らの自慢話や不平不満を聞いていると、いつも企業経営者のそれを思い出す。蒸し暑い独房で一味の支配する縄張りの広さを私に自慢したエルサルバドルの極悪ギャングのボスは、まるで合併を発表するCEOのような口ぶりで、抗争中のギャング間の新たな手打ちについて陳腐な台詞を並べた。コカインの原料であるコカを栽培するボリビアの無骨な農民は、まるで商業園芸家のような自負と専門知識をひけらかしながら、すくすくと育った自身の植物について興奮気味に話した。この世でもっとも非情な無法者たちが、人材の管理、政府規制への対応、信頼できる供給業者の獲得、競合組織への対処など、企業経営者が日々頭を悩ませているような問題について語るのを何度も聞いてきた。

麻薬組織のクライアントも一般消費者と変わらない要求を抱えている。ますます多くの顧客が新製品のレビューを探し求め、オンライン購入を好み、業者に「企業の社会的責任」のようなものまで求めている。私はビットコインでドラッグや武器を匿名購入できるインターネットの闇サイト(「ダークウェブ」)にたどり着き、クリスタル・メスの吸引用パイプの販売業者と取引してみたが、アマゾンの販売店と同じくらい丁寧だった(実際には商品を返品したが、アマゾンよりはるかに親切に対応してくれた)。世界じゅうの麻薬産業を調べるにつけ、麻薬ビジネスを一般企業と同列に論じたらいったいどうなるだろうかと、ますます興味が湧いてきた。その集大成がこの本というわけだ。

経済学者の視点から違法薬物の世界を調べはじめて真っ先に気づいたのは、麻薬戦争の当事者たちが発表する大げさな数字の多くが完全なるデタラメだという点だ。私がメキシコに到着して間もなく、同国の都市・ティフアナで大量の麻薬が焼却処分された。兵士たちが火をつけて十分後ろに下がると、134トンのマリファナ(大麻)がもうもうと黒煙を立てて燃え上がった。ティフアナ郊外にある倉庫、6個のコンテナの内部に隠されていたその麻薬は、同国の麻薬押収量の最高記録を更新した。商品は輸出用で、1万5000個の砂袋大のパッケージに詰めこまれており、密売組織が商品の出荷先を区別するのに使う動物、スマイリー・マーク、シンプソンズの漫画といったロゴがつけられていた。検査、計量、写真撮影が終わると、押収された荷物はうずたかく積まれ、ホースでディーゼル燃料を撒かれたあと点火された。マシンガンを持った兵士たちが精神作用のある煙の風下を封鎖するなか、おおぜいの野次馬たちがその様子を見守った。メキシコ軍の同地域の司令官、アルフォンソ・ドゥアルテ・ムヒカ将軍は、42億ペソ（当時のレートで約3億4000万ドル）相当の麻薬を灰にしたことを誇らしげに宣言。アメリカの一部新聞はさらに誇張し、アメリカでの販売価格に基づき5億ドル相当と報じた。

しかし、どのような合理的分析をもってしても、これらの数字は桁違いにまちがっていた。ドゥアルテ将軍の計算は、メキシコにおけるマリファナ1グラムあたりの販売価格が約3ドルだという仮定に基づくようだ。3ドルと100トンを掛けると合計約3億ドルという数字がはじき出される。アメリカの場合はそれが5ドル程度なので、5億ドルという推定が出るわけだ。数値は非常に大ざっぱだとしても、論理自体は十分に筋が通っているように思える。しかし、この計算はめちゃくちゃだ。同じくらい中毒性の高いもうひとつのラテンアメリカの輸出品、アルゼンチン・ビーフを考えてみよう。米マンハッタンのレストランでは、8オンス（約227グラム）のステーキが50ドルくらいする。1グラムあたり22セントだ。ドゥアルテ将軍の論理に従えば、体重500キログラムの牛の価値は10万ドルをゆうに超えることになってしまう。

牛は、解体処理し、パッケージし、出荷し、下ごしらえし、焼き、客に提供された時点でようやく一切れ50ドルの価値を持つ。そのため、ニューヨークのレストランでの売値を用いて、アルゼンチンの平原をうろつく生きた牛の価格を計算する牛肉業界のアナリストなどどこにもいないだろう。ところが、アフガニスタンで押収されたヘロインやコロンビアで押収されたコカインの価値を計算するときには、それと同じことがまかり通っている。現実には、麻薬も牛肉と同じく、次々と付加価値が積み重ねられていってようやく最終的な「末端価格」へと到達する。マリファナ1グラムは、メキシコのナイトクラブでは3ドル、アメリカの大学寮では5ドルで売られるかもしれないが、ティファアナの倉庫に隠され、密輸、小分け、密売を待っているマリファナは、それよりもずっと価値が低い。現時点の最善の推定によれば、メキシコにおけるマリファナの卸売価格は1キログラムあたり約80ドル、つまり1グラムあたり8セントにすぎない。[3] この価格に基づけば、ティファアナで押収されたマリファナの価値は1000万ドル程度だっただろう。いや、それ以下かもしれない。たとえ違法商品を100トン隠し持っていたとしても、それをキログラム単位で販売するのは不可能だからだ。記録的な押収量であることはまちがいないし、みすみす麻薬を失ったカルテルではまちがいなく何本も首が飛んだだろうが、組織犯罪グループがこうむった3億4000万ドルの打撃という各紙の報道は誇張にすぎない。麻薬を所有する犯罪組織がこうむった損失は、実際にはおそらくその3パーセントにも満たないのだ。

ティファアナの巨大マリファナ倉庫の価値に関する仮定がこれだけ見当ちがいだとしたら、ほかにどんなウソが隠れているのか？　基本的な経済学を応用して、まったく別の視点から麻薬取引を分析したら、いったい何がわかるのだろう？　今いちど麻薬カルテルを詳しく見てみると、合法的な企業との共通点がいっそう明らかになる。コロンビアのコカイン・メーカーはアメリカの巨大スーパーマーケット・チェーン「ウォルマート」と同様、サプライ・チェーンを厳格に管理することで利益を守ってきた。メキシコの麻薬カルテルはマクドナルドが成功させたフランチャイズ方式で規模を拡大してきた。エルサルバドルでは、かつて不倶戴天の敵と誓い合っていた全身タトゥーのギャングたちが、競争するより協力したほうが互いの利益になると気づきはじめている。カリブ海諸国の犯罪者たちは悪臭ただよう刑務所を求人センターとして利用し、人材確保の問題を解決している。麻薬カルテルは、一般の大企業と同じくオフショアリングを試験的に取り入れることで、規制の緩い別の国々に問題の解決策を見いだしはじめているし、一定規模まで成長した大半の企業と同じく経営の多角化も試みている。そして、路面の小売店と同じくオンライン購入の波に押しつぶされつつある。

経済分析や経営分析を麻薬カルテルに適用するのは筋違いだと思うかもしれない。しかし、麻薬取引の経済的側面を理解せず、末端価格5億ドルとかいう妄想はなはだしい数値を垂れ流してきたからこそ、政府はこれまで貴重な血税や人命を無意味な政策につぎこむはめになってきたのだ。世界の納税者たちは、違法薬物取引との戦いに年間最大1000億ドルを支払っている。アメリカだけでも、連邦レベルでおよそ200億ドルを拠出しているし、年間170万人が麻薬がらみで逮捕され、25万人が刑務所に収監されている。[4] 麻薬を生産・密輸する国々では、麻薬業界への武力攻撃によって目もくらむような数の死者が出ている。メキシコの殺人発生率は十分に恐ろしいが、コカイン密輸ルート上にある国々と比べればかわいいものだ。それらの国々ではメキシコを年間数千人も上回る人々が麻薬ビジネスとの戦いで殺害されている。麻薬対策には巨額の公共投資が行なわれているが、それを正当化する根拠はなんともお粗末なのが現状だ。

麻薬密輸ルートをたどるなかで、私はボリビアからイギリスまで世界各国の政府が犯しつづけている四つの大きな経済的過ちに気づいた。一つ目は、麻薬ビジネスの供給側を封じこめることが圧倒的に重視されている点。経済学の基本に従えば需要に対処するほうが理にかなっている。供給を遮断しても、麻薬の消費量が減少するのではなくむしろ麻薬の価格が上昇するだけなので、かえって犯罪者の市場の価値が上がってしまう。二つ目は、短期的な見方が蔓延している点。政府は早期の介入では予算を出し渋るのに、その後の介入では惜しみなく予算を投じる。囚人の社会復帰、雇用の創出、薬物依存症の治療などといったプログラムは、予算が厳しくなると真っ先に削られるのに、ずっとコストがかかる最前線の取り締まり活動には際限なく予算が支出される。三つ目は、今や麻薬カルテルは国境のない身軽なグローバル・ビジネスへと進化しているのに、その取り締まり活動はいまだに国単位でぎこちなく行なわれているという点。その結果、麻薬ビジネスは国から国へと司法の網をかいくぐり、まとまりを欠く各国の取り締まりの裏をかきながら生き延びている。四つ目は、これがもっとも根本的な問題なのだが、禁止とコントロールを混同している点。麻薬を禁止するのは一見すると正しそうだが、裏を返せば、数十億ドル規模もの産業の独占的権利をこの世界でもっとも極悪非道な組織犯罪ネットワークにまるまる委ねてしまっているともいえる。麻薬カルテルのビジネス手法について学べば学ぶほど、麻薬の合法化こそが翻ってカルテルの破滅につながる気がしてならないのだ。

以降の章では、こうした主張を肉づけしていきたいと思う。しかし、私の言いたいことは要するにこうだ――麻薬カルテルが巨大なグローバル企業と同じように運営されていることを理解すれば、麻薬カルテルが繰り出す次の一手を予測し、税金や人命を無駄にすることなくその企みを阻止しやすくなる。本書は麻薬王向けのビジネス・マニュアルであると同時に、彼らに勝つための攻略マニュアルでもあるのだ。

Chapter 1

コカインのサプライ・チェーン

ゴキブリ効果と3万パーセントの値上がり

「どうも、ビン・ラディンです」

霧雨の降りしきる春の日。頭痛がするほどの標高にあるボリビアの首都・ラパス。私は戸口で雨宿りをしながら、山道を乗せていってくれる車の到着を待っていた。ほどなくして車が停まった。それは黒っぽいトヨタのランドクルーザーで、後部座席の窓に貼られている遮光フィルムの隅が少しだけめくれている。すると運転手が飛び降りてきて自己紹介した。「みんなからビン・ラディンと呼ばれているんだ。こいつのせいでね」。男はそう言うと、顎の先からゆうに15センチは伸びている真っ黒で立派なひげの先端をねじった。「コカ畑を見学したいってのはあんたかね？」

そう、私だ。アンデス山脈のこの場所にこそ、年間900億ドル規模ともいわれるグローバル・ビジネス、つまりコカイン売買のルーツがある。コカインは世界各国で消費されているが、そのほとんどが元をたどれば南米の3カ国、ボリビア、コロンビア、ペルーへとさかのぼる。粉末状のものを鼻から直接吸引したり、クラックと呼ばれる結晶状のものを火であぶって喫煙したりするコカインは、コカという植物が原料だ。コカは寒さに強い低木で、アンデスの丘陵地帯が栽培にもっとも適している。私がボリビアにやってきたのは、コカ栽培の様子を自分の目で確かめるためだ。暴力にまみれ、法外な利益を生み出すコカイン・ビジネスの長大なサプライ・チェーンのまさに原点ともいえる場所で、その経済的側面を詳しく観察してみたいと思ったのだ。

私はランドクルーザーの後部座席に飛び乗り、ふと悩む。雨のなか窓を開けておくか？　トランクのガソリン容器から漏れ出してくる悪臭に我慢して窓を閉じたままにするか？　結局、私は少しだけ窓を開け、雨のかからない中央の座席へと身をすべらせた。車は走り出し、標高3000メートルから4000メートルへとのぼり、ヒマラヤ山脈の街・カトマンズの3倍の標高に位置するアンデス山脈の高原地帯「アルティプラーノ」の峠を越えていく。ほとんど会話せず、たまに鼻歌を歌うだけのビン・ラディンが、カーブのたびにうなり声を上げるポンコツ車に檄(げき)を飛ばす。車が雲のなかを突き進んでいくと、その雲間から谷の反対側に積もる雪が見えた。

ボリビアには二つの主なコカ栽培地域がある。チャパレはボリビア中央部にある多湿地帯で、コカイン取引が急増したここ数十年間でコカ栽培が盛んになった。ユンガスは首都・ラパスの北東にある温暖な森林地帯で、昔からコカの葉が栽培されてきた。私たちが向かっているのはユンガスのほうだ。車がゆっくりと山脈東部の山道を下ると、空気は暖かくなり、剝き出しの岩肌が初めにコケ、次に青々とし

著者の運転手を務めた通称ビン・ラディン。ボリビア・アンデスのコカ畑へと向かう道中、「死の道路」から崖下をのぞきこむ（Tom Wainwright）。

たシダで覆われはじめる。私は谷の向こう側の景色に集中し、世にも恐ろしい「カミーノ・デ・ラ・ムエルテ」（死の道路）から必死で意識をそらす。それは幅の狭い砂利道で、右側には今にも崩れ落ちてきそうな切り立った絶壁、左側には深さ３００メートルにもおよぶ峡谷がある。ビン・ラディンが見通しのきかないカーブを勢いよく曲がるたび（いちどなど、小さな滝のなかに突入することもあった）、私は右側のドアに身を寄せ、ハンドルをぎゅっとつかむ。車が谷底へとすべり落ちはじめたら、すぐに飛び降りられるように……。

幸い、そんなことは起こらない。時には小さな地滑りをぎりぎりでかわしながら、何時間か走りつづけると、とうとう目的地に着く。ハラハラするような旅で神経がすっかりすり減っていたせいか、軽量ブロックやトタンの家々が大半を占める人口約５０００人の村・トリニダー・パンパは、まるでエデンの園に見えた。町へと続く道路は断崖絶壁ではなくバナナの木で囲まれ、南北に急傾斜する谷の斜面は高さ数十センチの段々畑状に削り整えられている。背後にそびえる高い山々は、紺碧の空に立ちこめる雲に頭を隠している。私は車を飛び降り、午後の暖かい空気を吸い、ようやく両足を伸ばして、町のはずれにあるプランテーションへと歩く。そこに生えている低木は見まがいようもない。立派な茎についた繊細なアーモンド型の葉が、赤みがかった土にしっかりと植えられた太い幹から突き出している。そう、コカだ。毎年何千何万という人々がそのために殺される10億ドルの葉っぱである。山腹を削ってこしらえられた幾段もの畑が、長い緑色の階段を形づくっている。

村の中心にある分かれ道で、地元のコカ栽培者組合の組合長を務めるエドガー・マルマーニと落ち合う。彼は私に気づくなり、泥だらけの手とゴム長靴という出で立ちのまますっとんできてくれていた。麻薬農家の組合など、世界のどの国を見渡しても違法だろう。しかしボリビアは、コカ栽培に関してはほかの南米諸国と比べて規制が緩い。アンデス地方ではヨーロッパ人がアメリカ大陸に到来するはるか昔からコカの葉が消費されてきた。コカ茶にして飲む人もいれば、数枚の葉をそのまま噛む人もいる（ボリビアの農民を見ていると、片方のほっぺたを膨らませ、仕事をしながら葉を噛んでいる光景をよく見かける）。葉っぱの形のままでは、コカインのような強烈な刺激効果はなく、むしろ高地の生活につきものである寒さ、空腹、高山病を和らげるともいわれている。ラパスのホテルの多くは到着した客にコカ茶をふるまっているし、実際にアメリカ大使館さえも少し前まではそうしていた。私も朝食時にマグカップで飲んだことがあるが、緑茶に似ていてさほど強い味ではない。この〝伝統的〟なコカの葉の使用を認めるため、ボリビア政府は毎年一定の土地にコカ栽培を許可している。

しかし、マルマーニが選んだ飲み物はコカではなくペプシだ〔コカ・コーラとかけているが、実際に初期のコカ・コーラには微量のコカイン成分が含まれていた〕。私たちは2個のプラスチック・カップと2リットルのペットボトルをはさんで、小さな商店のプラスチック椅子に腰を下ろした。私は開口一番、良質なコカの栽培方法をたずねる。「まずは段々畑をつくる必要がある」と彼は言い、山の斜面を指差す。段々畑はそれぞれ深さ60センチ程度に掘り、埋まっている石をすべて取り除く。１人あたり十数面の畑を世話しており、大地主ともなると最大で合計１エーカー（約４０００平米）を超える土地を管理しているらしい。ユンガスの温和な気候と肥沃な土壌のおかげで、農家は最大で年３回コカを収穫できる。これは日よけが必要で、栽培が難しく、年１回しか収穫できないコーヒーと比べるとずっと楽だ。唯一たいへんな時期は雨が降らない冬季（７〜９月）で、この期間だけはどうしようもないらしい〔ボリビアは南半球のため夏冬が日本と逆。収穫は３月、６月末、10〜11月の年３回が一般的〕。摘み取った葉は天日干しし、一つ20キログラムあまりの袋に詰め、ボリビアで合法的にコカの葉を取引できる二つの市場のうちの一つ、ラパスの「ヴィラ・ファティマ」へとトラックで運ばれる。トラックにはコカの厳密な積載量と産地を示すライセンス証が必ずつけてある。

ボリビアでは、コカ農家は容認されている、というよりもむしろ称賛されている。大統領のエボ・モラレス自身、もともとコカレロ（コカの栽培者）であり、かつてあらゆる法律を破ってコカ入りの袋をマンハッタンに持ちこみ、国連の代表者たちの前で堂々とコカの葉を噛み、コカの葉を非合法化する国際条約の撤回を求めたことがある。大統領のパフォーマンスは、アンデス諸国の問題にやたらと口出ししてくる欧米の干渉主義への抵抗だった。２００８年、彼は現地の政治に干渉したとしてアメリカ大使を追放、同時に米麻薬取締局も追い出した〔米麻薬取締局は数十カ国に国外事務所を持つ〕。コカの葉が国際的に禁止されてもなお、ボリビア国家はスイーツ、クッキー、飲料、コカ配合の歯磨き粉など、さまざまなコカ関連商品を製造する国内産業を支援している。コカ産業を規制するコカ次官室は、栽培できる葉の量に上限を課しており、コカイン製造に回されることのない、茶や歯磨き粉などの生産に必要なぶんだけのコカ栽培を認めている。が、この制度はざる同然だ。国連の推定によると、２０１４年のボリビアには約３万３０００

トンの乾燥葉を生産できる約2万４００ヘクタールのコカ栽培用地が存在した。しかし同年、ボリビアの二つの認可市場で取り扱われたコカの葉は1万９７９８トンにすぎず、推定生産量の3分の2にも満たなかった。[1] 残りはコカイン製造のため闇市場に流れたと見てまちがいない。

カルテルはコカイン製造をコカの葉に頼っているので、各国政府はコカイン・ビジネスの根源を絶つ手段としてコカ畑に狙いを定めた。１９８０年代終盤以降、南米のコカ生産国はアメリカの資金援助と専門知識を得て、違法コカ畑の発見と破壊に努めてきた。その発想は経済学的には実にシンプルだ。商品の供給を減らせば、稀少性が増し、値段が上がる。稀少性こそ、金が銀より、石油が水よりも高価な理由だ。多くの人が何かをほしがり、供給が不足すれば、より高い値段を支払わざるをえなくなる。政府は、コカの供給を減らすことで葉の価格が必然的に上がり、コカイン製造のコストが増すことを期待している。コカインの価格が上がれば、富裕国でコカインを購入する人々が減る。近年、カカオの不作でチョコレートの国際価格が上昇した結果、チョコレート好きが消費を控えているのと同じように、コカ畑を破壊すればコカインの価格が上がり、麻薬の使用者が摂取を控えるだろう、という理屈だ。

現在、ボリビアよりも親米であるコロンビアとペルーは、特に強硬路線を敷いており、軍を緊急部隊として招集してコカ畑の掃討作戦を実行している。山がちな両国ではこの任務はたいへん難しい。捜査員は軽飛行機でさまざまな高度を飛び、コカ栽培を示唆する段々畑を探していく。農家は隠れてコカを栽培するのがますますうまくなっているが、今では当局のほうが一枚上手だ。近年では、農村部の詳細な衛星写真を専門家が分析し、合法的なバナナ畑やコーヒー畑と違法なコカ畑を区別する。これらのマップをもとに、兵士がコカ畑を手作業で破壊していくのだ。コロンビアでは、軽飛行機による除草剤の散布も行なわれているが、コカとともに合法的な作物も破壊するとして、農家から不満の声が上がっている。2015年、コロンビアは除草剤に発がん性があるというWHO機関からの警告を受け、空中散布を無期限に中断した。

コカ畑の掃討作戦は、少なくとも表面的には大成功を収めてきた。この数十年間で、ボリビア、コロンビア、ペルーは膨大な広さの違法コカ畑を破壊し、年々その規模を拡大してきた。1994年、3カ国の政府は6000ヘクタール（60平方キロ）のコカ畑を破壊したが、[2] 2014年には主に手作業で12万ヘクタール（1200平方キロ）を破壊した。これは驚くべき成果だ。たとえるなら、毎年マンハッタンの14倍もの広さの庭の草刈りをするようなものだ（しかもときどき住民から発砲を受けながら）。国連の概算では、今やアンデス地方に植えられたコカの木の約半分が根絶されている。

年間の生産量が半分近くまで減れば、ふつうの産業にとっては大打撃となるだろう。しかし、コカイン市場はどういうわけか持ち直しつづけている。コカ畑が汚染され、焼き払われ、除草剤を散布されるたび、農家は場所を移し、新たなコカを植えてきた。その結果、総生産量はあまり変化していない。2000年、10年間の集中的な掃討作戦を経たあとも、1990年にほぼ匹敵する合計22万ヘクタール（2200平方キロ）の土地が南米でコカ栽培に使われていた。個々の国を見れば、コカ・ビジネスの締め出しに一時的に成功した例もある。たとえば、ペルーは1990年代にコカ栽培を大規模に削減したが、カルテルはすぐさま別の供給源を見つけ出し、コロンビアでコカ栽培が急増した。コロンビアが取り締まりを強化し、コカ栽培農家を排除すると、再びペルーにコカの段々畑が復活した。欧米の評論家はこれを「風船効果」と呼ぶ。風船の1カ所を絞ると別の場所が膨らむ様子からだ。ラテンアメリカには同じ現象にもう少しグロテスクな「ゴキブリ効果」という呼び名がある。ゴキブリと同様、麻薬密売人はひとつの部屋から追い出されても、すぐさま家の別の場所に住み着いてしまうのだ。

それでも、根絶支持派はまったく意に介さない。根絶の目的は必ずしもコカ栽培を一掃することではなく、コストを上昇させることだと考えているからだ。除草剤の散布を受けても以前と同じ生産量を維持するためには、農家は畑に出る時間を大幅に増やさざるをえない。軍に破壊された畑の代わりに新たな畑をつくるとなれば、巨額の経費がかかる。過去には栽培したコカの大半をコカインに変えることができたが、近年では手作業による除去や除草剤の散布によって半分近くが無駄になってしまう。

しかし、同じ量の葉を収穫するのに従来の2倍の量のコカ栽培が必要になったとしても、麻薬カルテルはコカインを値上げしたりはしていない。現在アメリカでは、純粋なコカイン1グラムあたりの価格はおよそ180ドルだ[3]（路上で売られている一般的なコカインは純度50パーセント程度なので、その半額）。コカ栽培に大鉈が振るわれてきたにもかかわらず、この20年間でほとんど価格は変動していないのだ。供給不足でも価格が安定しているひとつの理由として、需要の低下が考えられる。つまり、商品の流通量は減ったが、買いたいと思う人も減ったため、価格が変わらないというケースだ。しかし、コカインはそのケースには当たらないようだ。1990年代以降、アメリカのコカイン常習者はおよそ150万〜200万人のあいだで推移してきた。近年ではアメリカの消費量は大幅に下落したが、それをヨーロッパの需要増が補っている。国連によれば、世界的な需要は安定しているという。実に不思議だ。需要の安定と供給の減少は、ふつう価格の上昇をもたらすはずだが、コカインは低価格を維持している。麻薬カルテルはいったいどのように経済学の基本法則に逆らってきたのか？

そのカラクリを理解するため、ウォルマートを例に取ろう。全世界で年間5000億ドル近い売上高を誇る世界最大の小売チェーン「ウォルマート」は、ときおり麻薬カルテルと同じく需要と供給の法則に逆らっているように見える。ウォルマートの成功の要因は、ウォルトン兄弟が第1号店をオープンした１９６２年当時とさほど変わらない価格にある。前回の感謝祭を例に取ると、七面鳥が１ポンドあたり40セント、感謝祭向けの（はっきり言って悪趣味な）大皿９枚セットが１ドル59セントで販売されていた。

この激安価格こそ、ウォルマートの熱狂的な人気の理由だ。しかし、商品を納入する農家やメーカーにとって低価格は大打撃になることもある。ウォルマートなどの大手チェーンは食料品市場で巨大なシェアを占めているので、供給業者に多少なりとも無理な条件を押しつけられるのだ。ご存じのとおり、一つの企業が特定商品の支配的な売り手であるために、言い値で販売できる状態を独占と呼ぶ。しかし、ウォルマートなどの小売店を批判する人々は、このような企業が「買い手独占」の状態にあること、つまり特定商品の支配的な買い手であることを非難している（独占 monopoly が「単一の売り手」を表わすギリシャ語に由来するのと同じで、買い手独占 monopsony は「単一の買い手」を意味する）。独占企業がほかに買う当てのない消費者に好きな価格を押しつけられるのと同様、買い手独占企業はほかに売る当てのない供給業者に好きな価格を押しつけられる。大量の消費者に商品を売ろうとするなら、理論上、ウォルマートで商品を取り扱ってもらうしかないからだ。ウォルマート側もそれを知っているので、供給業者に無理難題を言うことができる。『フォーブス』誌の調査によると、ウォルマートを通じて商品を販売する割合が高い業者は、その割合が低い業者と比べて、平均的な利ざやが低かった。その差がもっとも顕著だったのが衣料品市場だ。ウォルマートを通じて販売している商品の割合が１割未満の衣料品メーカーは、平均49パーセントの利ざやを確保できていたのに対し、２割以上をウォルマートで販売しているメーカーは平均29パーセントにとどまった。[4] もちろん、価格を押し下げ、供給業者に効率化を迫ることは消費者にとってすばらしいことだし、経済全体にとってもメリットがある。コンサルティング会社「マッキンゼー」の調査によると、なんと１９９０年代後半の生産性向上の12パーセントはウォルマート単体が占めていたのだという。[5] しかし、供給業者にとっては死活問題だ。不作になれば生産コストが上がり、スーパーマーケットでも顧客でもなく、まちがいなく農家がそのしわ寄せを受けるだろう。

コロンビアにはまだウォルマートの店舗はない。が、コロンビアの麻薬密売組織は、サプライ・チェーンの活用という点でウォルマートの天才的な手法を活かしている。まず、麻薬カルテルは私たちが思うよりも巨大小売店に近く、栽培業者というよりもむしろバイヤーの役割を果たしている。コカイン・ビジネスと聞くと、ついカルテルが最初から最後まで工程全体を支配していると考えてしまう。銃を持ったギャングたちがライバル組織との抗争の合間に、肥料スプレー片手に愛情をこめてコカの木を世話している光景を想像しがちだが、ふつうはそんなことはない。コカイン産業の農業面は、たいていトリニダー・パンパで見たようなごくふつうの農家が担っている。彼らはコカと同じ報酬が得られるならトマトでもバナナでも喜んで育てるだろう。その点、カルテルはどちらかというと巨大スーパーマーケットに近い。農家から農産物を買い、加工してパッケージし、顧客に販売するわけだ。

南米の麻薬組織のボスは、ウォルマートの幹部と同じくらい供給業者の管理に熱心なのだろうか？ 2人の経済学者、ニューヨーク大学のホルヘ・ガジェゴとメリーランド大学のダニエル・リコは検証に乗り出した。2人はコロンビアに着目し、手作業と空中散布によってコカ畑の根絶が実施された国内の地域に関して、政府から情報を集めた（後者の詳細な記録は飛行機のフライト・レコーダーに保管されている）。そのうえで、このデータをコカの葉の地域別価格に関する国連の情報と対照した。この二つのデータセットを組み合わせることで、コカ掃討作戦が農家のコカ出荷価格に及ぼす影響を確かめることができた。[6]

もしコカ畑の根絶による供給削減の戦略が機能しているとすれば、コカ畑を根絶された地域ほど、そうでない地域よりもコカの価格が高くなるはずだ。ほかの条件が等しいとするなら、コカの供給が少なければ少ないほど、現地のカルテルはコカを入手するために高額なお金を支払わなければならない。ところが、そのようなパターンは見られず、コカ畑の根絶がコカの葉やさまざまな違法コカ製品の価格に影響を及ぼした痕跡はほとんど認められなかった。この結果に驚いた2人は、供給不足が価格に反映されるまでしばらく時間がかかると踏み、こんどは根絶から販売までに1年間の猶予を設けて再調査を行なった。しかし今回も、コカ畑の破壊がカルテルへの卸売価格に及ぼした影響はほぼ皆無であることが結論づけられた。

その理由は、コロンビアのコカイン取引を支配する武装集団が事実上の買い手独占の状態にあるからだ、と2人は推測する。通常の市場であれば、コカ農家は値段を比較し、最高値で買ってくれる相手に葉を販売できるだろう。つまり、供給が不足すると、コカの買い手は競り合い、葉の価格は上昇する。しかし、コロンビアの武力闘争は激しいため、どの地域を見ても通常ひとつの密売グループだけが実権を握っている。そのグループが地域のコカの葉の唯一の買い手なので、ウォルマートが時に言い値で商品を仕入れられるのと同様、農家に好きな価格を押しつけられるわけだ。つまり、掃討作戦や病害などの理由で葉の生産コストが上がると、その負担を負うのはカルテルではなく農家になるだろう。大手小売店が供給業者に負担を押しつけて自分自身や顧客を値上げから守るのと同じで、カルテルはコカ農家に負担を押しつけて自身のコストを低く保つのだ。「大口の買い手は固定価格を維持できるので、負担は農家が完全に負うことになる」と2人は記している。

別の言い方をすれば、コカ畑の掃討作戦にまったく効果がないわけではない。本来影響をこうむるべき人々とは異なる人たちにしわ寄せが行ってしまっているという点が問題なのだ。カルテルはウォルマートのようにサプライ・チェーンを掌握しているため、コカの栽培条件が悪化しても、貧しい農家がいっそう貧しくなるだけで、カルテルの利益が減ることも、コカインの販売価格が上がることもない。トリニダー・パンパのある農家は、未認可のコカ畑を根絶する政府の政策について問われると、匿名を条件にこう答える。「政策には反対だ。私たちはいつも政策をめぐって政府と衝突している。腹立たしいかぎりだよ」。コカ農家はコカイン・ビジネスを支配するギャングとかかわりを持ちたいと思っているわけではないが、それでも生産する作物を勝手に制限されることには憤っているようだ。その近く、草がぼうぼうと生い茂る畑の隣の壁に、白いペンキでこんな通告が書かれている。「この土地は根絶のため差し押さえ済み」。未認可の畑は手短な通告ひとつで破壊され、農家の暮らし向きはいっそう悪くなるが、彼らの顧客であるカルテルの利益にはなんの影響も及ばない。生産量は多く、小売価格は安く保たれ、コカイン・ビジネスは何事もなかったように続けられる。もし合法でさえあれば、ウォルトン兄弟は麻薬カルテルが営むアンデス地方のサプライ・チェーンを絶賛したかもしれない。

しばらくすると、私はエドガー・マルマーニと一緒に飲んでいたペプシの大型ボトルを飲み干すよう促され、一気に口へと流しこむ。ちょうどそのとき、小さな手が近くのコカの木から葉っぱを摘もうと伸びるのが見えた。トリニダー・パンパの子どもたちは6歳から畑に出る。午前中は学校に行き、午後になると親と一緒に植えつけや収穫を手伝うのだ。村には託児所がないため、幼い子どもは両親の仕事場に連れられ、段々畑をうろちょろしたり、母親の抱っこひものなかで昼寝をしたりする。アンデス地方のそのほかの場所でも状況はそう変わらない。国連の推定によると、コロンビアの平均的なコカ農家の収入は1日あたり2ドルそこそこにすぎない。コカ農家の貧困は、フェラーリに乗ってポーズを取り、動物園まで私有する裕福なコカイン王たちのイメージとはまるきり対照的だ。

どうすればカルテルにコストの一部を負担させられるのか？　カルテルが持つ独占力の根源は、農家に取引先が一つしかないという点にある。もっともわかりやすい解決策は、コカの売買市場で競争を生み出し、潜在的な買い手を増やして、カルテルに市場価格で取引をさせるというものだろう。しかし、ひとつだけ問題がある。コカ栽培は大半の地域で違法なので、政府が積極的にコカの買い手を増やすことはできないのだ。そこで、各国政府はコカの価格を吊り上げる別の方法を試してきた。農家に生計を立てる別の手段を与え、カルテルへのコカ販売に頼らなくてすむようにするという方法だ。

農家をコカの栽培から遠ざける「根絶」というムチを使う代わりに、多くの政策立案者はほかの作物への「補助金」というアメを与えることを提案している。アメリカが推進する根絶アプローチに反対する一部のヨーロッパ諸国は、ほかの農産業を促進するプロジェクトを開始した。コカよりも別の合法的な作物を栽培するほうが儲かるなら、農家は栽培する作物を変えるだろうと考えたからだ。実際、コカ農家は関心を寄せている。現地のコカ栽培者組合長のエドガー・マルマーニでさえ、初期費用が安くなるなら別の産業への移行も検討すると述べている。「家禽、トマト、豚肉、どれもコカより儲かるが、初期投資が必要なんだ」と彼は不満を漏らす。EUはこうしたニーズに応えるため、ボリビアで特にバナナ、コーヒー、柑橘類の栽培を促すプロジェクトに現金を拠出してきたし、麻薬農業の問題を抱える世界のほかの地域でも同じような戦術が試みられている。世界のケシの大部分が栽培されているアフガニスタンでは、ケシの代替作物として小麦や綿花の栽培が奨励されている。

この種の戦略が有効であるという証拠もある。米ワシントンDCを拠点とする研究機関「世界開発センター」は最近の調査で、メキシコの農家が合法作物と違法作物の栽培をどう決断するかを調べた。[7] 調査員たちはメキシコの主な麻薬作物である大麻とケシに着目し、主な合法作物であるトウモロコシと比較した。メキシコ人にとって麻薬と同じくらい中毒性のあるトウモロコシの重要性は計り知れない。トウモロコシは、平均的なメキシコ人が年間90キログラム消費するメキシコの国民食トルティーヤの主原料であり、同国には「トウモロコシなくして国家なし」という有名な言い回しもある。トルティーヤ生産者組合のロゴにはしかめ面のセンテオトルが描かれている。センテオトルはアステカ人が崇拝した気難しいトウモロコシの神で、かつては無数の人間が生贄として捧げられていたという。

しかし、国の象徴としても食べ物としても重要なトウモロコシは、生計を立てるには厄介な作物で、とりわけこの数十年間は、激しい価格変動のせいで農家の家計に大混乱をもたらしてきた。１９９４年の北米自由貿易協定（ＮＡＦＴＡ）の成立によってアメリカとの競争が生まれ、トウモロコシ価格が暴落したこともあれば、アメリカの干ばつによって供給不足となり、価格が高騰したこともあった。世界開発センターの調査員たちは、この価格情報とメキシコにおける大麻とケシの作付面積データを並べてプロットした。トウモロコシ価格が下落すると、トウモロコシ農家はどれくらい簡単に麻薬作物の栽培農家へと転身するのだろうか？

農家はきわめて簡単に転身することが判明した。１９９０年代にトウモロコシ価格が下落すると、農家は大麻やケシを栽培しはじめた。調査員たちの計算によると、トウモロコシの栽培地域では、トウモロコシの価格が59パーセント下落するとともに、大麻の栽培が8パーセント、ケシの栽培が5パーセント増加した。一方で朗報もあった。２００５年以降、トウモロコシの価格が再び上昇しはじめると、大麻の栽培量が急落したのだ。ただし、この現象には別の説明もありうる。アメリカの合法大麻ブームにより、メキシコ農家にとって大麻を栽培するうま味が激減したとも考えられる（第10章を参照）。ケシの生産量はトウモロコシ価格が持ち直したあとも高いままだったが、それでもトウモロコシ価格が違法作物に手を出すかどうかに大きく影響することがわかった。

言い換えると、ニワトリやトマトを育てるほうが儲かる状態をつくれば、アンデス地方の農家はコカ栽培をやめるかもしれない。これは事実上、買い手独占の問題を解決するもうひとつの方法だ。カルテルが要求するコカ（大麻、ケシ）の価格が安すぎるなら、農家はトウモロコシやトマトなど、ほかの作物に切り替えればよいのだ。少なくとも、農家にコカの栽培を続けさせようとするなら、カルテルは今までより高い値段で買い取らざるをえなくなるだろう。

この代替作物を開発する戦略のほうが違法作物の根絶よりは希望があるかもしれない。実際、しばらくは順調に成果が出ているように見えた。21世紀に入ると、初めて掃討プログラムと代替作物プログラムがコカの作付面積に一定の影響を及ぼしはじめたように見えた。２０１４年のコカの作付面積は13万ヘクタール（１３００平方キロ）で、２０００年比で4割も減少した。長年、アンデス地方の数十万人の農民が南米３カ国の軍や麻薬取締局の活動に抵抗してきた末、ようやく突破口が開いたかに見えた。

しかし、流れが好転したように見えたそのとき、国連とコロンビア政府の科学者チームが驚くべき事実を発見した。２００５年から２００６年にかけて1年近い実地調査を行なった結果、コカイン・ビジネスに緑の革命らしきものが起きていたことが判明したのだ。従来、コロンビアでは土地１ヘクタールあたり年間約４・７キログラムの純粋な粉末コカインを生産できると推定されていたが、今回の調査で約７・７キログラムに修正された。[8] 驚異の進歩だ。つまり、コロンビアのコカイン生産者は、従来よりも60パーセントも効率的にコカからコカインを生産する方法を開発したのだ。

いったいどのようにして？　それを調べるため、私は国連でボリビアの薬物対策問題を担当するペルー人のセサル・ゲデスに会いに行く。ゲデスは薬物というかなり深刻な分野で働いていることをみじんも感じさせないくらい陽気な人物だ。たびたび椅子からぴょんと飛び起きてはすばやく図を描き、大げさな身ぶりを交えながら自説を展開していく。「カルテルは常にもっと効率的な方法を探っているのです」と彼は語る。コカの葉から粉末コカインを製造するプロセスは、ジャングル内の秘密の製造施設で〝料理人〟が新たなレシピを開発するたびにどんどん進化していく。コカイン製造は通常二つのステップからなる。まずは、コカの葉を「コカイン・ベース」と呼ばれるべっとりとしたクリーム色のペーストに変える。そのためには、１トンの生の葉を３００キログラム程度になるまで乾燥させたあと、細かく刻み、セメント、化学肥料、ガソリンなどの有毒な化学物質と混ぜ、ろう状の葉からコカインを抽出する。残留植物をろ過し、化学物質を（おおむね）除去したあと、残った物質を煮詰める。こうしてできるのが、１キログラム程度のコカイン・ベースだ。次に、このペーストをコカイン塩酸塩（鼻孔吸引の可能な粉末コカインの正式名称）に変えるため、アセトンなどの溶剤、さらには塩酸と混合する。[9]こうして生じた混合物をろ過・乾燥すると、１キログラム弱の純粋なコカイン $C_{17}H_{21}NO_4$ が得られる。

　この基本的な製造プロセスは何十年も守られてきたが、最近になってカルテルの研究開発技術者が金脈を発見した。「製造プロセスは激変しました。新しい前駆化学物質や新しい装置が使われるようになったのです」とセサル・ゲデスは話す。基本的な技術革新もある。たとえば、葉の天日干しに無駄な時間をかける代わりに、オーブンで乾燥する。乾燥した葉を細かく刻む作業も、エンジン式の生垣バリカンを使って短時間で行なわれるケースが増えている。コカの葉からコカインを搾り出すプロセスを迅速化するため、改良した洗濯機が原始的な遠心分離機として用いられつつある。こうした製造施設は当局による発見を逃れるため、ジャングルの田舎道を走りつづけるトラックの後ろに設けられることもある。こうした技術革新や新たな前駆化学物質の使用により、ボリビアでのコカイン生産量は3年間で倍増したとゲデスは言う。

その結果、サプライ・チェーン内でのボリビアという国の役割も変わった。コカ・ペーストをコロンビアに運んでコカインへと変える代わりに、ボリビア人自身が精製するケースがますます目立っている。こうして精製されたコカインは隣国ブラジルへと運ばれ、ヨーロッパへと出荷されたり、ブラジル国内で消費されたりする。ブラジルは今やアメリカに次ぐ世界第2位のコカイン市場であり、クラック・コカインに限定すればまちがいなく世界一だ。コカイン・ビジネスの莫大な利益は国際的な密輸の部分で生じるため、ボリビアの密売組織はサプライ・チェーンのこの部分を支配することで財を築いたとゲデスは言う。「たったこれだけで――」とゲデスは言いながら、架空の国境をまたぐように部屋の一方から一方へと軽くジャンプしてみせた。「商品の価格が倍になるのですよ」。つまり、少なくとも現時点では、生産効率が向上したせいで作付面積の減少が効果を発揮していないということだ。国連によると、南米におけるコカの作付面積は１９９０年から２０１１年にかけて約25パーセント減少したが、生産効率の向上によってその少ない土地からつくられるコカインの量はむしろ3割ほど増加したのだ。

こうして見ると、南米のコカイン・カルテルにコカインの値段を上げさせる術（すべ）はないように思える。コカの栽培を阻止すれば被害を受けるのは農家ばかりだし、せっかくコカの栽培量の削減に成功したとしても、ごく基本的な技術の進歩によってたちまち効果が帳消しにされてしまう。

しかし、これらの問題よりもいっそう深刻なのは、コカインのサプライ・チェーンに攻撃を加えようとする取り組みに潜む根本的な弱点だ。麻薬カルテルがウォルマートのような薄利多売型の巨大小売店とはっきり異なる点がひとつある。感謝祭向けの大皿は、売れたとしても1枚18セントにもならないが、大量に売ることでそれなりの利益が得られる。利ざやは店舗や商品によって異なるが、ほとんどの小売店は仕入れ値に10パーセントから１００パーセントの利ざやを上乗せして商品を販売する。と聞くと暴利にも思えるが、コカインが市場に流通するまでの値上がり率と比べればかわいいものだ。

アンデス地方からロサンゼルスに至るまでに、コカイン1キログラムあたりの価格がどう推移するかを見てみよう。1キログラムのコカインを製造するには、３５０キログラム前後の乾燥したコカの葉が必要になる。ガジェゴとリコが入手したコロンビアの価格データによると、その量の葉はおよそ３８５ドルだ。これが1キログラムのコカインに変わると、コロンビアでは８００ドルで売られる。米シンクタンク「ランド研究所」のボー・キルマーとピーター・ロイターの取りまとめた数値によると、同じ1キログラムのコカインが、コロンビアから輸出される時点で２２００ドル、アメリカに輸入される時点で1万４５００ドルに達する。さらに、中間レベルの売人に渡った時点で1万９５００ドル、ストリート・レベルの売人によって売られる時点で7万８０００ドルになる。[10]この数字でさえ、コカインの値上がりの規模を正確にはとらえきれていない。各段階で密売人やディーラーがコカインをほかの物質と混ぜ、薄めることで、さらなる利ざやを得る。こうした点を考慮すると、純粋なコカイン1キログラムあたりの実際の小売価格はおよそ12万２０００ドルとなる。

恐るべき値上がり率だ。もちろん、そのすべてが純粋な利益というわけではない。コカインがここまで高額になる理由は、世界じゅうにコカインを秘密裏に輸送するのに、敵対ギャングの殺害（次章を参照）から当局の買収まで、さまざまな経費がかかるためだ。しかし、コカの出荷価格とコカインの末端価格の差（率にして3万パーセント以上）は、コカの葉の価格を上昇させようとする取り組みに関して重大な意味合いを持つ。仮に、南米の政府がその取り組みに成功し、コカ畑の大量削減やコカ農家への雇用提供により、コカの葉の出荷価格を3倍にできたとしよう。つまり、カルテルは1キログラムぶんのコカインの原料となるコカの葉を購入するのに、現在の385ドルではなく1155ドルを支払わなければならなくなる。ここで、余分なコスト770ドルの負担がすべて消費者に押しつけられると仮定しよう（現実には考えづらいが。おそらく、カルテルは農家に対してしているように、サプライ・チェーン内の別の誰かにコストを吸収させるだろう）。すると、アメリカで販売される純粋なコカイン1キログラムあたりの末端価格は、12万2000ドル＋770ドルで12万2770ドルになる。つまり、1グラムあたり122ドルから122ドル77セントへと77セント値上がりするわけだ。要するに、南米でコカインの原料の価格が3倍になったとしても（それすらも実現する兆しはないが）、アメリカにおけるコカインの小売価格はせいぜい0・6パーセントしか上昇しない。これでは、アンデス地方のコカの葉の供給を絶つために数十億ドルを投じても見返りは少なそうだ。

もちろん、サプライ・チェーンを進むにしたがって、コカイン価格が気の遠くなるほど上昇していくのは、供給面への介入に一定の効果があるという証だ。コーヒーと総栽培コストの変わらない単純な農作物が、欧米に届くころには同じ重さの金（きん）よりも高額になるのは、法執行機関の活動があるからだ。しかし、近年のコカ掃討作戦の成果を見るかぎり、サプライ・チェーンの初期段階への介入効果は限界に達してしまったようだ。政府は、カカオ豆の価格上昇がチョコレート・バーの価格上昇へと直結するチョコレート市場と似たような感覚でコカイン市場と向き合っている。しかし現実には、コカイン市場は原材料のコストが完成作品と比べて取るに足らない美術品市場に近い。コカの葉の価格を押し上げてコカインの価格を吊り上げようとするのは、絵の具の価格を上げて美術品の価格を押し上げようとするようなものだ。油絵に最高4600万ドルの値がつくゲルハルト・リヒターは、油絵の具の価格が2倍、あるいは5倍になっても、まったく心配しないだろう。同様に、麻薬対策当局がコカインのサプライ・チェーンの最初期の段階、もっとも価格の低い段階に対策を講じても、麻薬カルテルはさほど利益の心配をしなくてすむのだ。

アンデス地方で軍が続けているコカ掃討作戦は、どう見ても無駄だ。ほとんどの場合は農家がいっそう貧しくなるだけだし、カルテルに一定の負担を負わせることに成功したとしても、コカインの末端価格と比べれば微々たる額にすぎない。薬物問題の根源に攻撃を加えるのは一見すると賢明だが、経済学の観点からすると、むしろもっとも効果が低いのだ。コカインが本当に価値を増しはじめるのは、サプライ・チェーンのずっと先、アメリカの国境付近だ。そして次章で説明するとおり、そこはカルテルが全力で戦う価値ありと考えている場所でもある。

Chapter 2

競争か、協力か

「殺し合う」よりも「手を組む」ほうが勝るワケ

メキシコシティにある大統領官邸「ロス・ピノス」の大広間のひとつで、メキシコ大統領のフェリペ・カルデロンが37人のふてくされた顔が写ったカラー・シートを自慢げに掲げる。2012年10月、カルデロンの大統領任期も残すところ6週間。大統領は最後のインタビューで、メキシコの麻薬ビジネス界のキーマンたちを廃業に追いやってきた政権の実績を必死に印象づけようとしている。シートに写る37人の男は、『メキシコ連邦官報 *Diario Oficial de la Federación*』に発表された2009年の最重要指名手配犯たちだった。刑務所の顔写真に似たものもあれば、家族のアルバムから引き抜いてきたようなものもある。しかしもっとも目を惹くのは、多くの顔に勝利を示す黒い線が引かれていることだ。

メキシコ大統領フェリペ・カルデロンの麻薬密売人の手配犯リスト。大統領はその半数以上を廃業に追いこんだが、暴力はむしろ増加した（Tom Wainwright）。

「セタスに関していえば、最重要人物の1人がエル・タリバンだ」と大統領は言い、「逮捕」の刻印が押されたひげ面の写真を指す。セタスとはメキシコの最有力麻薬カルテルのひとつであり、そのメンバーの大半に取消線が引かれていた。「エル・アマリージョ（黄色）はセタスの一員としてメキシコ南東部を実質支配していた。エル・ルッキーはベラクルス全域を支配していた。ラ・アルディージャ（リス）は血に飢えたもっとも危険な殺人鬼だった」と大統領は続ける。全体で、37人のうち25人の顔に取消線が引かれている。うち17人が逮捕、6人が警察または軍による殺害、そして2人がライバル組織による〝処刑〟だ。攻撃はなおも続く。2013年7月、カルデロン大統領の任期満了から8カ月後には、セタスの最高幹部ミゲル・アンヘル・トレビーニョが米テキサス州との国境付近で逮捕。2015年3月には、北部の都市・モンテレイ近郊の高級住宅地で、ミゲルの弟で後継者のオマールがメキシコ治安部隊によって逮捕された。

メキシコの有力犯罪者たちを徹底的に排除すれば、メキシコのカルテルは廃業に追いこまれると思うだろう。しかし、現実はそうならなかった。カルデロン大統領の在任中、アメリカの国境を越えて密輸されるドラッグの量はいっこうに減る兆しを見せず、麻薬ビジネスに手を染める若者の数は多いままだった。カルデロンの6年間の大統領在職中に起きた非常に明確な変化のひとつが、暴力の急増だ。ミチョアカン州出身のその温厚な男が大統領に就任したとき、メキシコの殺人発生率は空前の低さだった。同国の２００6年の殺人発生率は10万人あたり約10件と、ラテンアメリカ諸国では安全な部類であり、アメリカの一部の州より低いくらいだった。ところが、２０１2年になると殺人発生率は2倍になり、カルデロンはメキシコ史上もっとも不人気の大統領として官邸を去った。今や風刺画家たちは、特大の軍服に身を包み、墓石や人骨の前で立ち尽くすカルデロンの姿を描いている。

メキシコの殺人発生率が急増するなか、隣国エルサルバドルでは正反対の現象が起きていた。かつてエルサルバドルはメキシコをはるかにしのぐ世界有数の暴力大国であり、全身タトゥーで知られる凶悪な「マラス」(ギャング)が毎日のようにスラム街で報復殺人を繰り返していた。しかし２０１2年、驚きの出来事が起きた。たった数日のあいだに平和が訪れたのだ。同国の二つの主要犯罪集団、マラ・サルバトルチャとバリオ18が思いもよらぬ手打ちを行なうと、殺人発生率は3分の2も減少した。それまで殺し合いを繰り広げるほどの天敵だった二つのギャングは、共同記者会見まで開き、今後殺害は行なわないと約束した。たちまち殺人発生率は年間換算でおよそ２０００件も減った。

メキシコのカルテルとエルサルバドルのマラスは、世界の同じ地域で活動し、同じ商品を取り扱い、同じくらい暴力も厭わない。それなのになぜ、ものの数年でメキシコのギャングはずっと凶暴になり、エルサルバドルのギャングはおとなしくなったのか？　経済用語で表現するなら、なぜ一方の市場では競争が激化し、もう一方では協力が生まれたのだろうか？

メキシコの麻薬戦争の爆心地、シウダー・フアレス。米国との国境沿いにある多くの都市と同じく、フアレスも常に急ごしらえの雰囲気がただよう街だった。メキシコの基準では決して貧しい街ではない。中心街にはまるでテキサス州から移植してきたかのようなバーやタコス店が立ち並ぶ。しかし、街のはずれでは困窮した労働者たちが暮らし、郊外の砂漠地帯にあるマキラドーラ工場〔アメリカへの輸出品に対して関税優遇措置が設けられている国境沿いの加工工場の総称〕で働き、輸出用のテレビや冷蔵庫の組み立てで生計を立てている。街の西端の山肌には、街じゅうから見えるほど巨大な白い文字で、「シウダー・フアレス。聖書は真実なり。読むべし」と描かれている。

神の力かどうかはともかく、つい最近までなんらかの力がこの街の平和を保っていた。殺人発生件数は年間平均４００件。人口１５０万の都市、ましてや銃が気軽に手に入る国と国境を接した貧困都市にしては、驚くほどの多さではない。しかし２００８年、裏の犯罪社会で何かが動いた。暴力は急増し、２０１１年夏になると、市の遺体安置所には月間３００体のペースで死体が積み上がった。

遺体には組織犯罪のまぎれもない痕跡が認められた。被害者の多くが、その曲がった弾倉から「クエルノ・デ・チボ」（ヤギの角）と呼ばれる自動小銃ＡＫ－47の銃口から発射された大口径の弾によって殺害されていたのだ。遺体の多くは、別の州で誘拐され、フアレスで遺棄された身元不明の流れの殺し屋かその犠牲者だった。ある時期、市は月間50体ほどの遺体を「身元不明の男性」または「身元不明の女性」と分類していたほどだ。カルデロンの大統領在任中、2万5000人以上が前触れもなく失踪し、その多くが増設された市の遺体安置所の冷蔵保管庫行きとなった。その建物の高いフェンスの外ではいまだに、失踪した親類を探す家族たちの小さな列が日常的に見られる。

なぜメキシコのカルテルはフアレスのような土地をめぐってこれほど熾烈な争いを繰り広げるようになったのか？　一見すると、フアレスは麻薬カルテルにとってさほど重要な場所とは思えない。大麻やケシが栽培されているはるか南と西のシエラ・マドレ山脈、コカイン生産用のコカが栽培されている南米と比べれば、麻薬の供給という点での貢献はない。また、需要の中心地でもない。現地の小売市場の価値は、国境を越えたアメリカの大都市には遠く及ばない。それでも、フアレスの支配権をめぐる戦いは熾烈を極め、その街は何年も連続で世界一の殺人発生率を記録しつづけていた。

当然ながら、カルテルにとってのフアレスの真の価値は、巨大市場への入口という点にある。アメリカ人の悪癖を断(た)つという仕事を課せられた米麻薬取締局の推定によれば、メキシコ経由でアメリカへと輸入されるコカインのおよそ7割が、フアレスで国境を通過するという。麻薬以外にも、昔から数多くの密輸品がこのチワワ砂漠の街を通じてアメリカに流れこんだ。1970年代にコカインが広まる前から、アメリカの旅行客は安価な酒、自動車修理、歯の治療、売春婦、その他のものを求めて日帰りでここに押し寄せていた。メキシコの人件費の安さのおかげであらゆる商品が安く手に入るのだ。飛行機でやってくると、どこまでがフアレスでどこからがテキサス州のエル・パソなのか見分けがつかないほどだ。

カルテルの活動を封じるため、アメリカとメキシコの当局は国境の警備を必死で強化してきた。特に

9・11以降、アメリカ側の国境では厳戒態勢が敷かれている（これには犯罪者だけでなく合法的な商売人も苛立っているようだ。アメリカの日帰り旅行客が減って景気が悪くなったファレスのあるバー経営者は、「国土安全保障省なんてくそくらえ！」と私に嘆いた）。しかし、裏を返せば、国境警備の強化で各国境検問所の価値が増したともいえる。メキシコと世界最大の麻薬市場とを隔てる全長3000キロメートルあまりの国境には、正式な国境検問所が47カ所しかない。そのうち上位の数カ所が、通過する貨物トラック数という点で群を抜いている。この主要な検問所の最低ひとつを支配しないかぎり、カルテルはビジネスで成功できないのだ。

当然、それぞれの検問所をめぐる競争は激しくなる。過激な暴力に見舞われている国境沿いの都市はファレスだけではない。ティフアナ、レイノサ、ヌエボ・ラレドも近年ではカルテルの主戦場となっており、アメリカと国境を接するメキシコの六つの州は国内でも特に殺人発生率が高い。この6州と肩を並べるのが巨大な港を抱えるベラクルス州やミチョアカン州であり、国境沿いの都市とまったく同じ理由でカルテルから重要視されている。こうした麻薬の出入口は貴重なので、麻薬密輸組織はその地域を支配するために粉骨砕身して戦うわけだ。

しかし、競争が起こる下地はもともとできあがっていたはずだ。なぜカルデロンが大統領になったとたんにこれほど競争が激化したのか？　ファレスの麻薬取引は長らくカリージョ・フエンテス組織（略称ファレス・カルテル）が支配していた。1990年代、ファレス・カルテルの実権を握っていたのは、自身の所有する何機ものプライベート・ジェットでコロンビア製のコカインを密輸したことから「空の帝王」と呼ばれたアマド・カリージョ・フエンテスだった。しかし、まるでB級ギャング映画の筋書きのごとく、その彼が1997年にメキシコシティで整形手術の最中に死亡したのだ。死亡の原因や経緯については不明だが、その数カ月後、手術ミスを犯した3人の医師が２５０リットルのドラム缶からコンクリート詰め死体となって発見された。フアレス・カルテルにとってもうひとつの打撃は、カルテルが政府内に抱えていた主要な手先の1人の正体が暴かれたことだった。ホセ・デ・ヘスス・グティエレス・レボージョ将軍は、メキシコ連邦政府の麻薬戦争本部長としてメキシコの麻薬対策を一手に取り仕切っていた。その彼がずっとフアレス・カルテルの手先だったというのだから驚きだ（どこかで聞いたような話だと思うなら、それは麻薬ビジネスをテーマにした２０００年の映画『トラフィック』でこの将軍がはっきりと描かれていたせいだろう）。アマドが死亡し、腐敗した麻薬戦争本部長がいなくなると、フアレス・カルテルは衰退した。

　この機に乗じたのが敵対するマフィアだった。密輸ビジネスが安定して行なわれているフアレスは、獲得の絶好の標的となった。あとはそれにふさわしい企業買収の達人が登場するのを待つだけだった。そんな２００1年冬のある朝、抜群のタイミングで、メキシコ一の策略家で麻薬王のホアキン・グスマンが刑務所を脱獄した。グスマンは、シナロア州のシエラ・マドレ山地出身のずんぐりむっくりとした男で、１６８センチという身長から通称「エル・チャポ」（チビ）と呼ばれる。その体型は、メキシコシティ郊外の刑務所から洗濯物用カートに隠れて脱出するのにまちがいなく役立った。囚人の汚れた下着のなかにまぎれて脱獄するというのは、なんともみじめな光景だが、メキシコ最有力の麻薬王、そして世界最大の麻薬密輸組織「シナロア・カルテル」の最高幹部としての名声になんら傷をつけたりはしなかった。米『フォーブス』誌の長者番付に名を連ねたエル・チャポは２０１０年、世界で60番目に影響力のある人物にも選ばれた（ちなみに、カルデロン大統領は圏外）。

　そのシナロア・カルテルとフアレス・カルテルが抗争を始めるまで時間はかからなかった。２００４

年、フアレス・カルテルのカリージョ・フエンテス兄弟の末弟ロドルフォが、シナロアの映画館の外で殺害される。エル・チャポが殺害命令を下したと疑われた。同じ年、エル・チャポの弟アルトゥーロがおそらくその報復により刑務所内で殺された。その後、まあまあ平穏な4年が過ぎたあと、こんどはエル・チャポの息子の1人のエドガーが、シナロアのショッピング・センターの外で射殺された（伝説によると、2日後の母の日、シナロアの女性たちが赤いバラを買おうとしたが州内全域で品切れになっていた。悲しみに暮れたエル・チャポが買い占めたらしい(1)）。数カ月後、エル・チャポの元恋人が車のトランク内で死体となって発見された。その体にはライバル組織のロゴが刻まれていた。それはまぎれもない戦争だった。

２０１１年、私が初めてフアレスの地におそるおそる舞い降りたのは、結果的に見ればその戦争の絶頂期だった。ノートを手に抱え、故障した追跡デバイスを意味なく靴下のなかに詰めこんだまま空港を出ると、私はその日の運転手役を務めてくれる現地の仲介人ミゲルと落ち合う。普段、こういう旅ではタクシーを利用するのだが、フアレスのタクシー運転手はカルテルの見張り番を務めているという噂があるので、私は友人を通じてミゲルに連絡を取った。お抱えの運転手がいるというのは至上の贅沢だが、そう感じたのもミゲルにバックギアがきかないと言われるまでの短いあいだだった。おかげで、2人がかりで車を押して駐車場から出るはめになった。逃亡用の車としてはなんとも心もとない。私は内心そう思いながら、街へと向かう。

幹線道路を通ってフアレスの街に入ったとたん、私はただならぬ雰囲気を感じる。交差点という交差点が食品、うちわ、ハエたたきの露店で埋め尽くされているメキシコのほかの都市とはちがって、路上がガランとしている。冬の昼下がり、気温も上がってきたというのに、車の窓はみな閉じられたままだし、人々の運転もかなり慎重だ。メキシコシティの運転はかなり荒々しいが（試験官の腐敗が進み、賄賂なしでは運転試験に合格するのが難しくなったため、数年前に試験が廃止されたせいもある)、ファアレスの運転はいたって丁寧だ。赤信号で停止したとき、ミゲルがやたらと車間距離を取るので、私はその理由をたずねる。「撃ち合いが始まったときのためさ」と言い、肩をすくめるミゲル。赤信号は殺し屋がターゲットを暗殺する絶好のタイミングなので、前の車とのわずかな車間距離が、銃撃戦から逃げられるかその場に閉じこめられるかを分けるのだ。

私はファアレスの麻薬ビジネスの動向を見守ってきたシウダー・ファアレス自治大学のウーゴ・アルマダ教授に会いに行く。待ち合わせの場所は街の中心部にあるアメリカ風レストラン「バリーガス」で、彼はやってくるなり疲れた様子でボックス席へと身をうずめた。「麻薬の流れは川の流れに似ている」と言って、教授は片手でエンチラーダを切りながら、テーブルの上に掲げたもう片方の手を川のようにうねらせた。「流れをせき止めようとしても」と言いながら教授が手をテーブルに打ち下ろす。「別の場所に流れていくだけだ」。多くのメキシコ人と同様、教授はカルデロン大統領が麻薬戦争を文字どおりの戦争ととらえていることに不満を抱えている。密輸活動の兆候を少しでも嗅ぎ取れば軍を派遣し、徹底的につぶすことで、かえって無用な混乱を招いているというのだ。教授はアメリカの時と場合に応じた〝戦争〟のしかたをしぶしぶながらも称賛する。「アメリカを手本にしなければならない。あっちでは、麻薬があちこちに運ばれ、卸売が進み、資金が洗浄されても、何も起こらない」と彼は言う。「が、ひとたび警官が殺されれば、軍が動員される。犯人は懲役40年を食らい、絶対に逃げられない。それが不文律なのだ。しかしこの国では、密売人が鉛の兵隊をやっつけるみたいに警官を殺しまくっている」

今やファアレスの抗争の最大の特徴となった警官殺しには、経済的な理由がある。2008年に初めてカルテルどうしの敵対が高まったとき、シナロア・カルテルはファアレスにある殉職警官の記念碑にメッセージを吊し、宣戦布告した。黒のマーカーで書かれたシナロア・カルテルのポスターには、「われわれを信じなかった者たちへ」という見出しとともに、暗殺された現地の4人の警察官の名前が記されていた。その下には、「われわれを信じようとしない者たちへ」というもうひとつの見出しとともに、17人の現職警察官の名前が記されていた。この暗殺リストを公表するやいなや、シナロア・カルテルは1人ずつ順番にしらみつぶしで警察官を殺していった。最初の6人が殺害されると、残りの人々は逃げ出した。

警察を狙ったのはたまたまではなかった。買収を試みる際、麻薬カルテルは一般企業と同じように規制当局に取引を認めさせようとする。当然、麻薬業界の主な規制当局といえば警察だ。警察の仕事は麻薬ビジネスを阻止することだが、十分な賄賂や脅迫を用いれば、警察にビジネスを黙認させることも可能だ。エル・チャポが問題に直面したのはこの点だ。ファアレス・カルテルは規制当局を手なずけるのがうまく（国の麻薬対策のトップをうまく買収したことからもわかる）、市の警察はファアレス・カルテルに懐柔されていると広く考えられていた。

しかし、市警察の上に立つ市は、その説を真っ向から否定している。本当に市警察は麻薬密売組織を食い止める気があるのだろうか？　テキサス州境から射程圏内の距離にある掩体壕（えんたいごう）のようなコンクリートの建物で、私がファアレス市長のエクトル・ムルギア・ラルディサバルにその疑問をぶつけると、彼は苛立ちをあらわにする。「お宅の国の警察に比べれば、うちらのほうが優秀だと思うがね」と彼は吐き捨てると、残りのインタビュー中ずっとあからさまに携帯電話をいじっていた。しかし、ファアレス市警とファアレス・カルテルが無関係でないという証拠は山ほどある。ムルギア市長のもとで公安当局のトップを務めていたある男は、アメリカの国境検問所の職員に1万9250ドルの賄賂を支払い、400キログラムのマリファナ（大麻）を積んだトラックの入国を見逃させたとして投獄された。[2] また、ファレス・カルテルには実行部隊「ラ・リネア」があり、そのメンバーの多くは元または現職の市警察官で占められている。こうしたファレス・カルテルと市の警察官との癒着のせいで、エル・チャポは手詰まりに陥った。長年カリージョ・フエンテス一族に忠誠を誓ってきたファレスの警察が、そう簡単に寝返るわけもなかった。

規制当局に買収計画を邪魔された場合、一般企業ならどうするだろう？　ひとつの方策は、管轄の異なる別の規制当局にアプローチするというものだ。２０００年、米ゼネラル・エレクトリック（ＧＥ）と米ハネウェルのあいだで持ち上がった合併話を例に取ろう。ＧＥが侵入警報器からヘリコプター部品まであらゆるものを製造する巨大テクノロジー企業「ハネウェル」の買収計画を発表すると、ＧＥの競合企業は恐怖した。アメリカの競争当局はゴーサインを出したが、ＧＥの競合企業はそれを認めず、ヨーロッパの競争当局である欧州委員会に掛け合った。まったく同じ事実を精査した結果、委員たちは別の結論を出した。ハネウェルのジェット・エンジン・ビジネスにＧＥの製品群が加われば、一部の市場で独占が生じるとして、合併は競争に悪影響を及ぼすと結論づけたのだ。こうして、ＧＥの競合企業は別の規制当局に掛け合うことで、ひとつの規制当局の決定を阻止することに成功したのだ。

麻薬カルテルも似たようなプロセスを用いている。シウダー・ファレスの規制当局、つまり市警察に、市内の麻薬ビジネスの買収を認めさせることができなかったエル・チャポは、別の機関に訴えかけた。幸い、メキシコの何層にもわたる警察制度がそれを可能にした。メキシコでは、２０００超ある地方自治体のそれぞれに独自の警察が存在するうえ（少なくとも名目上は。田舎の警察はあってないようなもの）、31州すべてに独自の州警察が存在する。さらにその上に連邦警察がある。連邦警察は、高度な訓練を受け、重度に武装し、全国的に活動を行なうエリート部隊で（ほかの警察と比べればだが）、カルデロン政権時代に大幅に拡充された。

エル・チャポが目をつけたのはずばりその連邦警察だった。ファアレス市警の腐ったリンゴはすでにカリージョ・フエンテスの組織のために働いていたし、州警察の多くも同様だった。しかし、全国から募集され、ファアレス・カルテルに特別な忠誠を誓っていない連邦警察の警官なら、説得の余地があるかもしれない。

こうして、ファアレスの街を警備する2種類の警察が撃ち合いを繰り広げるというなんとも不条理な状況ができあがった。両警察とも相手が抗争中の麻薬カルテルの一方に荷担していると主張し、そしてお互いの主張が正しいことも少なくなかった。市警察がバーを襲撃している2人の連邦警察官を逮捕したかと思えば、ある誘拐団を一網打尽にした連邦警察がメンバーのなかに市の警察官を発見したこともあった。軍が武器の不法所持で市の警察官を一斉逮捕すると、残りの警官たちが逮捕を恐れてもうパトロールは行なわないと宣言したこともある。２０１１年には、ムルギア市長のボディガードを務めていた市の警察官が連邦警察官に射殺され、世界的なニュースになった。

アメリカがＧＥの買収に対するヨーロッパの立場を批判したように（アメリカの司法次官補は「独占禁止法の精神に反する」と述べた）、ファアレス地方当局はシナロア・カルテルのファアレス買収に対する連邦警察の対応を猛批判した。あるとき、ムルギア市長は連邦警察の警官たちに向かってこう叫んだ。「君たちにファアレスで命令を出して回る権利はない」。今やカルテルどうしだけでなくライバル警察どうしでも繰り広げられるようになった抗争は、２００８年に連邦警察がファアレスに大量動員されると、はるかに過激さを増した。

ファレスの乗っ取りを試みるシナロア・カルテルに対して、ファレス・カルテルは買収の危機に直面した一般企業と似たような反応を見せた。ファレス・カルテルが最初に取った行動のひとつは、乗っ取りを試みる組織に対するネガティブ・キャンペーンだ。メキシコ北西部一帯に、エル・チャポへの抵抗を住民に呼びかける手書きの垂れ幕が掲げられた。エル・チャポとシナロア・カルテルの一味は単なる麻薬密売組織ではなく、強盗、レイプ魔、そして政府の二重スパイだと訴える内容だった。

そして、これまた買収の危機に直面した一般企業と同じく、ファレス・カルテルには自衛のための軍資金が必要だった。シナロア・カルテルがファレスの麻薬供給ラインを掌握しはじめると、ファレス・カルテルはゆすりという新たな収入源に目をつけた。ゆすりは街の生活に壊滅的な影響を及ぼし、街の企業はギャングたちの要求する新たな〝税金〟のせいで無一文になった。

ファレスの中心部を歩いていると、ゴーストタウンを訪れている気分になる。屋根にマリアッチ歌手の巨大模型が立っているレストラン「エル・プエブロ」は貸しに出され、その近くの「ホテル・オリビア」はまるで爆撃を受けたように屋根が陥没している。そんな景色のなかを通り過ぎつつ、私はカルテルとの関係について話を聞かせてくれるという数少ない現地の商売人が経営するバーへと入る。数秒後、日中の強烈な日差しからバーの薄暗い明かりへとようやく目が慣れると、私は退屈そうな数人の娼婦がいるだけで客のいない店内に、店主の姿を見つける。毎週のみかじめ料の支払いは、追加の従業員を1人雇っているようなものだ、と店主は言う。みかじめ料は週1500ペソ（約120ドル）で、万がいち支払いが遅れると、「電話がかかってきて誘拐すると脅される」そうだ。街じゅうにある全焼家屋が、脅迫に従わなかった者のなれの果てを常に思い出させる。誰もカルテルの手からは逃れられない。葬儀場のつややかなガラスの壁は銃弾を受けて交換せざるをえなくなったし、向かいのレストランは窓から手榴弾を投げこまれた。

血みどろの戦いの末、エル・チャポの一味が少しずつ優位に立ちはじめた。彼らは市の警察官を殺害するだけでなく、州の検察当局がファアレス・カルテルのために不正を働いているという噂を流した。シナロア・カルテルの殺し屋は、引退したばかりの州検察長官の実の兄弟を誘拐し、銃口を突きつけ、自分の身内がカルテルと州当局との窓口を務めていたと〝自白〟させ、その様子を録画した。ユーチューブに公開されたその動画で、彼は数週間前に元レスラーの兄弟ともども殺害された警察の元情報部員を含め、数人の警察関係者をカルテルの一味として名指しした。真偽はともかく、この強制的な自白は地方当局への信頼を奪った。おそらく、ファアレスの覇権争いのターニング・ポイントとなったのは、ラ・リネアのリーダー、ホセ・アントニオ・アコスタ（通称「エル・ディエゴ」）の2011年の逮捕だろう。逮捕後、彼は1500人以上の殺害を指示したことを自白。エル・チャポが支配的な地位につき、ファアレス・カルテルからの抵抗が弱まると、殺人発生率は減少した。規制というハードルをようやく克服したことで、シナロア・カルテルの乗っ取り計画はついに完了した。

メキシコの何層にもわたる警察制度のせいで、乗っ取りを画策するカルテルは何段階もの政府当局と交渉が必要になり、紛争が長引く。カルデロン大統領は、連邦政府が州政府や地方政府の妨害を受けているとたびたび不満をこぼした。ファアレスの街が落ち着きを取り戻しはじめたちょうどそのころ、かつて米俳優のジョン・ウェインが別荘を所有し、クリントン夫妻がハネムーンを過ごした華やかな港湾都市・アカプルコが、ファアレスと同じような凶暴な乗っ取り計画の標的となった。憤慨したカルデロン大統領は、地方政府が連邦当局に協力しようとしないことが問題の一端だと私に嘆いた。「私自身、アカプルコ市長になりたいくらいだ。あそこは私の大好きな街だし、おおいに楽しめるだろう」と彼は話した。「だが、向こうには市の政府があり、［州の］知事がいて、5000人の警官がいる。いちばん望ましいのは向こうの警察が機能することだが、機能しないあいだは、まちがいなく不安定な状況が続くだろう」。その不安定な状況と、それによって増加するカルテルどうしの無秩序な争いこそが、カルデロン政権時代に最大6万人もの人命を奪ったと考えられている。

そうして、メキシコという国自体もまた、暗く不穏な場所へと変わってしまった。ファアレスにいると、恐怖心から同じ場所に長居していられない。私はブリトー・レストラン「ザ・ゴッドファーザー」（この街は片時もマフィアのことを忘れさせてくれないらしい）で昼食をかきこみ、急ぎ足で次の約束の場所へと向かう。夕方、日が暮れる前に街を出ようと空港に向けて走っていると、ミゲルが静かな声で言う。「誰かに尾けられている気がする」。目出し帽のすきまからうつろな目で私たちを見つめる兵士や連邦警察官の乗る小型トラックが近くを通るたび、私たちは黙ってアクセルを踏む。日も落ちかけたころ、私たちはようやく空港に到着する。飛行機が安全な夜空へと舞い上がると、私は安堵した。結局、尾行者はわからずじまいだった。しかし、今回の旅、そしてシウダー・ファアレスやメキシコ北部の国境沿いの町へのその後の旅でも、〝カルテル・ランド〟に侵入しているという不安をぬぐうことはできなかった。メキシコシティの高級地区でさえ、派手なスポーツカーがレストランの前に乗りつけ、カウボーイ・ブーツをはいた足が歩道に降り立つと、会話がぴたりとやむ。ファアレスほど縄張り争いの激しい場所は珍しいにせよ、メキシコではあらゆる場所が誰かのシマなのだ。

なぜエルサルバドルでは状況が大きくちがうのか？　メキシコ同様、この国にも凶悪犯罪者が少なからずいる。エルサルバドルの二つの主なマラス（ギャング）が、「マラ・サルバトルチャ」と「バリオ18」（別名「18番街」）だ。いずれもエルサルバドルではなく米カリフォルニア州の刑務所や貧困地区で結成されたギャングで、若いエルサルバドル人移民が自衛のために団結し、麻薬ビジネスやゆすりを行なっていたのだが、その移民たちが本国に送還されると、ギャングもラテンアメリカへと再輸出された。若く、無職で、タトゥーがあり、おまけに武器の使用経験やアメリカ内の人脈を持つ彼らは、中米に戻ってもギャング活動を続けてきた。警察機能が弱く、ギャング天国ともいえる中米には、現在およそ7万人の構成員がいると推定されており[3]、これはゼネラルモーターズ社のアメリカ国内の従業員数とほぼ等しい[4]。総人口が４０００万人そこそこの地域にしては、恐るべき数といえる。

　この国境を越えた組織の仕組みについて探るため、私はバリオ18のリーダー、カルロス・モヒカ・レチュガに会いに行く。エルサルバドルの賑やかな首都・サンサルバドルから車で1時間ほど東に行った街・コフテペケ。モヒカはこの街にある要塞風の刑務所のなかで、国際的なビジネスを運営している。かつては立派な建物だったにちがいないが、近年ではかつて屋根のあった場所から、石の壁面に取りつけられた鉄格子つきの窓を通じて、日光が差しこんでくる。覆面をした兵士たちが刑務所の周囲に積まれた土嚢の山を巡回しては、うっかり近づきすぎた人々にぼんやりとマシンガンの照準を合わせている。町のど真ん中だというのに、どういうわけか携帯電話の電波がまったく入らない。私が困っていると、近くでププサ（トウモロコシ粉の生地を焼いたエルサルバドルの国民食）を売っていたけだるそうな男が、囚人の電話をブロックするための妨害電波のせいだと説明し、道路の少し先、電波の届く場所を教えてくれる。そこでは、現地の騒々しい住民たちがメッセージを受信しようと携帯電話をひらひらさせている。

刑務所に入ると、私はノート、ペン、ボイスレコーダーだけを残し、携帯電話を含めたポケットの中味をすべて預けさせられる。私は武装した看守に付き添われ、中庭を通り、数脚のプラスチック椅子だけがぽつんと置かれた学校の教室ほどの広さの大部屋へと案内された。すぐにモヒカが連れられてくる。手錠をかけられてはいるが、それが囚人の身である彼の唯一の妥協だといっても過言ではなく、彼は青のベースボール・シャツ、光沢のある白のショートパンツ、リーボックの真っ白な新品のスウェットをおしゃれに着こなしている。どれも新しそうだ。さんざん風雨にさらされたスキンヘッドには、正面に数字の「18」、側面に彼のニックネームである「ビエホ・リン」（老いぼれリン）と刺繍された黒の野球帽をかぶっている。頭からつま先まで全身がタトゥーに覆われ、首には大きな「１００％18」の文字。右腕に彫られたタトゥー・アートは二の腕に沿ってついた大きな傷跡によってかき消されている。左目の目尻には小さな涙のタトゥーがあり、額の横幅いっぱいに3行かけて書かれた「母を偲んで En Memoria De Mi Madre」の文字が、キャップのつばで半分隠れている。

ギャングの構成員はそのほとんどが若者だ。マラスに所属したまま長生きできる可能性は少ないからだ。国連によると、エルサルバドルの２００９年の殺人発生率は人口10万人あたり71件と世界で最悪だった。この殺人発生率のもとで一生涯を過ごすとすると、エルサルバドルの男性はおよそ10分の１の確率で殺害されることになる。しかも、これは平均値にすぎない。貧しい男性やマラスとかかわりを持つ家族で育った男性の場合、確率はずっと高くなる。

そう考えると、老いぼれリンは例外といえるくらいの高齢だ。実際は何歳なのか？　彼が椅子を引いて腰を下ろすと、私はすかさずそうたずねる。「25歳」と彼は真顔のましわがれ声で答える。「ウソウソ。本当は50歳だ」と彼は笑う。彼はマラ・サルバトルチャのメンバーとデートした10代の少女２人を

エルサルバドルのギャング「バリオ18」のリーダー、カルロス・モヒカ・レチュガ。コフテペケ刑務所に収監された仲間たちと（Edgarde Ayala）。

斬首したかどで、一生を塀のなかで過ごす見込みだ（あとで古いニュース記事を読み直したところ、彼の一味は殺害前に床用のポリッシャーで少女を拷問したらしい）。多くのギャングたちと同様、老いぼれリンも21歳のときロサンゼルスで組織に加わった。あまり新鮮な空気を吸わないヘビースモーカー特有の野太い声をしている。シャツが背中に貼りつくのを感じるくらい蒸し暑い日だというのに、彼の皮膚は刑務所暮らしのせいで青白い灰色をしている。

老いぼれリンの組織は、メキシコのほかの麻薬カルテルとはまったく異なるビジネス戦略を試している。２０１２年3月、バリオ18は宿命のライバルであるサルバトルチャとの手打ちに応じた。老いぼれリンと、アメリカ生まれのギャングでサルバトルチャのリーダーであるエドソン・ザカリー・ユーフェミア（同じくエルサルバドルの別の刑務所に服役）は、メンバーどうしの殺し合いをやめることで合意した。「ずっと考えた末の結論だ」と、突然ＣＥＯのような口ぶりで語りはじめる老いぼれリン。「もはや暴力は選択肢としてありえない。兄弟として生きる時期がやってきたのだ」。1990年代、バリオ18とサルバトルチャの抗争で5万人近くが死亡したという。「今や刑務所は若者であふれている。なかには犯してもいない罪で服役している者もいるし、囚人の家族もずっと苦しんでいる。何より、この国は分断されてしまった」。つまり、ギャングごとの分断という意味だ。サンサルバドルのスラム街では、敵の縄張りに入っただけでも十分に殺害の動機になる。この「分断」された国のいったい何割がバリオ18のシマなのか？　彼はほんのりと微笑を浮かべた。「たくさんさ」

この「分断」されたシステムこそ、メキシコよりもエルサルバドルのギャングにとって協力という選択肢が理にかなっているひとつの理由だ。麻薬カルテルであれ一般企業であれ、組織どうしが手を結ぶ目的は、ひとつの巨大な競争市場を、小さな独占市場の集合体へと変えることだ。2社の電話会社が存在する国を考えてみよう。両社が全国的に競争し合えば、よりよいサービスをより低価格で提供する会社に顧客が集まるだろう。結局、どちらの会社もたいして儲からない。しかし、この2社が手を結んだらどうだろう。たとえば、1社が国の北部、もう1社が南部だけで営業することに同意すれば、小さな独占が生じ、劣悪なサービスを高値で販売できる。だからこそ、こうした協力行為は一般的に禁止されている。もちろん、違法な組織は独占禁止法など気にしないので、敵対ギャングどうしのある種の協力関係は私たちの想像以上に多いのだ。

しかし、経済的には合理的だとしても、メキシコのカルテルはこのような形で市場を分割するのに苦労してきた。重要な国境検問所や港は数が少なく、北行きのコカインの7割が通過するフアレスなどの都市では、〝公平〟な分割は難しい。その点、マラスの場合は事情が異なる。麻薬密輸にも手を出してはいるが、ビジネスのほとんどは麻薬密売やゆすりという形で、地元で行なわれている。こうした国内市場は地域的な独占市場へと比較的分割しやすい。もし競争があれば、老いぼれリンや彼のライバル組織は麻薬の値段を下げたり、みかじめ料を安く（あるいは抵抗者への対処を厳しく）したりしなければならないだろう。国を競争のないいくつかのシマへと「分断」することで、麻薬の値段やみかじめ料を高く設定でき、抗争によってこうむるコストを最小限に抑えられるというわけだ。

バリオ18とサルバトルチャの手打ちは多大な影響を及ぼした。ほとんど一夜にして、殺人発生率はおよそ3分の1に減少した。その結果、エルサルバドルは世界一治安の悪い国のひとつからブラジル並みの国へと変わった。殺人発生率が世界一だったサンサルバドルは、2012年には米カリフォルニア州オークランドよりもわずかに殺人発生率が低くなった。すっかり広報マンのような口ぶりへと変わった老いぼれリンいわく、手打ちの目的は国の若者を立ち直らせることだったのだという。「必要なのは働く機会なんだ。まともな方法で稼ぎを得る機会だ。忘れないでほしい」と彼は言い、まるで自分とは無関係な問題を語るかのように、大げさに手を突き上げた。「うちの若者は暴力まみれの環境で育ったんだ」

エルサルバドルの若いマラス・メンバーの決定的な特徴は全身タトゥーだ。老いぼれリンと同様、ギャング・メンバーはほぼ全員がサルバトルチャかバリオ18への忠誠を誓うボディアートを入れている。皮肉にも、この入れ墨がエルサルバドルの暴力の間接的な原因となっている。敵対するマラスの縄張りへと迷いこんだ若いギャングにとっては、体に標的が描かれているも同然だからだ。しかし、この入れ墨はギャングどうしの協力関係を促す可能性もある。

イタリアの経済学者ミケーレ・ポロが行なったシチリア・マフィアの研究によると、イタリアの敵対ギャングどうしの熾烈な争いは、相手組織の兵隊を引き抜くという形で行なわれることが多いのだという。[5] ポロはマフィアが離反の可能性をなるべく抑えるためにメンバーと結ぶ〝契約〟に関する法則を導き出した。ひとつは報酬を高くして組織への忠誠を促すという方法。しかし、それではコストがかかるので、マフィアは裏切り者への報復をちらつかせて離脱を思いとどまらせるという手段も取る。メキシコのカルテルはその典型で、裏切り者に対して恐ろしい暴力を振るう。

マラスはその点で異なる。エルサルバドルにおけるギャングの所属は、報酬ではなく出身で決まる。ある若者がいったんサルバトルチャのメンバーとなり、全身をサルバトルチャのタトゥーで覆われると、バリオ18に寝返るのは不可能だし、その逆もまた同様だ。また、マラスを離脱してカタギに戻り、まっとうな職につくのも不可能に近い。額にドクロが彫られた候補者が面接にやってきたら、多くの雇用主はびっくりするだろう。経済用語を使えば、メキシコのギャング・メンバーはかなり流動的であり、勢いのありそうなカルテルや報酬の高いカルテルへと寝返る傾向があるが、エルサルバドルのマラスの労働市場にはまったく流動性がない。お互いの構成員を引き抜ける可能性がまったくないので、マラスは人材をめぐって争う必要もないし、高い報酬を支払う必要もない。

老いぼれリンのいる刑務所と首都・サンサルバドルの中間に、二つのマラスによって分断された都市・イロパンゴがある。私は街へと帰る途中で、イロパンゴ新市長のサルバドル・ルアノを訪ねる。彼は市長職をおおいに楽しんでいるようだ。席につき、ポリスチレンの皿から豆ご飯を口にほおばりながら、私と会話を始めてそうたたないうちに、市長は突然立ち上がり、「これから結婚式に立ち会うので来ないか」と言った。私たちは市長室を出て、市役所内にある小さな会議室へと歩く。小綺麗な格好をした2組のカップルとその家族が、テーブルを囲んで楽しげに座っている。市長は夫婦円満の秘訣について話したあと（大事なのは新郎が家事を手伝うことらしい。「トルティーヤは女性だけがつくるものではありませんよ」）、両カップルの結婚を宣言する。私たちは市長室に戻り、市長は食べかけの昼食を再開した。

自分のことを三人称で話す癖のあるルアノ市長は、この小さな町のほぼ全域がマラ・サルバトルチャかバリオ18の一方のシマであることを認める。「選挙活動中、どの地域を回っても、全身タトゥーの人を見かけた。そのほぼ全員に仕事をくれるかとたずねられたよ」と市長は言う。彼はそうすると約束し、見事に当選した。若いギャングに仕事を与えることは、地元の店主に1日5～10ドルの負担を強いてきたゆすりを減らすことにつながっていると市長は言う。「私自身ここに住んでいるし、子どもたちもここに住んでいる」と市長は言い、指で自分の胸を突いてみせた。「誰もが平和を望んでいるんだ」

手打ちの一環として、政府は全国のギャング・メンバーに合法的な仕事を斡旋することを決めた。確かに立派な目標だが、そのためには、少し前まで社会を恐怖に落とし入れていた人々に大量の公的資金を費やす必要があった。ギャング間の停戦1年目、政府は元ギャング・メンバーの雇用プロジェクトに7200万ドルを拠出することを約束。プロジェクトは18の町で進められる予定だったが、少なくとも40の町が実験参加を希望した。イロパンゴでは、ギャング・メンバーに小さなパン屋の経営が任された。私が会ったとき、ルアノ市長は翌日の養鶏場のオープン準備をしていた。そちらもマラスのメンバーが運営する予定だ。

ギャングのリーダーたちも手打ちのおかげでかなり恩恵を受けているようだ。そのひとりが老いぼれリンだ。私が彼にインタビューした刑務所は決して贅沢ではないが、エルサルバドルの基準から見れば大甘だ。それまで、彼はその厳重な管理体制から通称「サカトラス」と呼ばれるサカテコルカ刑務所に服役していたのだが〔サカトラスという通称は、かつて米カリフォルニア州のアルカトラズ島にあった厳重で知られる刑務所とかけている〕、手打ちの発表直前になってより快適な現在の刑務所へと身柄を移された。サルバトルチャのリーダーのエドソン・ザカリー・ユーフェミアも、苛酷な刑務所から快適な刑務所へと移された。自分の組織と連絡の取れる刑務所へと彼らの身柄を移すことで、手打ちの交渉を進めやすくするというのが表向きの理由だった。「仲間たちと相談できる状況が必要だったんだ」と説明する老いぼれリン。それもひとつの理由かもしれないが、快適な刑務所への移送が手打ちの一種の見返りだったのはまちがいない。

殺人発生率は激減したものの、こうした優遇や雇用創出プロジェクトへの公共支出のせいで、両組織の手打ちは国民の大不評を買った。多くの国民は彼らの動機を疑い、彼らが停戦に合意したのは自分たちのビジネスを守るためだと信じている。老いぼれリンがどれだけ善人らしく若者の更生を語っても、ギャングの収入源となる犯罪はいっこうに減る兆しがない。ギャングだけでなく一般人を巻きこむ犯罪であるという点でもっとも忌み嫌われているゆすりは、相変わらず衰えを見せない。手打ちが行なわれた２０１２年当時の国防大臣ダビド・ムンギアはこう語る。「ゆすりはギャングの主な収入源だ。彼らは「ゆすりに関してはいっさい交渉に応じない」の一点張りなのだ」

そのため、政治家たちはこのプロジェクトに関して常に半信半疑でいる。初めて手打ちが発表されたとき、カトリック教会が取り持ったギャング間の合意だと評された。政府は殺人発生率の低下を歓迎したが、手打ちそのものとは一定の距離を保っていた。手打ちから1年後、殺人発生率が相変わらず低いままであることに安心した政治家たちは、ようやく政策への関与を少しずつ認めはじめ、国防省の元顧問ラウル・ミハンゴが手打ちを部分的に仲介していたことが判明した。3月にマラ・サルバトルチャとバリオ18に停戦合意を結ばせると、その数カ月後、彼はいくつかの小規模なギャングも停戦に合意するよう説得した。こうして、小規模なマラスである「ラ・マオ・マオ」と「ラ・マキナ」（機械）、犯罪者集団である「ラ・ラサ」（民族）と刑務所生まれのギャング「ＭＤ」（Mara Desorden 無秩序なマラス）が停戦合意に加わった。

以来、停戦をめぐる状況は不安定な変化を繰り返してきた。2014年、新大統領となるサルバドル・サンチェス・セレンが停戦合意への正式なサポートを撤回し、選挙遊説で犯罪者撲滅を約束すると、合意は決裂した。案の定、ギャングがまた従来の暴力的な手法に頼りはじめ、殺人発生率は停戦前の水準まで跳ね上がった。意外な展開として、1990年代にニューヨーク市の殺人発生率の高さにメスを入れた当時の市長ルドルフ・ジュリアーニが、サンサルバドルで同じ問題について助言するため、民間組織から雇われた。しかし、彼の助言は和平には結びつかず、ギャングたちは嬉々として殺し合いを続けた。

外国政府、特にアメリカ政府は、この停戦戦略に不信を抱いている。停戦中の劇的な暴力減少の恩恵を受けたエルサルバドルの人々は、この態度に苛立ちを隠せない。「このやり方が気に食わない？　じゃあ代案を見せてほしい。魔法のような代案を。アメリカ政府に代案があるというなら、それを教えてくれ」とサルバドル・ルアノ市長は要求する。ダビド・ムンギア国防大臣は、停戦は「不完璧」な方法だと認めつつも、「ギャング間の抗争をどうしても止める必要があった」と主張する。2012年だけでも、それまでの殺人発生率から計算して1900〜2500件の殺人が未然に食い止められたと彼は言う。人口600万の国にとっては驚くべき成果だ。また、停戦は刑務所内の安定にもつながった。私が老いぼれリンと面会する少し前、エルサルバドルが米州機構のホセ・ミゲル・インスルサ事務総長を刑務所に招いた。外交官に刑務所内を案内するなど、以前なら考えられないリスクだった。

確かに、政府が取り持ったギャング間の協力関係は、悪者たちに体勢を立て直すチャンスを与えたかもしれない。しかしその一方で、社会にじっくりと状況を吟味する機会も与えた。マラスの縄張りが交差するサンサルバドルで聖職につくアメリカ人神父のデイヴィッド・ブランチャードは、半信半疑ながらも、こうした停戦がギャングの人材獲得に歯止めをかけるのではないかと期待している。彼いわく、首都・サンサルバドルに程近いある学校では、4人の6年生（つまり11～12歳の子ども）がバリオ18のリクルーター係を務めているという。リクルーターはもっとも下っ端のメンバーであり、それを卒業すると、細いウエストバンドに9ミリ拳銃を突っこんで、店からみかじめ料の徴収を始める。「ギャングはまるで子どもの生贄を要求したバアル神のようなものです」と彼は言う。「停戦の隙に、私たちは子どもたちを生贄の祭壇から下ろし、別の道を歩ませたいと思っているのです」

麻薬戦争がらみのニュース報道を見ていると、麻薬密売組織が絶えず殺し合いを続けているという印象を受ける。残虐行為が麻薬ビジネスに欠かせない一部であることはまちがいない。犯罪組織は法制度に頼れないため、暴力が契約を守らせる唯一の手段なのだ。しかし、メキシコやエルサルバドルの例を見るに、暴力の水準は市場の状況の変化によって劇的に変わることもある。この二つの犯罪市場を経済学的に分析すれば、メキシコでこれほど暴力が激化し、エルサルバドルで一時的に暴力が収まった理由がわかる。そして、今後どうすれば暴力に蓋をできるかがわかってくる。

メキシコのシウダー・フアレスのような都市をめぐって残酷な争いが繰り広げられる根本原因は、数少ない国境検問所へのアクセスを支配する必要があるからだ。国境の町で暴力が激化すると、アメリカの一部住民から国境の封鎖を求める声が上がる。しかし、経済学はその逆の解決策を示唆している。より多くの検問所を開くことで、ひとつひとつの検問所の価値が下がり、検問所をめぐって争う価値が低くなる。確かに、カルテルが麻薬をアメリカに密輸する機会は広がるだろう。しかし、供給を取り締まっても、密輸の総量や麻薬の価格にはほとんど影響が出ていない(第1章を参照)。より多くの国境検問所を開けば、アメリカの違法薬物市場にはほとんど影響を与えず、抗争の量を減らせるかもしれない。

また、メキシコの例で見たとおり、麻薬業界の規制当局——つまり警察——を掌握することは、麻薬密売組織にとって重要な目標だ。警官の審査を厳しくし、給料を上げれば、警官の買収はコストがかさむようになる。しかし、メキシコの警官から腐敗をなくすには、控えめにいっても時間がかかる。当面は、幾層にも分かれた警察組織を統合するほうが手軽な改革になるだろう。犯罪学者たちはかねてからそれを効率化のために提案してきたが、経済学の観点からいえば、麻薬密売組織に別々の規制当局を味方につけるための争いをやめさせる効果もある。現在、麻薬カルテルは敵対する警察組織を手玉に取り、国費を使って代理戦争を行なわせることにまんまと成功している。だが、警察組織を統合すればそうするのはずっと難しくなる。

エルサルバドルは別の教訓も与えてくれる。マラスのリーダーたちを優遇することは、犯罪活動に見返りを与えるに近い危険な方法だが、政府が抗争中のギャングのあいだを取り持つという方法は追求する価値がある。エルサルバドルのマラスが協力に応じたもうひとつの理由は、彼らが競争のない独自の縄張りを持ち、地域的な独占を保っているからだ。ただし、麻薬の小売市場の価格が上がり、競争が少なくなるという結果自体は歓迎できるとしても、そうした状況を政府が促進するべきでないことは明らかだ。

マラスの労働市場の流動性のなさは、全身タトゥーのギャングが容易に別のマラスへと寝返れないという事実から生まれたものだ。この流動性のなさが、ひとつの競争要因を取り去り、休戦を促したわけだが、その一方でマラスの組織の脆さも物語っている。通常、ギャングは構成員が離脱しないよう適正な報酬を支払う必要がある。たとえば、シナロア・カルテルが見張り番を務めるファアレスのスラム街の少年にお金を支払うのをやめれば、少年は別の仕事を探すだろう。一方、マラスは離脱のハードルがあまりにも高いため、安い賃金で大規模な人員を維持できている。裏を返せば、大金を支払わなくても、マラスのメンバーをギャング生活からまっとうな仕事へと誘惑することはできるということだ。必要なのはタトゥーを受け入れる雇用主の広い心だけなのだ。その点、政府は囚人のタトゥーの除去費用を負担することで画期的な役割を果たす余地がある。米カリフォルニア州のロサンゼルス郡保安官事務所が運営するプログラムはまさにそれを行なっていて、出所後に心を入れ替えると誓ったギャング・メンバーにタトゥーの除去サービスを提供している。[6]この無料サービスには数千ドルの費用がかかるが、タトゥーを除去したおかげで職が見つかり、失業者に支払われる福祉手当を節約できるとしたらお安いものだ。エルサルバドルの場合、お金だけでなく人命の節約にもつながる。

何より、メキシコとエルサルバドルの例からわかるのは、市場の状況の変化が及ぼす影響だ。エルサルバドルの2大マラスが手打ちをしたことで4000人以上のエルサルバドル人が救われた一方、メキシコの麻薬カルテルどうしの抗争激化によって約6万人のメキシコ人が死亡した。どちらの結果も必然ではなかった。これだけ大きな差につながるのだから、政府はみずから戦争に参加して何がなんでもギャングを壊滅させようとするよりも、ギャングの市場を上手に形づくる方法を考えるべきではないだろうか。

Chapter 3

麻薬カルテルの人材問題

ジェームズ・ボンドがミスター・ビーンと出会うとき

すべては順調だった。契約は完了。麻薬は準備万端。代金は回収済み。あとは取引を先に進めるだけだ。その作戦のボスは、ヨーロッパ本土からイギリスへの大麻（マリファナ）やコカインの輸入を専門とするディーラーで、すでに現金を用意していた。旧札で30万ポンド（約50万ドル）。紙幣は入念に数えられ、運び屋に渡された。運び屋はベルギーまで車を走らせ、現地のコンタクトと落ち合い、現金を渡す手はずになっていた。

計画がくるいはじめたのはそこからだ。これだけの量の旧札の山などめったにお目にかかれない。運び屋は札束をばらし、あたりにばらまき、その光景を眺めた。あまりに圧巻の光景だったので、運び屋は我慢できずガールフレンドを呼んで見せびらかした。この作戦のボスは、のちにイギリス内務省の調査員に対し、刑務所のなかから計画が破綻した経緯をうんざりした様子で説明した。「そのバカ野郎は金をベッドにばらまき、17歳のガールフレンドとの熱い一夜を写真に撮ったら面白いと考えたのさ」。麻薬の代金で親密な自撮り写真を撮るのは、確かにバカな行為だったろう。が、状況はさらに悪化する。運び屋にはガールフレンドのほかに嫉妬深い妻がいた。次の土曜の夜、ベルギーに出発する前、夫妻が街に出かけると、酔ったそのガールフレンドとばったり出くわした。案の定、口論が始まり、ガールフレンドは運び屋の妻に例の淫乱写真を見せた。妻は激怒した。

怒り収まらない妻は、浮気夫を懲らしめることを決意。イギリス国境警備隊に連絡し、麻薬の密輸計画について密告した。何も知らない運び屋は30万ポンドを車に載せてベルギーへと出発したが、まだ国境すら越えていない英ドーバーの港で税関職員にすぐさま止められた。国境警備隊に大量の札束のことをたずねられた運び屋は、口を割った。「それで一巻の終わりさ」とボスはため息をつく。作戦は失敗、取引はおじゃんとなった。数カ月後、運び屋の妻（彼女自身も週に4000ドル分のコカインを吸う常習者）がボスのところにやってきて、夫にもういちど仕事をやってほしいと頼んだ。踏んだり蹴ったりとはこのことだ。[1]

麻薬ビジネスと聞くと、冷徹な殺し屋、巧みな運び屋、戦略の達人が協力して警察の裏をかくという冷酷無比なプロの仕事をイメージする人も多い。実際にそのとおりのこともあるが、呆れるほど間抜けな例もある。運び屋のような下っ端でも、イギリス国内に麻薬を運ぶだけで1日1300ドルもの大金が手に入ることを考えれば、先ほどの不運なボスが言うような「バカ野郎」に仕事を任せるのは不思議に思える。先述の英内務省の調査員たちによれば、明らかな間抜けぶりが麻薬密売の失敗につながるケースは多いようだ。売人やその仲間たちの「メロドラマ風のライフスタイル」はたびたび逮捕の原因になるという。

麻薬ビジネスの利益の高さと労働者の能力の低さのミスマッチ、ひとことで言うと人材問題は、どの麻薬カルテルも直面する最大の問題だろう。マネジメントの達人たちは、会社のもっとも貴重な財産は人間であるという陳腐な台詞をよく繰り返す。しかし、麻薬密売の世界ではまさしくそのとおりだ。カルテルの直面している難問は二つある。一つ目に、求人広告が打てず信頼だけが頼りの闇業界で労働者を雇わなければならない。この問題を悪化させているのが、労働者の回転率の高さという麻薬ビジネス特有の事情だ。メキシコなどの麻薬中継国では、過激な暴力が日常的にあり、カルテル・メンバーの死亡率が高いため、継続的な人材の補充が必要になる。北米や西ヨーロッパの富裕消費国では、死亡率はずっと低いが、その代わり取り締まりが厳しく、労働者はかなりの確率で刑務所行きになる。あるイギリスの密輸入者の推定によると、彼がカリブ海諸国からイギリスへと送り出すコカインの運び屋は、4人に1人が途中で止められるという。1人が逮捕または死亡するたび、人材の雇用と審査という長たらしいプロセスを一からやり直すはめになる。

二つ目に、カルテルは相手に契約を守らせる容易な手段なしで、スタッフ、仕入れ先、クライアントとの関係をやりくりしなければならない。一般企業の場合、従業員が金銭を着服したり、商品の納入を怠ったりすれば裁判沙汰になるだろう。しかし麻薬カルテルの場合、運び屋がお金を持ち逃げしたり、密輸入者が麻薬を納入しなかったりしても、もちろん裁判という手段には頼れない。犯罪組織が相手に契約を守らせる唯一の手段は「暴力」であり、だからこそ脅迫や殺害の能力が麻薬カルテルの成功にとって肝心なわけだ。しかし、暴力はリスクが高く、ビジネスにとっても悪影響を生む。

この二つの難題、つまり人材の確保と契約の履行こそ、麻薬カルテルの人事担当者が抱える問題だ。回転率が高く、特別なスキルを持たず、予測不能で、間抜けな行動ひとつで取引を台無しにしかねない労働者を使いながら、複雑な作戦を実行するのは容易なことではない。いちばん成功するのは、人材問題ともっとも真剣に向き合う組織なのだ。

優雅に古味を帯びていくドミニカ共和国の首都・サントドミンゴ。薄暗く騒がしいあるスペイン料理店で、ドミニカの麻薬捜査隊の面々が大酒を飲みながら週末を祝っている。私が椅子を寄せて彼らと同じテーブルに座ると、先ほどからずっと「トント！」（バカ野郎）の叫び声で呼び出されている辛抱強いウェイターに、またビールが注文される。まわりの客たちはこちらをじろじろと見るが、ケンカを売ってくる様子はない。

ドミニカ共和国の麻薬捜査隊は以前とは比べものにならないほど忙しい。プラタノ・フリート〔ドミニカでよく食べられる揚げバナナ〕を口いっぱいにほおばりながら、いちばん素面に近い警官がドミニカの近年の不穏な傾向について説明してくれる。同国の麻薬押収量の「目のくらむような」急増だ。長年、カリブ海地域はアメリカ行きのコカインの重要な中継地となってきた。刑事ドラマ『マイアミ・バイス』が流行した１９８０年代、コカインを積んだスピードボートがカリブ海から米フロリダへと疾走し、ドル紙幣を満載して帰ってくるということがよくあった。しかし、そのルートはロナルド・レーガン大統領肝いりの南フロリダ・タスクフォース政策によって封鎖された。この政策はジョージ・Ｈ・Ｗ・ブッシュ副大統領を指揮官とし、ＦＢＩ、麻薬取締局、税関、税務当局などの連邦機関が連携して麻薬対策に取り組むという内容だった。このタスクフォースは効果てきめんで、カリブ海ルートはすぐさま断たれた。その結果、密輸組織は西へと移動し、代わりにメキシコが麻薬の主な玄関口となった。

しかし近年、密輸組織がカリブの島々に戻ってきたという兆しがある。その結果、犯罪は急増した。「メキシコ内で圧力が高まったせいで、密輸組織が東のカリブ海へとルートを変えつつある」と先ほどの隊員は言い、皿やボトルで木製テーブルの上に一帯の地図を再現した。メキシコや中米の暴力の悪化で、密輸組織がより平穏なルートを探した結果、再びカリブ海地域が中継地として浮上した。麻薬押収量が急増したのは、メキシコの麻薬戦争がピークを迎えた２０１１年だ。その年、ドミニカ共和国は数年前の2倍となる約9トンの麻薬を押収・焼却した。そのほとんどは、コロンビアからドミニカ南岸に新造されたカウセド港へと運ばれてきたもので、大部分がそこからプエルトリコ、さらにその先のアメリカ本土、またはスペインやオランダの港へと運ばれる予定だった。

こうした押収作戦は、ドミニカが新たに購入した8機のブラジル製戦闘機「スーパーツカノ」の助けを借りて行なわれているらしい。（この点については疑問が残る。麻薬密輸入者をつかまえるために戦闘機を購入するというのはやや奇妙だ。実際、米『ウォール・ストリート・ジャーナル』紙の報道によれば、この会話の数カ月後、戦闘機を製造したエンブラエル社の数名の従業員がドミニカ共和国の当局者に賄賂を贈り、受注を取りつけたとして、ブラジル検察から汚職容疑で起訴された[2]）

ドミニカで逮捕された密輸入者の大半は現地人だ。逮捕者の急増でドミニカの蒸し暑い刑務所はすぐさま満杯となり、２０１４年には収容者数が10年前の倍となった。現在では、定員1万５０００人に満たない刑務所のなかに2万６０００人が押しこまれている。定員の2倍近い過密状態は、囚人たちにとっては苛酷な環境だが、先ほどの隊員いわく、極悪人に快適な環境を与える必要などないという。すると彼の酔った同僚が、私に敬意を表してか、「イギリス女王のお股に乾杯しよう」と言い、全員分の飲み物を注文する。私はタクシーを呼んだ。

警官、そして有権者の多くが、むさ苦しい刑務所が満員状態であることを喜んでいる。何より、塀のなかにいる犯罪者が多ければ多いほど、窃盗、殺人、麻薬の密輸を働く犯罪者が路上から少なくなるし、刑務所の環境が劣悪であればあるほど大きな犯罪抑止力になる。南北アメリカの大半の国々がこの考えに同意しているようだ。南北アメリカは、150人に1人以上が塀のなかにいるアメリカを筆頭として収監率が世界でもっとも高い地域であるし、その環境も苛酷をきわめる。2012年のホンジュラスの刑務所火災では囚人250人以上が死亡したし、その2年前のチリの刑務所火災では81人が死亡した。殺人は日常茶飯事で、大量虐殺もそう珍しくない。メキシコ北部では、セタス・カルテルに所属する囚人グループが刑務所内で44人の敵対ギャングを難なく殺害し、脱獄した。

そんな場所にずっと閉じこめられていたいと思う者などいない。しかし犯罪組織にとって、刑務所は人材の獲得や訓練の重要な拠点なのだ。どういうことか？　カルロス・レデルの物語を例に取ろう。ドイツ人の父とコロンビア人の母を持つ華奢で勉強好きなカルロスは、15歳でアメリカに移住したが、最初はなかなか社会になじめなかった。当時は1960年代で、大麻がアメリカで広まりはじめたころだったので、若きカルロスも密売に手を染めた。その後、カナダとアメリカとのあいだで盗難車を取引する商売を開始。すべては順調だったが、25歳でとうとう逮捕され、コネチカット州ダンベリーの刑務所にしばらく服役した。本来ならそれが犯罪から足を洗うきっかけになったかもしれないが、刑務所当局のある決断が国際麻薬ビジネスの運命を変えることになる。よりにもよってレデルをジョージ・ユングと同じ監房に収監したのだ。当時32歳、ボストン出身で金髪のユングは、より大規模な麻薬ビジネスに手を染めていた。彼は盗んだ軽飛行機を使い、メキシコからアメリカへと大麻を密輸した罪で服役していたのだが、刑務所暮らしに退屈していた2人は、お互いの人生を語り合い、共同ビジネスを画策するようになった。

そのとき、2人の犯罪者の頭脳が出合った。ユングは飛行機で麻薬を輸入する術（すべ）を知っている。レデルはコロンビアに人脈がある。それまで、アメリカで比較的流通の少なかったコカインは小規模にしか密輸されていなかったが、2人は1976年に出所すると、その状況を根底からくつがえすことを決意。麻薬王パブロ・エスコバル率いるコロンビアのメデジン・カルテルと手を組み、バハマの小さな島・ノーマンズ・ケイを中継基地として使い、数年後にはトン単位でコカインをアメリカへと空輸するようになっていた。アメリカをコカイン漬けにした人物を1人選ぶとすれば、カルロス・レデルはその筆頭候補になるだろう。

レデルの異例の出世は、時として犯罪者の人生が服役中につくられることを示している。ダンベリーでの服役中、レデルはユングとビジネス関係を築いただけでなく、資金洗浄の達人、殺し屋、アメリカの身柄引き渡し制度に詳しい人々と交流した。1988年にとうとう逮捕され、今もアメリカの刑務所で歳を重ねているその億万長者の悪党は、のちにダンベリーのことを「大学」と呼んだ。そして、多くの犯罪組織にとって刑務所はまさに大学そのものだ。塀のなかに入ったとたん、囚人は犯罪集団に雇われ、訓練を受け、出所後の仕事を約束される。麻薬カルテルにとって一つ目の人材問題は、仕事にふさわしい犯罪歴を持つ人材の確保だ。この問題を解決しようとする人にとって、刑務所ほどおあつらえ向きの場所はない。刑務所には、何もすることがなく、出所後の仕事が決まっていない犯罪者がうようよといる。

レデルとユングという名コンビを生んだような出会いは毎日起こるわけではない。そこで、犯罪組織は刑務所のなかで人材の確保と訓練を行なうための体系的なアプローチを取り入れている。特に見事に組織化された例が、カリフォルニアを拠点とする刑務所ギャング「ラ・ヌエストラ・ファミリア」(我が家族)だ。この組織は、別の巨大ギャング「メキシカン・マフィア」から身を守るため、1960年代に囚人らが結成したものだ。当時、メキシカン・マフィアはカリフォルニアの刑務所を支配し、刑務所のシステムのなかで囚人から税金を取り立て、年間数十件の殺人を実行していた。カリフォルニア北部のヒスパニック系の囚人たちは、特に州南部を拠点とするメキシコ系囚人の略奪の標的になっていた。そこで、北部出身の囚人たちは一致団結し、自衛のために独自の〝ファミリー〟を立ち上げたのだ。すぐにラ・ヌエストラ・ファミリアは刑務所内外でゆすり、強盗、麻薬密売を始め、財力をつけだした。現在では、およそ500人の中核メンバーに加えて、1000人程度の緩い関係者がいるとされる。[3]

すぐにラ・ヌエストラ・ファミリアは、どの犯罪組織も抱える問題に直面した。ギャング入団には、身の安全、犯罪活動による収入、絆や仲間意識など、さまざまなメリットがあるが、恐ろしいリスクもともなう。ひとつに、ボスへの絶対服従が求められる。違法組織のコミュニケーションは断絶されており、議論や反論の余地はいっさいない。かつて、米『ザ・ニューヨーカー』誌は、アメリカの別の刑務所ギャング「アーリアン・ブラザーフッド」のメンバーの言葉を引用したことがある。彼は民主的に殺人を実行することの難しさをこう嘆いた。「昔は1人1票だった。だから、州内の全員の了解を得ることがほぼ必須だった。だが、「よし、殺害を決行しろ」と言うころには、まちがいなく相手に密告されている。殺そうとしている相手を2週間も3週間も野放しにしておくことなど不可能なのだ」[4]。その結果、下っ端は嫌でも命令に従うしかない独裁的な構造が生まれることになる。

　また、やる気のある新入りと見込みのない人間をふるい分けるため、ギャング入団のハードルをある程度高くする必要もある。ゴルフ・クラブや大学の友愛会のような会員組織と同じく、ギャングもお布施や入団の掟といった形で新入りに先行投資を求める（残虐なメキシコの麻薬カルテル「ラ・ファミリア・ミチョアカナ」は、苛酷な入団の試練として、アメリカのキリスト教自己啓発本の著者であるジョン・エルドリッジの著書を読むことを義務づけているらしい）。そして当然、ふつうのゴルフ・クラブとはちがって、刑務所ギャングは離脱者に死罰を与える。これも、ギャングのゆがんだ合理性だ。この〝終身会員資格〟を義務づけることができれば、メンバーがスパイに翻るリスクは大きく下がる。

　足を洗ったり逆らったりして殺害されるリスクに加えて、人々がギャング入団を躊躇する最大の要因は、組織に虐待や搾取を受けるリスクだ。メキシカン・マフィアに不満が高まったひとつの理由は、ボスたちが一般市民と同じくらい組織の下っ端にもゆすりやたかりを行ないはじめたからだ。上下関係が厳しく独裁的なギャング構造のなかでは、離脱を禁じられている下っ端が先輩の搾取を受けやすい。こうした強奪は、入団を希望する者がいなくなるため長期的には組織にとってマイナスになるが、下っ端から税金を徴収できる先輩にとっては利益になる。言い換えると、ギャングは経済学者のいう「集合行為問題」に直面している〔全員がいっせいにある行動を取れば全員の利益になるが、1人で行動を取ろうとすると代償が大きいため、誰も率先して行動しようとしない状況のこと〕。メンバー全員がお互いの搾取はしないと約束すれば、全員のためになるが、搾取を行なう個人的なメリットが大きすぎるので、全員が合意を守るとは考えづらいのだ。

　犯罪組織はこの集合行為問題をどう解決しているのか？　キングス・カレッジ・ロンドンの経済学者デイヴィッド・スカーベックは、『法、経済学、組織 *Journal of Law, Economics and Organization*』誌に掲載された興味深い研究のなかで、ラ・ヌエストラ・ファミリアの組織構造を分析した。ヌエストラは、メンバー全員の利害を一致させ、先輩ギャングが後輩から搾取しても得にならないよう、複雑な規則体系を考案した。そして、規則を破ったメンバーには責任を取らせた。そうした規則はすべてFBI入手の「憲法」のなかで細かく定められている。ヌエストラには四つの階級があり、頂点に立つ「将軍」が最大10人の「大佐」を指揮し、大佐が「大尉」、大尉がもっとも下っ端の「兵士」を監督する（軍の用語が使われているのは、ヌエストラの創設メンバーの多くがベトナム戦争の帰還兵のため）。下っ端が被害を受けないよう、この憲法では自分が搾取されていることを上官に密告する制度が設けられている。将軍は大佐をクビにする権限を持つが、指名はできない。指名するのは一兵卒たちの仕事だ。また、将軍は強大な権限を持つが、大佐の全会一致で弾劾されることもある。

しかし、この取り決めは常にうまく機能してきたわけではない。1978年、将軍のロベルト・ソサは、組織の資金から10万ドル（現在の価値にして40万ドル）以上を横領したとしてメンバーたちから弾劾されたが、おとなしく従おうとはしなかった。この紛争は殺害決議という昔ながらの方法で解決された（殺害は実現しなかったが、ソサは危険を感じ取り組織を去った）。その後、憲法は改正され、将軍は3人体制の「組織運営理事会」に置き換えられた。理事会は3人中2人の賛成票で決議が行なわれ、理事も弾劾しやすくなった。以来、憲法はそう大きく変わっていないようだ。

六つの条項、数十の小項目にもわたる細かい規則は、ヌエストラの組織構造そのものと同じくらい、刑務所暮らしの退屈ぶりについても物語っているといえよう（同じことは、マッチの先を用いた爆弾の製造、尿による暗号文の書き方、アステカ人の古代語であるナワトル語でのコミュニケーションといったボーイスカウト風の活動についても当てはまる）。しかし、この憲法の目的は明確だ。人々をギャングに入団させるのは難しい。入念な抑制と均衡のバランスを保ってこそ、組織への加入は魅力的なものになるのだ。スカーベックはこう記す。「極悪非道な刑務所ギャングでありながらも、ラ・ヌエストラ・ファミリアは効果的な内部統制システムを促進する前向きで合理的なステップを踏んだのだ」

当局はどうすればこうした組織を解体できるのか？　ドミニカ共和国の場合、あの酔っぱらった麻薬捜査隊を見ると不安になってくる。しかし、ドミニカの刑務所では、ギャングのリクルート戦略にとってようやく重大な脅威となる実験が行なわれている。その物語はカリブ海地域でおそらくもっとも豪華な洗面所から始まる。その部屋は床から天井まで青、緑、白のモザイクタイルで覆われており、便器の真上の銀と紫のタイルが、赤と緑のサンゴや海草のあいだをただようクラゲの輪郭をかたどっている。浴槽の上や大理石の洗面台の横では、キラキラと光る金色のタイルが金魚の鱗を飾る。しっかりと手入れさえすればまちがいなく全盛期の輝きを取り戻すであろうその浴室は、首都・サントドミンゴの郊外、見晴らしのよい山の中腹の別荘にある。その別荘は、31年間にわたってドミニカ共和国を支配した血の独裁者ラファエル・トルヒーヨの数ある邸宅のひとつだ。1961年、米CIAが寄贈したとされるマシンガンで反逆者によって暗殺されるまで、トルヒーヨの支配で推定5万人が命を落とし、通称「エル・ヘフェ」（ボス）と呼ばれた彼の無数の像が建立された。天井の蛇腹のいたるところに彼のイニシャル「R．T．」が刻まれているその別荘は、彼の悪趣味のなかでもまちがいなく群を抜いている。

意外にも、この豪華な建物は、機能不全に陥りつつあるドミニカの刑務所の改革に取り組んでいる新たなエリート部隊の本部だ。この華やかな本部は現在、刑務官の新人研修に使われており、政府が組織犯罪撲滅の重大な弱点となっている刑罰制度の改革に重点的に取り組んでいることを物語っている。政治学者でサントドミンゴ自治大学の元学長ロベルト・サンタナが創設したこの新機関は、犯罪者の管理にずいぶんと過激なアプローチを取り入れている。従来の制度のもとでは、刑務所の環境は犯罪を抑止するためにあえてなるべく劣悪に保たれてきたが、サンタナは刑務所を「学校」、刑務官を「教師」ととらえているらしい。

私はサンタナのチームに研修センターを案内してもらう。トルヒーヨ御用達の旧宴会場は、ドミニカの次世代の刑務官を養成するための図書室や教室に変えられた。施設の外に出ると、私は警察犬に麻薬を嗅ぎ分けさせるデモンストレーションを見せてもらう。私は裏返した五つのバケツの一つに麻薬入りの小袋を隠すが、何度やっても警察犬は見事に正解を当てる。施設内を歩き出すと、サンタナが雄弁に語りはじめる。彼はドミニカの犯罪率の高さをモラルの危機というよりもむしろ興味深い経済問題としてとらえているようだ。彼は刑務所を学術研究の場として使うことを認められて以来、さまざまな改革を行なってきたという。彼いわく、自殺率、殺人発生率、再犯率の高い従来の刑務所制度がまちがっていることは誰しもわかっていたらしい。問題は、この状況に本気で対処しようとした国が今までひとつもなかったことだ。「では、よいシステムの見本はどこにあるのか？　私たちはいろいろな国に答えを探したが、見つからなかった」。ノルウェーなどのいくつかの国は、社会復帰をきわめて重視する刑務所制度を試しているが、ドミニカ共和国のような高い犯罪発生率と向き合った国は例がない。

サンタナの出した答えは、世界じゅうの犯罪学者の知見を用いて、一から新しい制度を設計することだった。現在では、17カ所の新たな〝モデル〟刑務所が国内の刑務所全体の半数弱を占め、19カ所の旧式の刑務所と1カ所の未成年者向けの施設が、従来の刑務所当局によって運営されている。新制度と旧制度のちがいをこの目で確かめるため、私はサントドミンゴのわずか西、サン・クリストバルにある女子刑務所「ナハヨ刑務所」を訪れる。正面のドアを通り抜けた瞬間、そこがラテンアメリカの大半の刑務所とは似ても似つかない場所であることに気づく。入口の巨大な額には、ラテンアメリカのほとんどの刑務所で日常的に無視されている国連の世界人権宣言が掲げられている。廊下の壁には囚人のつくった芸術作品が飾られ、受付には地域の刑務所が参加する歌、ダンス、ドミノの大会で囚人たちが獲得したトロフィーが飾ってある。廊下の片側にある静かな部屋では、1人の囚人が家族や無料の弁護士と話をしている。

ちがいは居心地のよい装飾だけにとどまらない。新しい制度のあらゆる側面が、囚人の再犯を防ぎ、カルテルによる人材獲得を阻止するよう設計されている。その第一段階が、有罪判決を受けた犯罪者の収監先の決定だ。ラテンアメリカの多くの国々では、抗争のリスクを最小限に抑えるため、暗黙のルールとしてギャング別に刑務所を割り振る慣習がある。あるギャングのメンバーはある刑務所に、敵対ギャングのメンバーはそれとは別の刑務所へと送られるわけだ。この隔離制度は確かに平和の維持には役立つが、ギャングの組織力を強化してしまう一面もある。実際、エルサルバドルの老いぼれリンは、まるで領主のように自分の刑務所を支配している。それができるのは、その刑務所がバリオ18のメンバー専用だからなのだ。数年前、メキシコ当局はアカプルコの刑務所の強制捜査で、囚人が〝密輸〟した100羽のシャモ、19人の娼婦、2羽のクジャクを発見した。メキシコの別の刑務所では、囚人たちがエアコン、冷蔵庫、DVDプレイヤー完備の贅沢な監房をつくり、くじの景品にしている事実が発覚した。ギャングのこうした行為を黙認することで、看守は日々を平穏に送れるわけだが、一方で犯罪者たちを大幅に強くすることにもつながる。老いぼれリンの刑務所に入った囚人がその時点でバリオ18のメンバーでなかったとしても、出所するまでにはまちがいなくメンバーになっているはずだ。

対照的に、ドミニカ共和国の新しい刑務所では、ギャング別に刑務所が割り振られたりはしない。代わりに、それぞれのモデル刑務所には、ギャングのリーダーを囚人たちから隔離する最厳重警備エリアが敷地内に設けられていて、リーダーが指示を出せないようになっている。ナハヨ刑務所に入るとまず、携帯電話を預けさせられる。これもギャングの組織力を制限する施策のひとつだ。ドミニカ共和国の刑務所では、看守も含めて携帯電話の使用はいっさい禁止されているので、持ちこめる可能性はいっそう少なくなる。

私がナハヨ刑務所を訪れると、収監中の268人の女性たち（うち38人が外国人で、全員が麻薬の運び屋）は、時間をつぶすため、刑務所の土産物店で訪問者に販売されるキャンドル、アレンジメント・フラワー、ジュエリーをつくっていた。囚人にやることを与え、余計なトラブルを未然に防ぐというのも目的のひとつだが、別の動機もある。収益の6割は囚人と刑務所で折半されるが、残りの4割は囚人の家族に支払われるのだ。こうすることで、服役中に囚人と家族の関係が途絶えないようにしている。人々がギャングなどの犯罪集団に加わる理由のひとつは、頼るべき人脈がほかにないからだとサンタナは考える。そこで、彼は囚人と家族の関係を維持すべく途方もない努力をしている。ある囚人を例に取ると、サンタナのスタッフが突き止めた彼女の唯一の身よりは、300キロメートル以上も遠方の山奥に住むおじ1人だった。サンタナはスタッフをラバに乗せ、おじの居所を突き止め、面会に来てもらった。ナハヨ刑務所では、受刑者の92パーセントが面会を受けている。女子刑務所にしてはきわめて高い率だ（孤独は世界じゅうの女性囚人の悲しい現実だ。服役中の配偶者とまめに連絡を取る夫は、妻と比べるとずっと少ない）。

出所後の再就職の支援も行なわれている。ナハヨ刑務所には囚人運営のパン工房があり、囚人たちが毎朝5時半に起床し、2000枚のパンを焼いている。また、全員が読みを習う。識字率100パーセントがサンタナの自慢だ。読みの授業は必須で、怠けると携帯電話などの特典が没収され、それでも聞かないと配偶者との面会を却下される。現在、30人以上の囚人が法律や心理学の大学課程に在籍している。

国内のほかの刑務所との決定的なちがいはスタッフにある。ラテンアメリカの刑務所の大半は軍や警察が運営している。この状況は悲惨だ。暴動が横行する刑務所の警備は厳しくてつまらない仕事とみなされているため、軍や警察のなかでも底辺の人々に回される。しかし、ドミニカ共和国の方針はその逆だ。腐敗のリスクを減らすため、軍や警察で勤務経験がある人ははっきりと禁止しているのだ。代わりに、ほぼ1年かけて新人を訓練し、従来の刑務所制度の3倍の給料で働かせる。給料が高いので買収するのは難しくなる。

この新制度はコストがかかる。コストは従来の制度の2倍以上、囚人1人あたり1日約12ドルにもなる。サンタナは、好待遇ではなく罰を受けるべき場所だと考えられている刑務所に今まで以上のコストをかける理由について、何度となく説明してきた。私がサンタナのオフィスに入ったとき、彼はパナマのラジオ・トーク番組の電話インタビューに答えている最中だった。明らかに、番組の司会者は社会のもっとも忌むべき人々にお金を費やすことについて疑問を持っているようだが、サンタナは引き下がらない。「これは社会にとって巨額の節約になる社会的投資です。犯罪者に税金を費やさなければ、いっそう凶悪になる一方なのです」と彼は力説する。

数ドルの余分な支出が数千ドルの節約につながるという呆れるほど単純な例がある。ドミニカ共和国の新しい刑務所では、囚人に無料の食事が与えられる。一見すると、日々の食事を囚人の家族や知人に持参させる従来の制度と比べると甘いように思える。しかし、刑務所内で食事を提供することで、刑務所に禁制品を持ちこむ最大のルートのひとつが取り除かれた。面会家族が持参する米の袋やパンのなかに武器やドラッグを隠して刑務所内に持ちこむという定番の手法だ。1日数セントの余分なコストをかけ、囚人にお椀1杯の豆ご飯を提供するのは、一見すると〝甘い〟方策だが、囚人がナイフ、銃、麻薬をそう簡単に入手できなくなるという側面もある。納税者が犯罪者の昼食に税金を支払いたくないと考えるのは無理もないが、豆のほうが金属探知器よりは安上がりなのもまた事実なのだ。

犯罪組織のなかには、正規の従業員を大量に雇うことで成り立っているものもある。エルサルバドルのギャングはタトゥーでメンバーを見分けるし、メキシコのカルテルはロゴ入りのポロシャツや野球帽を外注したりもする。しかし、すべての麻薬密輸組織がこうした正式な方法で運営されているわけではない。特に、取り締まりの厳重な富裕国では、麻薬密売組織はかなり小規模で、緩く組織される傾向がある。そうした組織は、規模が拡大するにつれて発覚のリスクが増すので、拡大が制限されている。犯罪活動に新たなメンバーが加わるたび、リークの可能性が生まれるし、大人数の共犯者を審査し、監視するのは現実的ではない。その結果、富裕国の麻薬密売組織は、〝パートナーシップ〟原理に沿って運営されるラ・ヌエストラ・ファミリアや、正規のメンバーを大量に雇うバリオ18のようなギャングとはちがって、互いの素性も知らない臨時雇いのフリーランサーのネットワークに頼ることが多い。

たとえば、スペインからコカインを輸入してかなりの稼ぎを上げていたイギリスのある麻薬密売組織を例に取ろう。警察によって解体されるまで、その組織は週に50～60キログラムのコカインを国内に密輸していた。スペインを拠点とするコロンビア人仲介者から1キログラムあたり1万8000ポンド（2万8000ドル）でコカインを購入し、イギリスで2万2000ポンドで販売することで、週に100万ポンド以上、年間6000万ポンド近くを売り上げていた。そのうち、1000万ポンド以上が利益だ。年間1億ドル近くを売り上げるほど巨大な事業と聞くと、さぞ大人数のギャング団が取り仕切っていたのだろうと思うかもしれない。ところが、英内務省のインタビューによると、その数千万ポンド規模のビジネスを運営していたのはたった2人の人物だった。[5]

首謀者らはたくさんの人々を自身の〝ミニ・カルテル〟へと雇い入れる代わりに、大人数のフリーランサー集団をさまざまな役割で働かせるという別の人材モデルを用いた。運び屋はロンドンでコロンビア人の密輸入者と会い、10キログラムのコカインを受け取り、イギリスじゅうに分配する。報酬は1回あたり約800ポンド。翌日、ロンドンの集金係が購入客から現金を受け取る。報酬は日当250ポンド。別の人物は同じ報酬で売り上げを数える（通常、売り上げは1日で22万ポンド程度になる）。また別の人物は2人の人間に報酬を支払う。先ほどのコロンビア人がスペインに金を持ち帰るのを手引きするベネズエラ人女性と、売上金を保管する「資金保管係」だ。首謀者らは日当200ポンドで運転手も雇っていた。こうして、首謀者の2人はさまざまな役割を果たす最低6人の人々と取引をしていた。彼らはギャングの正規の〝構成員〟ではないし、利益の大部分を得ていたわけでもない。

フリーランス契約者との取引だけでなく、カルテルはほかの犯罪組織とも頻繁にビジネスを行なう。生産から小売まで、麻薬のサプライ・チェーンの全工程を監督できるカルテルはまずない。メキシコの一部のカルテルは現在、コロンビアのコカ栽培とアメリカの小売を支配しようと励んでいるが、そういう組織は例外だ。むしろ、大半の密売組織はサプライ・チェーンの一部に特化している。たとえば、密輸を専門とするギャングは国内流通を扱うギャングへと商品を渡し、そのギャングはストリート・レベルの販売を担う別の組織へとバトンタッチするのだ。

この組織間関係を維持するにあたって重要なのが対人スキルだ。意外にも、麻薬密売組織どうしの関係はみなが思うよりも良心的だ。外交スキルに長けた麻薬密売人の例として、ピートという人物を紹介しよう。彼は南米からオランダへのコカインの輸入を生業(なりわい)としている。ある日、彼はオランダの卸売価格にして最大50万ユーロ(60万ドル以上)にもなる20キログラムのコカインを発注する。コカインはブラジルにいる彼のおなじみの仲介人によって出荷され、無事に到着する。が、コカインを検査したピートは顔を曇らせる。20キロのうち12キロは良質なコカインだが、残りの8キロは粗悪品だったのだ。彼は売人に電話をかけ、苦情を言う。なぜこんなことがわかるのか？　実は、ピートも知らないうちに、オランダの警察によって電話が盗聴されていたからだ(ちなみに、オランダは盗聴天国であり、国内で使用されている電話機の約1000台に1台に盗聴命令が出されている)。

もしこれがハリウッド映画だったら、ピートは部下を朝いちばんの飛行機でリオに向かわせ、報復をするだろう。しかし、そうはならない。代わりに、輸出会社の顧客サービス・チームがすぐさま対応する。ボスは粗悪品についてピートに謝罪し、先ほどの仲介人が20キログラム全量を調達できず、別の仕入れ先から残りを調達せざるをえなかったと釈明した。穴埋めのため、ボスは粗悪なコカインを良質な品に変えられる〝技術者〟をオランダに派遣することを約束する。ピートは愚痴を言うが、血は流れない。

その少しあと、似たような出来事が起こる。今回、ピートは定番の手段を使う。運び屋にコカイン入りのスーツケースを南米から飛行機で密輸させるのだ。ところが、運び屋が搭乗前にパニックを起こし、計画が破綻してしまう。運び屋はコカインを機内に持ちこむ代わりに、貴重なスーツケースを空港に置いたまま逃走したのだ。運び屋がその事実をピートに知らせると、当然ピートは激怒し、運び屋がコカインを持ち逃げして誰かに売ったのではないかと疑う。しばらく、ピートは報復として運び屋を殺そうと画策する。ブラジルのコカイン売人は、前回の粗悪品の一件を埋め合わせようと思ったのだろう、殺し屋の役を申し出る。運び屋にとっては幸運なことに、ピートには冷静な兄弟がおり、みずから空港に行って運び屋の話を確かめると申し出た。彼は運び屋の話が事実であることを確信し、暗殺を中止するようピートをなだめる。その無能な運び屋は、スーツケースいっぱいのコカインを紛失したにもかかわらず（あるいは本当に盗んだのかもしれないが）、命を失わずにすんだ。

ピートの事例は、欧州委員会のために作成されたある異例の報告書のなかで分析されている。(6)この報告書は、大規模な麻薬取引が失敗するとどうなるかをまとめたもので、著者はオランダ警察のファイルをあさり、なんらかの形で失敗した33のコカイン取引の詳細を抜き出した。そのすべてが最低でも20キログラム、時には数トンの麻薬がからむ巨大取引だった。イギリスの調査と同様、この報告書には最高級の無能の例が網羅されている。犯罪を裏づける情報を別の番号にファックスしてしまったために犯罪が暴露してしまった例もあるし、本来ロッテルダムに送るべき巨大な荷物をアントウェルペンに送ってしまったために荷物が紛失した例もある。ジェームズ・ボンドばりの計画がミスター・ビーンばりのヘマのせいで失敗することもある。ある取引では、船体に取りつけた特殊な管にコカインを詰めて密輸し、現地でダイバーに回収させるという入念な計画が立てられた。もくろみどおり、麻薬は発見されることなくオランダの港に到着する。しかし、ダイバーが病気にかかって水に潜れなくなり、計画は破綻してしまう。結局、コカインは回収不能となり、今でもタンカーか何かの底にへばりついたまま世界じゅうを旅しているかもしれない。

この調査の焦点は、こうした紛争がどう解決されるかだ。著者が発見したのは、我慢強いコカイン密輸入者のピートのように、麻薬密売人の大半はなるべく暴力以外の方法で紛争を解決しようとするという事実だ。おおむね数十万ユーロ規模の損失が出た33の事例のうち、3分の2は暴力以外の手段で解決されている。この点は意外かもしれない。麻薬カルテルが相手に契約を守らせる唯一の手段は実力行使（少なくともその脅し）であることを考えると、麻薬と暴力は切っても切り離せない関係にある。先述したとおり、麻薬カルテルは裁判所に駆けこんで問題を解決するわけにはいかない。そのため、契約を守らせる唯一の手段は殺害の脅しだと思われがちだが、全体的に見ると、麻薬密輸入者は暴力をできるかぎり回避しようとする。一般企業と同じく、麻薬組織は災難に見舞われたとき、調査を行なってそれが不正の結果なのか単なる不運なのかを確かめようとする。誰かが組織から盗みを働いたり、意図的に組織を裏切ったりしたという証拠が見つかれば、暴力も辞さない。しかし、ヘマを犯した人物や無能な人物はおとがめなしで終わることが多い。「麻薬取引は、このような高レベルな取引であっても、経営者が個人個人について逐一判断を下さなければならない中小企業のような方法で運営されている。この点は、関係を維持する必要性を色濃く表わしている」と報告書の著者は記す。新しい人材を雇い、密輸入の新たな取引先を見つけるのが難しいからこそ、麻薬密売人は合法的な会社よりもむしろミスに寛容なのではないかと著者は指摘する。「麻薬市場で情報の流れが妨げられていることを考えると、合法的な市場よりも関係性がいっそう重要なのかもしれない」

長続きする関係を築くには何が重要なのか？　一般的に、麻薬密売人は人づき合いのうまいタイプとは考えられていない。しかし、対立の起こりそうな分野をなるべく丸く収めることで、多くの巨大カルテルが成功してきたことはまちがいない。メデジン・カルテルの指導者パブロ・エスコバルが考案したコカイン紛失に対する基本的な保険制度は、紛争を回避し、メデジンで合法的に事業を営む人々からの投資を呼びこむことにつながった（これにより、メデジン・カルテルはコロンビア社会のより奥深くへと根を下ろすことに成功した）。時に、高い評価を得た取引先には驚くほど太っ腹な特典が与えられることもある。アメリカとメキシコの国境問題に詳しいアメリカの作家、故チャールズ・ボーデンは、自著でメキシコのある殺し屋の面白いエピソードを伝えている。その殺し屋はまちがって仲間から命を狙われると、その謝罪の印として、マサトランの海浜リゾートへの無料バカンスに招待されたという。[7]

本章で紹介した一部のギャングの「名前」を見てみると、組織がメンバーどうしの調和を保つために用いるもうひとつの方法をうかがい知ることができる。ラ・ヌエストラ・ファミリア、メキシカン・マフィア、アーリアン・ブラザーフッドは、いずれも人種に基づいてメンバーを選抜する。特に、刑務所ギャングは人種に沿って分断されていることで有名だ（アメリカの女子刑務所を舞台とするコミカルなテレビドラマ『オレンジ・イズ・ニュー・ブラック』で、ある登場人物がこう説明する。「今が1950年代だと想像してみなさいよ。わかりやすいでしょ」）。皮膚の色にはあまりうるさくないカルテルでさえ、文化や言葉の絆はかなり重視するようだ。実際、ヨーロッパでは、ラテンアメリカ製の麻薬の主な入口はスペインだ。また、前述のイギリスやオランダの調査によると、インタビューを受けた外国人の多くは、カリブ海の旧イギリス領やオランダ領の出身だった。

人種や文化的背景が共通する人々だけで組織をつくることは、カルテルにとってメリットがあるのだろうか？　この考えは、多様性を重視する会社が大半を占める合法的なビジネス界ではタブーだ。多様な職場のほうがクリエイティブで適応性が高いという研究結果はいくつも出ているし、そもそも人種に基づいて採用するのは大半の国々で違法だ。単一文化の職場にメリットがあるという証拠はほとんど発表されていない。[8] そう考えると、これほど多くのギャングが人種に沿って組織されているのは不思議に思える。犯罪者はもともと性悪なのだから人種差別的なのは当たり前だと即断しがちだが、この考えは本書で説明してきた内容と矛盾するように思える。犯罪ギャングは一般企業のビジネス戦略をまねることが多いからだ。

先ほどのオランダの調査報告書の著者たちは、この問題をもう少し掘り下げてみることにした。彼らが結果を民族で分類した結果、同じ民族集団に属する人々どうしで諍いが生じた場合、そうでない場合と比べて暴力で問題を解決する割合が極端に低いことがわかった。同じ人種の人々どうしの取引が失敗した場合、全体の29パーセントが最終的に暴力や脅迫につながったが、異なる民族どうしの場合は同じ数字が53パーセントにものぼった。

同じ民族どうしで暴力が少ないのは、文化的な調和というよりも、脅迫がきくことと関係が深いのかもしれない。たとえば、最近オランダで発見されたコロンビア人密輸ネットワークを例に取ろう。このギャングは、コカイン輸入ではなく、違法に獲得した大量の現金を当局に疑われることなくコロンビアまで運ぶという同じくらい厄介なビジネスを専門としていた。そのために、素人の運び屋に1人頭3000ユーロ（3350ドル）を支払い、多いときには現金15万ユーロが入ったスーツケースをコロンビアの首都・ボゴタまで運ばせていた。ヨーロッパからの現金の持ち出しを容易にしているのが、笑ってしまうほどの高額紙幣である500ユーロ札だ。たばこの箱一つに2万ユーロを隠し持てるので、犯罪者にとっては都合がよい。一部のヨーロッパ諸国では、500ユーロ札は「ビン・ラディン」と呼ばれている。誰もがその存在を知っているが、犯罪者以外は実際に見たことがないからだ。わずか2年間で、この組織は4200万ユーロ（4700万ドル）以上をコロンビアまで運んだ。運び屋は毎回コロンビア人で、手数料に加えて無料バカンスも与えられた。

毎回コロンビア人を雇うのは偶然ではなく、入念な計画の一部だった。このギャングを率いる女性は、必ず運び屋の家族の氏名と住所を確認するという万全の策を取った。運び屋が逃亡した場合にコロンビアの家族に報復するためだ。もちろん、脅しが通用するのはコロンビア人だけではないが、西ヨーロッパと比べて取り締まりの甘い国のほうが報復は実行しやすいし、大西洋の反対側にいるギャングの幹部にその罪を問うのは難しい。オランダの事例は決して特別ではない。イギリスの警察も、未払いの麻薬の代金がイギリスで支払われたとたん、コロンビアで誘拐された人々が解放されるという事例をいくつも特定している。

アメリカの麻薬密売に関しても似たようなことが成り立つ。近年のアメリカ国内のヘロインの大半はメキシコのギャングが供給している（第9章を参照）。麻薬取締局の職員の話によると、麻薬販売の大部分はメキシコ人自身の手で行なわれているという。メキシコにいるボスは、アメリカの路上で麻薬を売りさばくため、莫大な経費をかけてメキシコ人をアメリカに送りこんでいるのだ。こうしてわざわざメキシコ人をアメリカまで派遣するのは、単純に現地で人材を雇うよりも、カルテルにとってははるかに経費がかかるが、これには二つの目的がある。一つ目に、外国で麻薬密売集団を指揮し、ちょっとした大金を追跡不能な現金で持ち、大量の貴重な麻薬を預けられている人物にとっては、魅力的な逃亡のチャンスが目の前にある。しかし、コロンビア人の現金の運び屋のケースと同様、メキシコの密売組織はメキシコ在住の家族への報復という形で、売人の逃亡に保険をかけることができる。二つ目に、カルテルの幹部が顔を知っていて、数カ月ごとに入れ替えのきくメキシコ人を使うことで、現地の人材に頼るよりも組織に潜入するのはずっと困難になる。

つまり、合法的なビジネス界とは異なり、カルテルにとって人種や国籍は人材の雇用という点で価値があるようだ。といっても、それは同じ民族集団の人々と働きたいからではなく、むしろ脅迫が実行しやすいからだ。しかし、人種に基づく雇用アプローチにも奇妙な例外がある。ほかの多くのカルテルと同様、ナイジェリアのヘロイン密売組織も主に同じナイジェリア人から仲間を募集する。ところが、ヘロインをヨーロッパからアメリカへと密輸する運び屋だけは、例外的に白人女性から選ぶ。白人女性のほうが空港で止められる確率がはるかに低いことに気づいたからだ。[9]

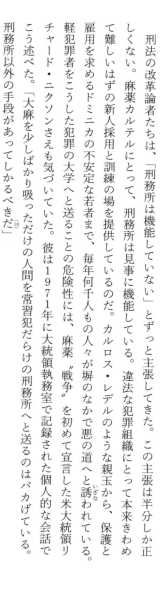

刑法の改革論者たちは、「刑務所は機能していない」とずっと主張してきた。この主張は半分しか正しくない。麻薬カルテルにとって、刑務所は見事に機能している。違法な犯罪組織にとって本来きわめて難しいはずの新人採用と訓練の場を提供しているのだ。カルロス・レデルのような親玉から、保護と雇用を求めるドミニカの不安定な若者まで、毎年何千人もの人々が塀のなかで悪の道へと誘(いざな)われている。軽犯罪者をこうした犯罪の大学へと送ることの危険性には、麻薬〝戦争〟を初めて宣言した米大統領リチャード・ニクソンさえも気づいていた。彼は1971年に大統領執務室で記録された個人的な会話でこう述べた。「大麻を少しばかり吸っただけの人間を常習犯だらけの刑務所へと送るのはバカげている。刑務所以外の手段があってしかるべきだ」[10]

大統領がこう発言して以来、特にアメリカは「刑務所以外の手段」を見つけるのに難儀してきた。ニクソンのこの発言の時点で、同国の収監人数は約20万人だったが、それが今では160万人だ。現在の刑務所政策に向けられる批判の大部分は人権的な見地に基づくものだが、経済学的な見地に基づいても同じくらい説得力のある主張ができる。刑務所はあまりにも高コストなのだ。10代の若者を刑務所に送るのは、ウィリアム王子やハリー王子を輩出したイングランドの全寮制私立学校「イートン・カレッジ」に入学させるよりもコストがかかる。小さな政府を自慢としてきたアメリカが、この公共事業には年間800億ドルもの大金を無批判につぎこむというのは、どうしても解せない。人口あたりで見てイギリスの5倍、カナダの6倍、ドイツの9倍もの人々を刑務所に閉じこめる必要は本当にあるのだろうか？[11]

刑務所の人口をもっと減らすべきだという主張にはなかなか説得力がある。しかし、刑務所をもっと快適にすべきだという主張のほうは常識とかけ離れている。常識的には、刑務所の環境が劣悪であればあるほど強力な犯罪抑止力になると考えられているからだ。しかし、劣悪で危険な環境に置かれると、囚人は身の安全や特権を求めて犯罪集団に加わるという証拠がある。「われわれはギャングではなく、［労働］組合なのだ」とメキシコのシウダー・フアレスの囚人は『ロンドン・タイムズ』紙に話した。[12]一般の労働者と同じく、囚人たちも劣悪な環境に直面すると組合をつくろうとする。刑務所を安全にすれば保護は不要になるし、訓練を提供すれば出所後に犯罪以外の道に進む選択肢が生まれる。国が囚人の基本的欲求を満たせなければ、それだけ犯罪集団がその隙間を満たすチャンスも広がるのだ。

ドミニカ共和国の例は、そのようなアプローチが機能しうることを証明している。かつて、同国の収監率は高く、刑務所の水準も恐ろしいものだった。従来のドミニカの制度のもとでは、出所後3年以内の再犯率が50パーセントにおよんだ。それが新制度では3パーセント未満だ。同国の犯罪捜査および起訴能力から考えて、どちらの数字も過小評価ではあるだろうが、その差は明白だ。組織犯罪グループにとって、囚人を悪の道へと進ませるのは、従来の苛酷な制度のもとでのほうがずっと簡単だ。犯罪者の求人センターとしては、快適な刑務所のほうが不向きなのだ。

カルテルの人材獲得を困難にすることは、ある種の連鎖反応を生む。ヨーロッパの失敗したコカイン取引の分析からわかるとおり、麻薬密売組織はミスに対して驚くほど寛容だ。それは彼らが善人だからではなく、今ある限られた人脈を維持する必要があるからだ。新人を雇ったり、新たな仕入れ先や売人に接触したりするのは難しく危険な作業で、密告者に情報が漏れるリスクもあるので、今ある人脈を断つのは最終手段としてしか使えない。もしコカイン業界内の人脈づくりが簡単だとしたら、オランダの麻薬密輸入者ピートは、粗悪品で自分をだましたブラジルの売人や、コカイン入りのスーツケースを紛失した運び屋をあっさり殺害したかもしれない。しかし、現実には彼らのようなパートナーを見つけるのは難しいので、「疑わしきは罰せず」の精神で対応するほうが理にかなっていたわけだ。

ということはつまり、刑務所を通じてやってくるギャングの卵たちの流れを制限し、カルテルの人材確保を妨げることができれば、犯罪世界の労働市場を引き締められるということだ。まず、犯罪組織は今以上の賃金で働き手を雇わざるをえなくなり、利益が減る。また、今いるメンバーへの手荒な扱いも控えるようになるだろう。メンバーを使い捨て可能な部品のごとく扱えるのは、代わりがいくらでもいる場合だけなのだ。かつて、ドミニカのギャングは、蛇口をひねればいつでも新人を調達できたので、協力的でない仲間を殺したり、メンバーを敵対ギャングとの抗争に行かせたりすることに一片の躊躇も抱かなかった。その蛇口を締めることができれば、ギャングは今ある人脈を守り、平和的に問題を解決しようとする我慢強いオランダの売人ピートのように振る舞わざるをえなくなるのだ。

Chapter 4

PRとシナロアの広告マン

なぜカルテルは「企業の社会的責任」を重視するのか

麻薬戦争に冒されたメキシコのシナロア州の州都・クリアカンに、お祭りムードがただよっている。老若男女が街路を埋め尽くし、トランペットやトロンボーンが鳴り響くなかを歌い歩く。２０１４年２月、誰もが想像だにしないニュースがメキシコじゅうを駆け巡った。シナロア・カルテルの指導者で世界の最重要指名手配犯の１人であるホアキン・グスマンがとうとうつかまったのだ。その通称エル・チャポ（チビ）は長らく恐怖支配を敷き、シナロア内外で何千人もの殺害を命じていた。彼は毎回どういうわけか軍の武装ヘリコプターが到着する寸前に逃亡し、長年逮捕を免れてきたが、とうとう彼の運も尽きた。彼は隠れ家の浴槽の下につくられた隠しドアから、クリアカンの街の下水道を通る逃亡劇を繰

シナロア・カルテルのリーダー、ホアキン・グスマン（通称「チビ」）。2014年に逮捕されるも、１年あまりで脱獄（Agence France-Presse）。

り広げ、海浜リゾート地のマサトランへと逃げた。が、とある格安ホテルでとうとう発見され、銃口を突きつけられて逮捕された。メキシコシティへと移送されたグスマンのもとにはテレビカメラが殺到し、メキシコ全体が驚きとともにニュースを見守った。

本拠地シナロア州の反応はすばやかった。数日足らずで、シナロア州の各都市ではこの重大な瞬間を記念する行進を呼びかけるビラがまかれ、シナロア住民たちは行進に参加した。しかし、エル・チャポの逮捕直後に発生したそのパレードは意外なものだった。行進している老若男女たちをよくよく見てみると、思いもよらないスローガンが書かれたＴシャツを着て、旗を振っている。「政治家よりよっぽど敬愛されるエル・チャポ！」と書かれた旗。「シナロアはあなたのもの」という文字が描かれたＴシャツ。『フォーブス』誌の長者番付におけるグスマンの順位「７０１」という数字が入った服を着る人々。「あなたの子どもを生ませて」と書かれたピチピチの服を着る若い女性もいる。そう、群衆たちは凶悪な麻薬密売人を非難するためではなく称えるために街に繰り出したのだ。警察はほかの仕事で忙しかったのだろう、行進は警察の制止を受けることもなく続き、街じゅうで「エル・チャポ万歳！」の叫び声が飛んだ。

数千人の殺害を命じたといわれるチビのグスマンは、メキシコでもっとも忌み嫌われる男のはずだ。しかし、彼の悪の勢力圏であるメキシコの一部地域では、市民感情は複雑だ。彼を支持するクリアカンの行進には、脅迫を受けて参加した者もいたにちがいないが、彼の純粋なファンもいた。メキシコの『レフォルマ』紙が実施した全国世論調査によると、彼の逮捕を支持すると回答した人々はわずか53パーセントにとどまり、28パーセントの人々はまったく支持しないと答えた。[1] メキシコの麻薬王たちはナルココリード（麻薬民謡）〔麻薬ギャングの逸話や武勇伝などを物語風に歌うメキシコで人気の音楽ジャンル〕のなかで英雄化されている。トロンボーンとアコーディオンの軽快なバラードに乗せて、警察を出し抜く彼らの偉業やスキルを歌い上げる音楽だ。ステットソン帽がトレードマークのクルーナー歌手ホセ・エウロヒオ・エルナンデス（通称「シナロアの子馬」）は、チビのグスマンに敬意を表してこう宣言する。

足先から頭まで測れば
確かに奴はおチビさん
だが頭の先から天まで
それが奴の身長なのさ
巨人の中の巨人だから[2]

そんな小さな巨人の刑務所暮らしも長くは続かなかった。２０１５年7月、逮捕から1年あまりで、メキシコ政府は彼の脱獄を発表。赤ら顔の職員がのちに公開したグスマンの独房の監視カメラ映像には、彼が部屋をうろついたあと、角を曲がって彼専用の浴室に入り、そのまま忽然と姿を消す様子が収められていた。看守は彼のシャワー室の底に穴を発見した。その穴は本格的なつくりの1キロメートル半近いトンネルへとつながっており、トンネルは原始的な換気管や、土砂を運び出すためのレール上を走るバイクまで完備。チビのグスマンは電球を破壊しながら脱出トンネルを走り抜け、郊外へと姿を消したようだった。数時間足らずで、彼の大胆な脱走を称える最初のナルコ・コリードがユーチューブにアップロードされた。ルピージョ・リベラの曲はこう明るく説明する。

何トンものドラッグが水路や空路で運ばれてきた
用意周到なトンネルをつくることくらい朝飯前さ

意外な人気を集めているのはチビのグスマンだけではない。麻薬密売ビジネスの面白い特徴は、そのボスがほとんどの犯罪者、さらには多くの政治家よりも高い名声を得ているという点だ（チビのグスマンと同じ支持率が得られたらアメリカ議会は大喜びだろう）。麻薬密売人はファッションの流行までつくり出す。その金髪から「バービー人形」の異名を持つ筋骨隆々のカルテル幹部、エドガー・バルデス・ビジャレアルが、ラルフローレンの定番の緑のポロシャツを着て逮捕されると、メキシコシティじゅうの衣料品店が彼のファッションをまねたがる若者にすぐさま同じ服を販売しはじめた。

似たような現象は欧米諸国でも起きていて、麻薬密売人は彼らの犯罪を美化するようなロマンチックな描き方をされることが多い。たとえば、ジョニー・デップは、パブロ・エスコバル率いるメデジン・カルテルの台頭を描いた映画『ブロウ』で、コロンビアの愛らしいアメリカ人ボスを演じた。エスコバルの息子ファン・パブロは、父親に関する回顧録のなかで、父が偽の卒業証書を高校の友人に売ることから悪の道に進んだと記している。イギリスの前科持ちの麻薬密売人ハワード・マークスは、『ミスター・ナイス *Mr Nice*』（彼のニックネームのひとつ）と題する自伝を著し、自身の犯罪歴を壮大な冒険と位置づけて各地で講演活動を行なった。

しかし、カルテルの行為にロマンチックな面などひとつもない。チビのグスマンの命令のもと、シナロア・カルテルは邪魔者を皆殺しにし、バラバラにしてきた。犠牲者は拷問され、生きたまま焼かれ、公共の場所に吊された——それも革命的な活動のためではなく単なる金儲けのために。「ミスター・ナイス」ことハワード・マークスのような人物が直接手を下したわけではなくても、彼らの上げる利益が殺し屋の収入源であることにちがいはない。麻薬ビジネスはきわめて卑劣だ。にもかかわらず、組織のボスたちは嫌悪の目で見られるどころか、むしろ国内外で半ば英雄視されている。麻薬組織が極悪非道な悪党から愛らしいやんちゃ者へと世間のイメージを変えたのは、ビジネス界でも稀に見るＰＲの成功例といえる。いったいカルテルはどうやってそれを成し遂げたのか？

「全市民に告ぐ」。すべて大文字で書かれたその通告はそう始まる。「この媒体を通じて、ひとつだけ明らかにしたいことがある。私は子どもと女性の殺害は命じないし、ゆすりや誘拐は認めない。この街を完全に破壊しているのはラ・リネアの一味なのだ。われわれのルールは明確だ。子ども、女性、罪のない人間の殺害はしない。ゆすり、誘拐もしない。だがラ・リネアはたった１０００ペソ（約70ドル）を脅し取るためだけに人を殺す[3]」

巨大な白の垂れ幕に黒と赤の文字で本格的に印刷されたこのメッセージは、ある日の早朝、シウダー・フアレスの人通りの多い歩道橋に吊されていた。それは２０１０年。チビのグスマン率いるシナロア・カルテルと、地元のフアレス・カルテルおよびその殺人部隊ラ・リネアとの抗争が激化しはじめた矢先の出来事だった。チビのグスマン本人の署名が入ったその垂れ幕は、街じゅうに次々と現われはじめた「ナルコマンタ」（麻薬の布）のひとつだった。暴力が激化するにつれて、カルテルの広告量も増えていった。

マーケティングというと、麻薬カルテルには無縁なものだと思うかもしれない。広告幹部の評判は麻薬密売人と五十歩百歩だが（広告ビジネスのことをＨ・Ｇ・ウェルズは「合法的なウソ」、ジョージ・オーウェルは「残飯バケツの内側を棒で叩くようなもの」〔残飯バケツを叩き鳴らすとブタがいっせいにブタ小屋へと戻っていく様子から〕と表現している）、ギャングが広報戦に特別関心を持っているとは思われていない。しかし現実には、カルテルはマーケティング、特にＰＲや広告をきわめて真剣にとらえている。世間からの一定の支持を保つことこそ、チビのグスマンのような逃亡犯が警察に所在を密告されずに逃げつづけられる唯一の手段なのだ。だからこそ、カルテルはさまざまな策を凝らしてイメージアップを図っている。

彼らの傍若無人なキャンペーン活動はメキシコ北部全体で見られる。昔からあるのは、幹線道路の橋から布やプラスチックの幕を吊し、当局に撤去される前に地元の住民に写真を撮らせるという手法だ。メッセージは古いベッドシーツに殴り書きされることもあるが、多くはプロの手で設計され、つくられる。目的はさまざま。米テキサス州と国境を接する都市・ヌエボ・ラレドでは、かつてセタスがこんな垂れ幕を掲げて求人キャンペーンを展開したことがある。「セタスの活動グループでは兵士または元兵士を募集中。高い給与、食事、家族手当を支給。もう劣悪な待遇や粗末な食事とはおさらば。われわれはマルちゃん（インスタント・ラーメンのブランド）を提供したりはしません」。もっと多いのは、敵対ギャングに対する中傷広告、非難声明、脅迫だ（その場合は死体もセットで吊されることがある）。また、自分が市民の味方であると納得してもらうためのメッセージもある。麻薬密売は行なっているが、一般市民を巻きこむゆすりなどの犯罪にはかかわっていない、と。

この種の原始的な屋外広告は、そのカルテルが現地で公共の場所に幕を吊せるほどの影響力を持っていること、地元の警察に対して一定の支配を握っていることをアピールするのには役立つかもしれない。しかし、その効果のほどは疑問だ。合法的な経済であれ闇経済であれ、世界じゅうで広告がある種の危機を迎えている。数世代前の消費者なら、マディソン街に掲げられ、一流の新聞や雑誌に印刷された「合法的なウソ」を信じたかもしれないが、オンラインやオフラインの無料メディアが氾濫している近年では、消費者は容易に納得しないし、特に売り手が書いた有料広告など頭から疑ってかかっている。今では、１９５０年代のたばこ広告でアピールされていた健康効果を信じる人などいないだろう。自分が公正な売人やよき雇用主だと訴えるチビのグスマンやセタスの主張も、同じくらい虚しく響く。

そこで、マーケティングの専門家たちは別の場所へとエネルギーを向けている。それはカルテルも同様だ。10年前、ブランディングの第一人者のアル＆ローラ・ライズは、従来型の広告は影響力を失い、代わりにその親戚である「PR」が消費者の認識を変える手軽な手段となりつつあると主張した。[4] 近年では、ソーシャル・メディアが、デイヴィッド・ミーアマン・スコットのいう「ニュースジャッキング」を通じてネットにPRメッセージを即座に広める手段として確立された。広告とは異なり、PRは新聞、テレビ、ラジオの有料広告スペースを無視し、出版物やウェブの記事スペース、テレビのニュース・コーナーといったずっと貴重な分野に影響を及ぼすことに専念している。新聞の称賛記事はその裏面の有料広告よりも重みを持つ。米業界紙『ＰＲデイリー』によると、記事スペースは有料広告スペースの3倍の価値を持つという。企業はその貴重なスペースをめぐって競り合い、記事で自社を取り上げてもらえるようかつてないほど記者たちに働きかけている。イギリスでは、今やＰＲ業界で働く人々の数（4万7800人）が記者の数（4万5000人）を上回っている。[5]

記事スペースの切り売りは、業界自体がすでに暗礁に乗り上げているニュース組織にとっては魅力的な儲けの手段だ。安月給の記者にとって、厚いもてなしや贈答品を与えてくれる企業の提灯記事を書きたくなるのは無理もない。新聞業界では、ふつうの記事と有料広告の中間であるスポンサーつきコンテンツ、いわゆる「ネイティブ広告」がますます広まりつつある。この種の広告は、一見するとふつうの記事のように見えるのだが、実は広告主が書いた（または承認した）ものであり、記事の顔をした企業の宣伝メッセージにすぎない。記者の大半は広告の侵食に不安を感じているが、広告主はこの最新の強力な説得手法に喜んで桁ちがいの大金を支払う。読者は広告スローガンを真に受けないが、企業が新聞やテレビ・チャンネルを使って同じ内容を独自の言葉で届けられれば、とたんに大きな意味を持つ。同じことは麻薬カルテルにも当てはまる。近年、カルテルは急速に、そしてたいていは暴力的なやり方で、メディアへの働きかけを加速させている。

5月のある朝、私がメキシコ北部の地を踏んだのは、そういう背景からだった。太陽が地平線から顔をのぞかせはじめたころ、私は自分の記者証をスーツケースの奥深く、使用済みの靴下のなかにまぎれさせ、砂漠地帯を猛スピードで走っていく。灼熱の砂漠はまだ着火しておらず、外は過ごしやすい。私があまりにも朝早く朝食に降りたもので、ロビーでカナリアのかごからようやく夜間用のカバーを取り外そうとしていたホテルの従業員は驚いた様子だった。私は米国境に程近い裕福な大都市・モンテレイをあとにし、40号線を東進する。地元のカルテルが最近勃発した縄張り争いの資金調達のために誘拐を繰り返しているらしく、法外な身代金を支払える家族がいそうな人間は特に狙われる危険が高いという。モンテレイに住む私の金持ちの友人は、少し前までレンジローバーのピカピカの新車を乗り回していたのだが、ずっと古いおんぼろ車で私の泊まるホテルに乗りつけると、こう説明した。「最近はあまり人目を惹かないほうがいいんだ」

モンテレイにはびこる暴力の問題は盛んに報じられている。北部の多くの都市と同様、モンテレイの新聞は銃撃戦や殺人の見出しで日々埋め尽くされる。私が街で話を聞いたビジネスマンの多くは、家族をアメリカの安全な場所へと引っ越させていた。ところが、彼らと話をするうち、北部の別の町でもっと複雑怪奇な現象が起きているという噂を聞いた。モンテレイの200キロメートルあまり東に、麻薬戦争がいっさい公の話題にのぼらない街があるという。国境をはさんで米テキサス州マッカレンの反対側にある街・レイノサは、一見するかぎりはほかの国境沿いの街とそう変わらない。マキラドーラ工場、格安のクリニック、「ボーイズ・タウン」と呼ばれる怪しげな赤線地区があり、これまた多くの国境沿いの街と同様、麻薬密輸の入口として機能している。しかし、メキシコ北部全体で暴力が激増しているにもかかわらず、レイノサからはカルテルによる殺人の報道がほとんど出てこない。麻薬戦争に関するテレビや新聞の報道では、なぜかレイノサの話は取り上げられない。殺人は記事にならず、死体の写真は撮られず、政治家は口を開かない。まるでレイノサだけがメキシコ全体から取り残されたようだ。ニュースのない町。それを知って、私は訪問を決意する。

早朝ということもあって道路は閑散としており、私は猛スピードで40号線を進む。この道でのんびりしようと思う者はいない。モンテレイとレイノサを結ぶ40号線は、かつての仲間で、現在はメキシコ北東部の支配をめぐって血みどろの抗争を繰り広げているガルフ・カルテルとセタスとの銃撃戦で知られる場所だ。半分くらいまで来たころ、私はレストラン「ロス・アイハドス」（名づけ子）の横を通り過ぎる。数カ月前、復活祭の直前、50人の兵士と40人のカルテルのガンマンとのあいだで2時間におよぶ銃撃戦が起こり、色鮮やかな建物の壁に無数の銃弾の跡が残った。まるでチーズおろし器のようだ。

レイノサでは、現地のギャングがジャーナリストたちを脅迫し、報道機関を半ば私物化している。記事によると、過去2カ月間で現地のジャーナリストの1人が殺害され、5人が失踪した。また、メキシコシティから来たジャーナリスト2人がレイノサで誘拐され、暴行を受けた。事件を嗅ぎ回っていたあるアメリカ人ジャーナリストは、路上で見知らぬ男に詰め寄られ、面と向かって「帰れ」と言われた。彼は素直に従った。

私はレンタカーを停めると、道路の日陰側を歩き、小走りにならない程度の早足でそそくさと市役所に入る。最初のインタビュー相手である市の職員から、急きょ約束の時間を変更した理由を明かされると、背筋が凍った。直前に同僚が殺害され、その対応で慌ただしかったらしい。その若い市職員が前日に殺された理由は不明だ。彼が車に座り、市役所の5ブロック手前で信号待ちをしていると、銃を持った男がいきなり現われて彼を射殺したらしいのだが、彼の死はどこにも報道されていない。私があとで事件現場を車で通り過ぎてみると、当局があっという間に片づけをすませた様子だった。ごみ収集車でさえ時間どおりにやってこない街にしては奇跡的だ。

誰もこの殺人事件を報じようとしないのは、レイノサのジャーナリストたちが麻薬戦争関連のニュースを報じないよう、地元のカルテルから箝口令を敷かれているからだ。報道機関が何も報じないので、市は住民の安全を守るため、ツイッター・アカウントを立ち上げて最新の抗争についてごく基本的な情報を発信している。私のインタビュー相手のアルフレード（彼の身の安全を考慮して仮名）は、@Gobierno Reynosaというアカウントを用いて、自身のデスクトップ・パソコンから基本的な治安情報を地域住民に届けている。ツイッターには、「警戒情報。市内各所を封鎖。運転に注意し、不要不急の外出を控えること」「モンテレイまでの幹線道路の警戒を解除。環状道路で渋滞あり。焦らず行動を」といったメッセージが流される。アカウントは午前6時から午後11時まで運営され、通常は約1時間おき、有事の際はそのつど更新される。「新聞、ラジオ、テレビはもう2年間もこういうことを報道していません」とアルフレードは言う。彼はインターネットに詳しい娘からツイッターのアイデアを教わったらしい。この地域で暮らす記者は犯罪記事に署名を載せたがらない。別の都市のメディアがこの街より詳しい最新情報を報じることもある。「モンテレイの新聞はここからニュースを報じ、われわれの新聞もここから報じるんですよ」と彼は語る。

メキシコのカルテルは多大な時間と資金を費やし、カルテル関連の報道を抑えるようジャーナリストたちを説得してきた。説得は、「プラタ・オ・プロモ」（銀か鉛か、つまりお金を受け取るか銃弾を浴びるか）というおなじみの形を取る。記者たちは日常的に脅迫を受け、それでも従わない場合はほかの人々への見せしめとして殺害される。最近の数ある事件のなかから、『エル・ティエンポ・デ・ドゥランゴ』紙の犯罪記者ホセ・ブラディミール・アントゥナの例を見てみよう。アントゥナは次のようなメモとともに遺体で発見された。「私がこうなったのは、兵士に情報を渡し、書いてはならないことを書いたからだ。記事を出稿する前に文章をよくよく見直すこと」。彼は同じ新聞社の同僚の殺害事件について調査しており、地元警察と組織犯罪グループとの癒着に関する記事を書いていた。

麻薬戦争がエスカレートするにつれて、ジャーナリストへの圧力もエスカレートした。２００４年までの10年間は比較的平穏で、メキシコで殺害された記者は13人だったが、2014年までの翌10年間は60人が殺害された。犯罪捜査の手は甘く、殺害の動機を解明できないことも少なくない（直接狙われるのではなく巻きこまれて亡くなる犠牲者もいる）。しかし、殺害される記者の大半は意図的に選ばれるようだ。アメリカのNGO「ジャーナリスト保護委員会」によると、被害者の10人中8人が犯罪スクープを報じていた。このカルテルの戦術は一定の効果を上げている。2010年、殺人事件が史上最多を記録した年、メキシコの五つの新聞が、ジャーナリストへのリスクを考慮して麻薬戦争がらみの犯罪はいっさい報じないと公言した。カルテルが自身の主張をメディアに掲載させた例もある。テレビ局「ミレニオ」は、スタッフ4人を誘拐されたのち、ある敵対カルテルが腐敗警官と癒着していることを報じなければスタッフを処刑すると告げられた。ミレニオはしぶしぶ従った（全国ニュースではなくローカルで報じるにとどまったが）。

カルテルは2種類の相手を意識している。ひとつは一般市民。たとえば、チビのグスマン率いるシナロア・カルテルのほうがゆすりや児童の殺害を行なわない誇り高きカルテルだと思えば、市民はシナロア・カルテルの情報を警察には流さず、ずっと「下劣」な敵対カルテルの情報を密告するだろう。同様に、カルテルは地方警察や検察の汚職を告発するプロパガンダを流し、市民に情報提供を思いとどまらせることも多い。

もうひとつ、カルテルが意識している相手は政府だ。暴力の報道があるたび、当局は事態の収拾を図るため、大量の武装警官や兵士を現場に派遣する。こうして法執行当局の存在が大きくなると、カルテルはビジネスをしにくくなる。よって、暴力の報道を食い止めることはきわめて重要だ。昨夜の大量殺人についてニュースが報じられなければ、翌週も追加の部隊は派遣されず、いつもどおりにビジネスを継続できる。射殺のあと、カルテルは遺体を運び去ることがあるが、それは遺体を埋めるためだけでなく、暴力の痕跡をできるだけ隠し、軍に厳しく対処されるリスクを減らすためでもあるのだ。遺体は井戸、旧鉱山、砂漠の秘密の墓地などに捨てられる。一般市民はカルテル戦争に混乱するばかりだ。家の外で銃声、サイレン、ヘリコプターの音が鳴り響いたかと思えば、翌日にはほとんど事件の痕跡がなくなっていて、新聞にもまったく報道がないわけだから。

ではなぜ、カルテルは残虐な殺人をこれほど盛んにPRしようとするのか？　殺害の多くは一般大衆向けのメッセージであり、イスラム国などのテロリスト・グループと似たような手法で撮影され、オンラインで宣伝される。ある病理学者から聞いた話によると、シウダー・フアレスでもっとも危険な外出の時間帯は午後5時45分だという。カルテルが午後6時のトップ・ニュース狙いで殺人を実行するからだ。多くの場合、ギャングは敵対組織の縄張りで問題を起こそうとする。公共の場所に死体がごろごろと転がっていれば、政府は現場に緊急治安部隊を派遣するので、翌数週間はビジネスがしづらくなる。カルテルはわざと敵対カルテルの縄張りを〝炎上〟させ、政府の取り締まりを誘うこともある。それにはメディアの協力が不可欠で、時にメディアは特定の記事を大々的に取り上げるよう命令される。

あるカルテルからは何も書くなと言われ、別のカルテルからは事件を大々的に取り上げろと言われる記者たちに、絶対勝ち目はない。2010年、2人の社員を殺害された『エル・ディアリオ・デ・フアレス』紙は、世界じゅうで転載された一面記事のなかで地元のマフィアに直接訴えかけた。「われわれに何を要求するのか？」という見出しで社説は始まる。「フアレスで縄張り争いを繰り広げている組織の諸君に告ぐ。……われわれは報道機関であって読心術師ではない。われわれは情報を扱う者として、あなたがたがわれわれに何を求めるのか、何を報じてほしくて何を報じてほしくないのか、説明してほしいと思っている。合法的な権力当局がわれわれの同僚たちをみすみす死なせていっている以上、今やあなたがたがこの街の事実上の権力当局であることはまぎれもない事実だ」[6]

麻薬カルテルが地元のメディアに対して持っている影響力は、インターネット上ではいくぶん弱まる。一般企業と同じく、組織犯罪グループはオンラインで自分たちのイメージをコントロールするのに苦労してきた。先述のツイッター・アカウント@GobiernoReynosaは、ニュース速報で細かい情報は明かさず、「警戒情報」などと表現するにとどめてきた。しかし、一部のアマチュア記者はネットの匿名性を活かし、大半の新聞よりもはるかに細部まで触れている。「エル・ブログ・デル・ナルコ」（麻薬ブログ）等のサイトは、印刷媒体では読めないニュースや、血に飢えたメキシコの報道機関でさえ恐怖するような写真や動画を配信し、人気を博している。一部ジャーナリストは自身の署名入りで公表するには危険すぎる記事をこのブログに投稿しているという。カルテルにとって見れば、オンラインの情報漏洩はニュース掌握の脅威となる。

しかし、カルテルがそれまで主流メディアだけに用いていた戦術を使って、オンライン記者たちの口を封じようとしている兆候がある。ソーシャル・ネットワークを使用した記者がカルテルに殺害された最初の例が、2011年の事件だ。メキシコ北東部にある国境沿いの街・ヌエボ・ラレドの橋から、2人の遺体が吊され、「インターネット・ゴシップ」を垂れ流す者には同じ運命を課すとの警告が添えられていた。その直後、有名なブロガーの素性が特定され、コンピューター・キーボードの隣で殺されているのが発見された。

カルテルはアマチュア記者の封殺にさえ喜んで多額の出資をする。2013年、レイソナが所在するタマウリパス州全域で、現地の匿名ニュース・サイト「バロール・ポル・タマウリパス」（タマウリパスのための勇気）の運営者の身元情報を求めるビラがまかれた。それも60万ペソ（約4万ドル）の懸賞金つきで。翌年、「フェリーナ」と名乗るこのサイトの寄稿者の1人のツイッター・アカウントが乗っ取られ、その最初のツイートで、「みなさん、私の本名はマリア・デル・ロサリオ・フエンテス・ルビオ。職業は医師です。本日、私の命は終わりを迎えました」と投稿された。何件かのツイートののち、最後のメッセージが発信された。「みなさんも今すぐアカウントを閉鎖してください。私のように家族を危険にさらさないよう……。みなさんどうか私をお許しください」。このメッセージにはその女性の遺体写真が添付されていた。驚くことに、バロール・ポル・タマウリパスやいくつかの類似サイトは、危険を顧みず今でも運営を続けている。しかし、カルテルの残虐なＰＲ活動のおかげで、ギャングやその協力者たちがたびたび犯罪の発覚を免れてきたことは事実なのだ。

カルテルが自身のイメージアップに用いている長期戦略のひとつが、「企業の社会的責任 Corporate Social Responsibility」という摩訶不思議な世界への投資だ。経営用語では「ＣＳＲ」と頭文字で呼ばれることが多い「企業の社会的責任」は、現代の流行とみなされがちだが、実は長い歴史を持つ。18世紀、市民たちは奴隷売買にかかわった企業の不買運動を組織しはじめ、社会的責任を重視する会社は〝人道的〟な人材管理への取り組みをアピールするようになった（当然、そうした主張はほかの主張と比べると信憑性が高かった）。１００年後、ビクトリア時代の工場主たちは、労働者が安全で快適な暮らしを送れるよう「モデル・ビレッジ」（理想的な村）をつくった。イングランド北部、私の故郷の近くに、ビクトリア時代の綿産業の実力者サー・タイタス・ソルトが建造したソルテアという町がある。彼は禁酒の重要性を強く信じていたため、町にはパブが1軒も建てられなかった（近年、バー「ドント・テル・タイタス」〔タイタスには内緒〕が開店し、その禁制もついに破られたが）。CSRの決定的な特徴、そして多方面から色眼鏡で見られる理由は、倫理観だけでなく自己利益が背後にちらつくからだ。ソルテアにパブが建てられなかったのは、半分は住民の健康のためだったかもしれないが、もう半分は労働者にちゃんと働いてもらうためだっただろう。

CSRが本格的なビジネス戦略としてブームになったのは1990年代。ほとんどの大企業は、「地球市民」の考え方、持続可能性、経済・環境・社会のトリプル・ボトムラインなど、「責任」を連想させる取り組みをアピールするため、大量の時間と資金をさいている。こうした概念の意味は必ずしも明確ではないが、お金はかかる。不安定な経済情勢のなか、2014年、フォーチュン・グローバル500に属する128社のアメリカ企業はCSR活動に120億ドル近くを費やした。(7)

しかし、CSRにそれだけの価値があると考えている人ばかりではない。株主の多くが、環境保護、食糧支援、クジラの保全といった慈善事業への支出がいったいどう企業価値を高めるのかと疑問を持っている。アイオワ大学ティッピー・カレッジ・オブ・ビジネスの調査によると、CSRに資金を拠出している会社ほど、不況時にも業績が優れていることがわかった。なぜなら、そういう企業の顧客は家計が厳しくなってもその企業を見捨てる可能性が低いからだという。が、因果関係が逆だと主張する人々もいる。業績の安定している会社ほど、本質的でないプロジェクトに資金を拠出する余裕があるともいえるのだ。

近年、マネジメントの専門家たちはCSRについて少し冷めた見方を持ちつつある。CSRの支持者たちは、持続可能性や善良な企業市民といった考え方に無関心な今日の大企業が、まったくその弊害をこうむっていないことに首をひねっている。アイルランドの格安航空会社「ライアンエアー」は、多くの人々に嫌われてもまったく気にしない経営姿勢で、ヨーロッパの航空市場を席巻してきた。炭素クレジットを購入することで汚染を〝相殺〟する機会を乗客に与えている他の航空会社とは異なり、ライアンエアーは環境保護活動家を相手にしていない。「われわれはバカ者どもにできるかぎりの嫌がらせをしたい。環境保護活動家には弾をお見舞いしてやるのがいちばんさ」と毒舌CEOのマイケル・オレアリーは述べた。カルロス・スリムは、自身の通信会社から利益を搾れるだけ搾り取る一方、ほかの億長者ほど寄付は行なわず、世界一の富豪となった〔ラテンアメリカの通信業界を牛耳る同氏は、2009年にビル・ゲイツを抜いて長者番付の世界1位になって以来、長者番付上位の常連〕。

CSRは合法的な産業の一部では下火になったようだが、裏社会では栄えている。金遣いの荒い犯罪者のなかには、派手な慈善活動で名声を得た人々もいる。チビのグスマンは、シナロアの高級レストランを大いばりで訪れては、ウェイターに1000ドルものチップを渡すことで有名だった。パブロ・エスコバルは、メデジンの子どもたちにクリスマス・プレゼントを与え、ローラースケート場をつくり、貧しい人々に住宅まで提供した。ラ・ファミリア・ミチョアカナは、企業に低金利で融資し、非公式の「紛争解決」サービスを提供している（疑問をはさむ者はゼロだ）。そして、多くの麻薬王が教会の建設費を出している。メキシコ人はこうした施し物を「ナルコリモスナス」（麻薬の恵み）とさえ呼ぶ。イダルゴ州の小さなチャペルには、「エリベルト・ラスカーノ・ラスカーノより寄贈」と書かれた真鍮のプレートがあり、そのあと『詩篇』からの引用が続く。「処刑人」の異名を持つラスカーノは、セタス・カルテルのリーダーで、殺害相手をみずからの飼うライオンやトラの餌にして楽しんだといわれる（彼自身は平凡な死を遂げた。2012年に海軍兵士により射殺）。

時には聖職者もそういう人々からの寄付を喜んで受け取るようだ。2005年、現地ジャーナリストによるインタビューで、アグアスカリエンテス州の故・ラモン・ゴディネス・フローレス司祭はこう説いた。「マグダラのマリアが非常に高価な香油をイエスの足に塗ったとき、イエスはそれを拒否なさったでしょうか？　イエスは「その高価な香油をどこで買ったのか」とはたずねられなかった。イエスはお金の出所(でどころ)は気にせず、ただその貢ぎ物を受け取られたのです」。記者はその言葉に驚き、それが不正なお金だと疑われる場合はどうするのかとたずねた。なんの問題もない、とゴディネス神父は断言した。「持っている人に善意があれば、お金は浄化できます。出自が悪いという理由だけでお金を灰にする必要はありません。むしろ生まれ変わらせるべきです。堕落した人間が生まれ変われるように、すべてのお金は生まれ変わらせることができるのです」[8]。慈善活動で聖人のような地位を得た麻薬王もいる。2010年、ラ・ファミリア・ミチョアカナのリーダーのナサリオ・モレノ・ゴンサレスが警察に殺害されると、ミチョアカン州に彼を偲ぶ祭壇が次々と建てられた。彼の聖人としての地位がいっそう強化されたのは、殺されたはずの彼が〝生き返り〟、2014年に警察によって殺害されたときだ。政府は2010年に死亡したのがどうやら彼ではなかったと認めたが、今回ばかりはまちがいなく本人だと太鼓判を押した。

麻薬密売組織のあいだでCSRが人気を集める理由は単純だ。ゼネラルモーターズがデトロイト・オペラ・ハウスにお金を寄付して、株主にどういう利益が生じるのかは瞭然としないが、麻薬組織がよき企業市民になることで得られるメリットは明白だ。ライアンエアー、カルロス・スリム帝国、そして無数の例が証明するように、多少評判が悪くても企業を成功させることは可能だ。しかし裏社会の場合、地域住民の基本的な支持を保てるかどうかで、事業活動の自由が決まる。シナロア・カルテルが破綻すれば、一部地域で老人に支給されているといわれる毎月の年金も止まるだろう。もちろん、カルテルが社会にとって善だとはいわない。カルテルの生み出す腐敗、暴力、恐怖は、メキシコ社会を何十年も停滞させ、麻薬の利益をはるかに上回る対内投資を遠ざけてきたのだ。しかし、カルテルが衰退すれば何かを失うと感じる人々が多ければ多いほど、衰退が実現しづらくなるのは確かだ。

　貧しい人々への金銭支援と自身の名前入りのチャペル建設は、麻薬王たちが企業の社会的責任に取り組む二大常套手段といえる。しかし、彼らが自己利益のためにＣＳＲに投資するもっと高度な手段がある。ハーバード・ビジネス・スクールのタルン・カナとクリシュナ・パレプは、新興市場に存在する「制度の隙間」について広く記している。新興国には、富裕国の会社が当然視している基本的なインフラ、たとえば整備された道路、信頼できる法制度、まともな学校、無料の医療などが不足している。そこで、大企業は業務を円滑にし、会社が事業を営む地域社会のご機嫌を取るために、国が提供しきれないサービスを提供することがあるのだ。

　では、麻薬界の悪党たちはいったいどのように一般市民の支持、少なくとも黙認を得てきたのだろう？　それを理解するため、私はロサという年配の女性を訪れる。女性はラ・コンデサにある広々とした現代的なアパートで私を迎えてくれる。そこはおしゃれな服を着た血統書つきの犬が公園を歩いているような、メキシコシティでも有数の高級住宅地だ。エレベーターを降り、彼女の家のピカピカのダイニング・キッチンに入ったとたん、おいしそうな香りがただよってくる。70歳で、身長１４０センチメートルもない小太り体型のロサは、焼きたてのブルーベリー・パンケーキを皿にうずたかく積み、私の目の前に置く。その高級アパートは彼女のものではなく、私の仕事上の知り合いであるメキシコ人経営コンサルタントのものだ。ロサは彼女のムチャチャ（家政婦）なのだが、彼女が面白い話をしてくれるということで、彼が私に紹介してくれたのだった。ロサが床のモップがけとブルーベリー・パンケーキづくりの合間に聞かせてくれたその面白い話というのは、殺人計画だった。

ロサは首都・メキシコシティを取り巻く巨大な郊外地域、人口1700万人のメヒコ州の貧困地区に住んでいる。その地区での暮らしはただでさえ厳しいのだが、最近では無能な地方警察の取り締まりの網をすり抜ける犯罪の増加により、ますます厳しくなる一方だ。3カ月前、ロサの16人いる孫娘の1人が夫とともに帰宅すると、ちょうど2人の強盗が屋内を物色している最中だった。強盗はいったん逃げたが、口封じのためにあとで戻ってきて夫に斧の柄で暴行を加えた。「今でもこういう歩き方なのよ」とロサは言い、骨折した腕をぎこちなく揺らす彼の動きをまねてみせた。最近の事件では、1人暮らしの老人男性が強盗に入られた。隣人は男性の叫び声を聞いて助けに駆けつけ、強盗たちを法廷に引っぱり出した。しかし、強盗は保釈金か賄賂でも支払ったのだろう、すんなりと釈放された。数カ月後、その老人は怒りとショックによる心臓発作で死亡したとロサは言う。数年前、その強盗はわずか数千ドルを盗むために養鶏場を襲撃し、2人を殺害したことがあった。

「あいつらは家に押し入って、金目のものをありたけ盗んで、住民を脅すの。本当に恐ろしい」とロサは言い、キッチン・テーブルに小さな拳を打ちつけた。「私たちは貧乏人だから、家にたいしたものがあるわけではないの。それでも、あいつらはテレビ、ステレオ、羊、牛、洋服、それから電気ケーブルまでなんでも盗んでいくのよ」。なのに警察はノータッチだ。「正直、警察なんて信用していないわ。警察が何もしてくれないとしたら、私たちはどうすればいいの？　こんな暮らしはたくさんよ。いつ強盗が家に入ってきて殺されるかと思うと、怖くて生きていけない」とロサ。ところが最近、ロサはある出来事で問題の解決方法を思いついたという。ロサがバスで帰宅中、人気（ひとけ）のない道路でバスが強盗に襲撃された。が、乗客たちは抵抗し、強盗に会心の一撃を見舞ったらしい。「でも、そのときパトカーが来たものだから、とどめを刺せなくてね」とロサは残念そうに振り返る。

その事件でロサや近隣住民はアイデアを思いついた。強盗撃退の共同基金だ。そのお金で例の強盗団を懲らしめてくれる人を雇うのだ。本当に懲らしめるだけ？「そうね……」とロサは言葉を探すように口ごもる。「多少やりすぎたとしても、文句は言わないわ」。ロサたちは近くの都市・パチューカでその用心棒を探す予定だ。ロサがイメージしているのは、銃を持っていて、過去に同じような仕事の経験がある40代の元軍人だ。「適任者はいくらでもいるわ。仇を取ってもらうの」と彼女は言いながら、目を少しだけ広げる。

私のナプキンに染みこんだブルーベリー・パンケーキのどす黒いソースを見ているうち、私は急に食欲がなくなり、おいとますることにした。私の家政婦は暇な時間に何を画策しているのだろう？　ロサの話は確かに恐ろしいが、そう珍しいことではない。国家が頼りにならない場合、人々はふつうとはちがう方法、時には法を超越した方法で当局が解決してくれない問題を解決しようとする。人々が法の裁きを自分で実行するようになると、国家が崩壊しかけているという証だ。たとえば、混沌とし弱体化した中米の国々では、地元の強盗団や強姦魔を取り押さえ、公開リンチやそれ以上の目にあわせたという記事が地方の新聞を埋め尽くしている。富裕国でも、合法的な当局が提供しない不吉な〝公共サービス〟を組織犯罪グループが肩代わりすることがある。北アイルランドでは、かつてアイルランド共和軍〔イギリスからの北アイルランド独立を目指す非合法の過激武装組織〕が、麻薬密売や重犯罪を行なった人々の膝を銃撃していたことがあった。原理的にはロサの例と同じだ。犯罪組織が「制度の隙間」を埋め、歪んだ〝社会的責任〟を果たすことで一部市民の支持を得ていたわけだ（それに、敵対する武装集団に暴力で対抗するという本業との絶妙な相乗効果もある)。

多くの組織犯罪グループがこの種の〝保護〟を提供している。パブロ・エスコバルは汚れ仕事をさせる悪党団を金で雇い、「ムエルテ・ア・セクエストラドレス」(誘拐犯に死を)と名づけ、悪人しかターゲットにしないと一般市民に印象づけようとした。同じように、シナロア・カルテルは「マタセタス」(セタス殺し)という暗殺団をつくり、一連のオンライン動画でこう訴えた。「われわれのターゲットはセタス・カルテルのみであり、われわれは常にメキシコ国民の利益のために行動する」と目だし帽をかぶったメンバーは主張した。

こうした犯罪組織が果たす社会的責任は本当に社会の利益になるのか? アメリカの経済学者ハーシェル・グロスマンは、マフィアの提供する公共サービスのモデルをつくり、国家とマフィアの競争が国家単体よりも優良な公共サービスを生み出すケースがあることを発見した。(9) グロスマンのモデルでは、政府が公共支出のために税金を徴収するのとまったく同じ方法でマフィアが市民からお金をゆすり取り、公共サービスを提供する。税率が高く、国の提供する公共サービスが悪いほど、人々や企業は闇市場に頼ってニーズを満たすようになる。マフィアも同様のジレンマに直面する。みかじめ料の額が高く、その見返りが小さいほど、人々は国に頼るようになるだろう。この種の競争は、国が見返りと比べて割高な税金を課すのを防ぐため、社会にとって有益な可能性があるとグロスマンは主張する。「この分析によると、マフィアの存在で害をこうむるのは、政治的な利益を主な収入源とする支配階級や既成勢力の人々だけといえる」とグロスマンは記す(彼は経済学者らしい冷めた文体で、「マフィアの活動が社会を破壊する可能性もある」とも認めているが)。

この主張はバカげている。組織犯罪でよくなった社会はほとんどない。しかし、カルテルが一部の人々にとって有益なサービスを提供するケースもなくはない。組織犯罪の典型的な手法のひとつが、競合する会社どうしの談合だ。1876年、イタリアの政治家で経済学者のレオポルド・フランケッティは、談合に関する最初の研究のひとつとして、シチリア島を訪問し、「シチリアの政治および行政の状況」に関する報告書を記した。[10]イタリア・マフィアのドラマ『ザ・ソプラノズ』のファンなら、イタリア・マフィアに関する最初の正式な研究テーマが食べ物だったと聞いて喜ぶだろう。フランケッティは、シチリア島の中心都市・パレルモ周辺で営業する製粉業者の二つの職業団体を調べた。通常の市場であれば、製粉業者は小麦粉の価格と品質をめぐって競い合い、顧客はもっとも低価格で高品質な小麦粉を買っただろう。しかし製粉業者は、小麦粉業界を支配するもっと手軽な方法があることに気づいた。業者は競争する代わりに共謀し、交代で生産量を削ることでわざと供給不足を引き起こし、通常よりも高値で販売することを決めたのだ。典型的なカルテルである。計画は完璧だったが、実際にすべての業者に生産量を制限させ、高値を維持するのは難しかった。一つの業者が大量生産し、合意価格よりもわずかに安値で販売し、市場全体を独り占めしてしまうことは十分にありうる。かといって、価格協定そのものが違法なので裁判所に訴えるわけにもいかない。そこで製粉業者は「強力なマフィア」に頼んで合意を守らせることにした。これなら全員が満足だ。製粉業者は少ない仕事でより大きな利益が得られ、マフィアはおそらく一定の手数料を得ただろう。損をしたのは、低品質な小麦粉を高値で買い、二流品のスパゲッティで我慢せざるをえない貧しい消費者だけだ。

それ以降、組織犯罪グループは、麻薬などの違法品の販売や価格協定などの違法活動を行なっているために裁判所に頼ることのできない企業のあいだに立ち、契約の執行人を務めてきた。ディエゴ・ガンベットとピーター・ロイターは、フランケッティの研究を土台とする古典的な論文[11]で、イタリアやニューヨーク市でマフィアが同様のサービスを提供してきた例を数多く紹介している。パレルモとナポリでは、無規制で行なわれていた信号待ち中の窓拭きをマフィアが取り締まっていた。対照的に、ローマではマフィアは関与していなかった。結果は大ちがいだ。パレルモとナポリでは、マフィアが窓拭きたちに自分の縄張りを守らせていたが、ローマではもっとも交通量が多い交差点をめぐって殴り合いのケンカが起きていた。たちまちローマの警察が介入し、窓拭きたちは仕事がしづらくなった。マフィアが業界を取り締まっていた都市では、仕事に影響はなかった。

ニューヨーク市では、長年ごみ収集ビジネスにマフィアが関与していた。ごみ収集と聞くとあまり儲からなさそうなイメージだが（国際的なコカイン取引よりはまちがいなく魅力に欠ける）、ごみ収集の価格を固定することで、ごみ処理会社は大幅に利益を増やせる。問題は、19世紀のシチリアの製粉業者と同じく、1社が安値で入札して契約を盗み取ると合意が崩れてしまうという点だ。そこでマフィアが介入して全員に約束を守らせるわけだ。マフィアの介入には、市場への新規参入者を阻止するという（ごみ処理会社にとっての）別の利点もあったようだ。その事実が鮮やかに立証されたのが1972年だ。ブルックリン区の検察当局はそのマフィアへのおとり捜査の一環として、新たなごみ収集事業を立ち上げた。ほどなくして、その業者のトラックがギャングたちによって破壊された。

競争のルールを破ってでもお金を儲けたいと考える実業家にとって、組織犯罪グループは都合がよい。その証拠に、犯罪組織が設定する手数料はかなりリーズナブルだ。証人たちの証言によれば、コンクリート業界の価格協定に関するニューヨーク・マフィアの取り分は契約価格のわずか2パーセントにすぎなかった。シチリアの建設業界ではマフィアに5パーセントの手数料が支払われたといわれている（うち3パーセントがマフィアの取り分で、残り2パーセントが政治家への賄賂）。価格協定で高値を維持できるとすれば、数パーセントの手数料を取られても十分にお釣りが返ってくる（そして、実際に高値を維持できる。ランド研究所が行なった1980年代の調査によると、米ロングアイランドのごみ収集サービスは、自由競争を仮定した場合よりも家庭ごみで15パーセント、事業ごみで50パーセントも割高だった）[12]。価格協定はそうとう強固だったので、ごみ収集業者は特定の顧客や地区にサービスを提供する〝契約〟を、マフィアの保証する独占権つきで売り買いすることさえできた。「競争の抑制は、すでに業界で地位を確立した起業家ほぼ全員にとっての夢だ。マフィアはその目標実現に力を貸してくれる政府以外の数少ない組織といえる」と2人は記す。企業間の不正な談合にもってこいの保証人となることで、組織犯罪グループはビジネス界で支持を獲得するとともに、社会のなかでギャングの存続を願う層をいっそう拡大していくことができるのだ。

世界は麻薬カルテルの極悪非道な行動に憤慨するべきだ。実際、大多数の人々は憤慨している。しかし、カルテルは合法的なビジネス界から得た戦術を通じて、一部の主要地域で密告や有罪宣告の可能性を抑えるだけの支持を集めてきた。慈善活動や宗教活動への派手な寄付を通じて、自身のイメージを和らげてきた。国家が提供できない公共サービスを提供することで、一部の貧困地域では合法的な当局に代わる存在として定着してきた。会社どうしの不正な談合の保証人となることで、経営者層との関係を築いてきた。そして、広告を打ち、オンライン・メディアを掌握し、ジャーナリストたちを脅迫することで、一般市民に自分たちの姿がなるべくよく映るよう工夫してきたのだ。

では、政府はどうすれば麻薬カルテルのPRの仕組みを破壊できるのだろう？　ギャングの〝慈善〟活動を食い止めるには、基本的な公共サービスをギャングよりも効果的に提供するしかない。暴力のはびこるメキシコシティ郊外の警察や裁判所が正常に機能していれば、70歳の家政婦ロサは殺し屋を雇おうとは夢にも思わなかっただろう。メデジンの政府がもう少し公園、プール、青少年クラブに支出していれば、コロンビアの人々はこれほどパブロ・エスコバルのローラースケート・リンクに感動しなかっただろう。メキシコ政府が老人にまともな年金を支払えば、誰も列をなしてチビのグスマンの子分たちから施し物を受け取ったりはしないだろう。そして、メキシコの銀行がもう少しだけ太っ腹なら（メキシコの銀行の貸出額はGDP比でブラジルの2分の1、チリの3分の1程度）[13]、家庭や企業はギャングからお金を借りようとは思わないだろう。「権力の空白」を麻薬カルテルが乗っ取るという話をするとき、アナリストたちは警察や軍が手薄な場所をイメージしている。しかし、問題は別の部分にあることが多い。それは娯楽、ごみ収集、小口融資など、政府が積極的に公共サービスを提供しようとしない場所だ。裏を返すと、国がもう少し責任を果たせば、ギャングが見せかけの〝責任〟を果たせる分野は狭まるのだ。

また、不正な談合の保証人というカルテルの役割を弱めるには？　ほかのサービスとはちがって、価格協定や談合はまぎれもない違法なので、国がギャングの代わりにサービスを提供するわけにはいかない。ただ、シチリアやニューヨーク市の証拠を見るかぎり、談合へのマフィアの関与は弱まってきている。そのひとつの理由は不正競争の捜査の改善だ。現在、ニューヨークのごみ処理事業はビジネス公正委員会が監督しており、市内ではごみ処理事業へのギャングの関与をおおむね一掃できているようだ（郊外では多少残っているが）。もうひとつの理由はグローバル化だ。シチリアの製粉業者どうしの価格協定を維持するのは簡単でも、イタリアのほかの地域、ましてや世界じゅうの大企業まで取りこむのは至難のわざだ。小さな地元企業が巨大な国際企業に取って代わられれば、価格協定を守らせるのは難しくなる。

カルテルのPRメッセージをかき回すという点に関していえば、政府にできることは二つある。一つ目に、ギャングが用いる縄張りの〝炎上〟戦略に気づくこと。脅迫めいた広告が出されたり、公共の場所に遺体がごろごろと廃棄されたりすると、政府はその街の治安を維持するため、とっさに増援部隊を派遣する。その対応は理解できなくはないが、たいていは犯罪者の思うつぼだ。むしろ、政府は敵対するカルテルの縄張りに部隊を送りこみ、インセンティブ構造を逆転させるべきなのだ。主犯と判断されたカルテルの縄張りに緊急部隊が派遣されるとすれば、敵対カルテルの縄張りを炎上させようとしても裏目に出るだけなのだ。

二つ目に、ジャーナリストを守ること。もちろん、「言うは易く行なうは難し」だ。2006年から2012年までメキシコ大統領を務めたフェリペ・カルデロンのある補佐官は、私がそう進言すると鼻で笑った。「何をしろというのか。メキシコ北部のジャーナリスト全員にボディガードをつけろってか？」と彼は返した。もちろんそれは無理だが、殺人事件の捜査を強化すれば、今のように記者を殺した犯人がなんの罰も受けずにのうのうと暮らすことは不可能になるだろう。また、多くの国で警官殺しが一般の殺人より重罪であるように、ジャーナリスト殺しの罪を重くすることも考えられる。最終手段として、報道機関がデリケートな事件についてまったく同一の報道をするよう協定を結び、連帯的に安全を保証するという手もあるだろう。実際、1990年代のコロンビアの新聞各社はまさにそれを実行した。当然、この戦略にはいくつかの欠点がある。報道機関どうしの競争がなくなる。誤りの訂正される可能性が少なくなる。事件の〝公式〟報道という危険な考え方につながる。それでも、現在のカルテル支配地域がそうであるように、まったく何も報道されないよりはまだましかもしれない。

そして最後になるが、麻薬の購入者たちに対して、お金の流れる先についてもっと教育を行なう必要もある。こちらは富裕国の政府の仕事だ。富裕国の教育動画では、昔から麻薬の健康リスクばかりが強調されてきた。それから数十年がたったが、こうした教育活動はたいして成果が上がっていないように思える。薬物の過剰摂取で死亡するリスクがきわめて少ないことを考えれば、それも意外ではない。確かに違法薬物を購入して摂取しても自分自身が命を落とすことはないだろうが、他人の命を奪う可能性はおおいにある。たとえばコカインは、殺人や拷問をビジネス・モデルの一部とするカルテルが独占的に生産・密輸している（一部ディーラーが最近オンラインで販売しはじめた「フェアトレード・コカイン」などというものは真っ赤なウソだ。詳細は第8章で）。欧米の国でコカインを買うのは、レイノサなどの街で誰かが拷問・殺害されることに加担しているのと同じことだ。麻薬を買う人はそれを知るべきだ。自分が想像を絶する苦しみに資金援助していることも知らず、無数の消費者が毎年麻薬を購入しているという事実こそ、カルテルがイメージ操作に成功しているという何よりの証拠なのだ。

Chapter 5

オフショアリング

ジャングルでビジネスを行なうメリット

「モスキート・コースト」と呼ばれる未開の荒野で有名な中米ホンジュラスの岩だらけのカリブ海岸に流れ着くと、失われた世界にタイムスリップしたかのような錯覚を抱く。砂浜を離れて少し内陸に進むと、樹木の密集するじめじめとしたジャングルが始まる。蝶が空を悠然と飛び回り、オウムの鳴き声以外、草のざわめきをさえぎる音は何もない。今が何世紀なのか、どの国にいるのかさえ忘れてしまう。しかし、十数キロばかり内陸に進んだところで思いがけない光景に出くわす。下着の山だ。ボクサーパンツから露出の多いブリーフ、ふっくらとしたブルマまで、何千何万枚という下着が常夏(とこなつ)の都市・サン・ペドロ・スーラのはずれにある巨大工場で縫い合わせられ、世界じゅうへの輸出を待って木箱に山積みにされている。今やホンジュラスは、綿の靴下や下着の世界最大の対米輸出国だ。１人あたりの平均所得が週45ドル程度でしかないホンジュラスは、人件費が安く、国外拠点を設けてコストを削減しようともくろむ企業が自然と目を向ける国だ。北部のジャングル内にある工場では、世界じゅうの消費者に向けて驚くほど多様な製品が生産されている。

事業活動を外国に移転し、場合によってはその国に業務自体まで委託する「オフショアリング」は、20世紀終盤における企業活動の最大のトレンドのひとつだった。交通手段の発達と同時に、国際的な貨物の輸送もすばやく安価にできるようになった。自由貿易が全世界で流行し、カナダ、メキシコ、アメリカが１９９４年に開始した北米自由貿易協定（ＮＡＦＴＡ）や、２０００年代初頭の欧州連合（ＥＵ）の東部拡大によって、多くの国々が経済の国境を開いた。こうした障壁がなくなると、欧米で製品を生産する企業は、国内の労働者に先進国の給料、国内の建物に先進国の賃料を支払うことに疑問を持ちはじめた。人件費も賃料もすべて安い数百キロメートル先の国でも、まったく同じ業務が行なえるからだ。こうして、ラテンアメリカ、北アフリカ、アジアへの生産機能の大移動が始まり、２０００年から２００３年にかけて中国だけでも6万の外国工場が建設された。サン・ペドロ・スーラでは、織物工場、自動車部品の生産ライン、果物の梱包倉庫、エアコン完備のコールセンターが立ち並び、現地の労働者がアメリカの顧客からの問い合わせに英語で対応している。

オフショアリング・ブームは、ホンジュラス製の靴下や中国製のパソコンを安く買える欧米の消費者を喜ばせてきた（仕事を東や南の国々に取られた欧米の一部の労働者たちにとっては恐怖そのものだが）。連邦準備制度理事会の元副議長アラン・ブラインダーは、米サービス業の３０００万〜４０００万の仕事が最終的にオフショアリング可能だとして、オフショアリングが「次なる産業革命」になるだろうと予測した[1]。発展途上国の賃金が欧米並みになるにつれ、ブームがやや収束しつつあるという兆しもあるが、すでに状況は激変した。今やアメリカの従業員のおよそ4人に1人が、業務の少なくとも一部を外国に移転させた組織で働いているのだ[2]。

オフショアリングの利点は麻薬業界も理解している。一般企業と同じく、カルテルもコストを削減したいと考えているし、合法的な企業以上にもっとも規制の甘い業務環境を探し求めている。その点、織物工場や自動車工場を中米へと誘致した環境が、麻薬ビジネスにとっても魅力的であることは一目瞭然だ。近年、物価が安く、政府の規制が甘い中米諸国では、メキシコのとある国際ビジネスが流入しているという痕跡が見られる。サン・ペドロ・スーラ周辺のジャングルで格安生産されているのは、実は靴下だけではない。

巨大な南北アメリカ大陸をつなぎとめている細長い地峡は、最狭部の幅が約50キロメートルしかなく、今にもぽっきりと折れてしまいそうに見える。中米は米テキサス州より狭い土地に7カ国がひしめき合っており〔中米のグアテマラ、ベリーズ、エルサルバドル、ホンジュラス、ニカラグア、コスタリカ、パナマの合計面積は約52万平方キロ、米テキサス州の面積は約70万平方キロ。本書冒頭の地図参照〕、その大半が小さな湿地をめぐる不要な戦争やクーデターにたびたび見舞われている。この地域は文字どおり〝沸騰〟中だ。ゆうに20を超える活火山の上空を飛べば、そのうちのいくつかは確実に煙を上げ、時には溶岩を吐き出している。

この地域は南米からアメリカの巨大市場に向かう麻薬の中継地であることから、中米の人々に「トランポリン」と呼ばれている。米国務省の計算によると、米国内のコカインの実に8割が北に向かう途中でこの地峡をいったん経由する。通常はコロンビアやベネズエラから船または軽飛行機で出荷され、メキシコへと移動する。１９８０年代にカリブ海の密輸ルートが封鎖され、麻薬組織が南米から北米への別の密輸ルートを開拓せざるをえなくなると、トランポリン諸国はどんどん重宝されるようになった。しかし、近年では新たな状況が生まれつつある。中米は単なる経由地から、メキシコの密輸組織の拠点へと進化しつつあるのだ。

麻薬密輸組織の足跡（そくせき）は続々と見つかっている。２０１１年、ホンジュラス警察が初めて大規模なコカイン処理施設を発見。その施設は週４００キログラムのコカイン・ペーストを純粋な粉末コカインに変える生産能力を持つと推定された。捜査員が集めた証拠によると、施設を運営するのは「チビのグスマン」ことホアキン・グスマン率いるシナロア・カルテルにちがいなかった。数カ月後、グアテマラはさらに恐ろしいものを発見した。グアテマラ北部、メキシコとの国境付近にある農場「ザ・ココナッツ」で、27人の斬首死体が見つかり、その頭部が周辺の畑に散乱していたのだ。被害者の足の断片を使い、農場の壁に血で書かれたメッセージには、セタスの現地のリーダーである「Ｚ２００」の署名が入っていた。

サン・ペドロ・スーラで下着やカー・ステレオを生産する会社と同様、カルテルは麻薬ビジネスのオフショアリングに数々の利点があることに気づいた。ひとつは低賃金の労働者が豊富なこと。グアテマラの首都・グアテマラシティの中心部にある老朽化したビルで、私はホセ（仮名）という若者と会う。弱冠18歳、黒いもじゃもじゃ頭の童顔の少年だが、人生に疲れ切った中年男性のような険しい目をしている。ホセは地元のギャング団でもう何年もヒット・マンを務めている。いや、ヒット・ボーイと呼ぶべきだろうか。彼が殺しを覚えたのはわずか8歳のときだ。彼は別のギャングに父親を殺された。そのギャングは路上で父親を刺して立ち去ったが、まだ息があると見ると戻ってきてとどめを刺した。ホセは父親の仇を取ることから犯罪の道に進んだ。「楽しかったよ」とホセは無表情で言う。

私たちが落ち合ったそのおんぼろビルは、問題を抱える街の若者に居場所と教育を提供するNGO「ラ・セイバ」の本部だ。ある部屋では、10代の若者たちがパワーポイント・プレゼンテーションの作成方法について説明を受けている。ある廊下の先にはカウンセラーと話ができる静かな部屋がある。「懺悔室のようなものです」とあるスタッフは話す。ここで今、ホセは人生をやり直そうとしている。ギャングから離脱するのは難しいとホセは言う。離脱したらラ・セイバのメンバーを殺すと釘を刺されているからだ。これほど多くの殺人に手を染めてきた男にしては華奢で青白く、身長も150センチそこそこしかない。グアテマラの子どもたちによく見られる慢性的な栄養不足がその原因だ。ホセのあどけない容姿と彼の語る人生には大きなギャップがある。父親の死に話が及ぶと、ホセは胸を撃たれたときの状況について語り、ぎざぎざの傷跡を見せてくれる。彼は暴行を受けた右腕がほとんど動かないことを説明しながら、マジックテープつきの小さな子ども靴を引きずるようにして歩く。

ホセの奪われた青春時代の話を聞いていると背筋が寒くなる。しかし、ふつうの起業家と同様、中米の安価な労働市場を利用しようとする麻薬カルテルのスカウト係にとってはこれ以上ない朗報だ。多くの中米諸国と同じで、グアテマラにも社会に見捨てられた貧しい若者や少年がたくさんおり、豊かな近隣諸国と比べると悪の道に進みやすい。グアテマラの1人あたりの平均年間所得はわずか3500ドル、ニカラグアにいたっては2000ドル足らずで、1万ドルを超えるメキシコに大きく水をあけられている。衣料品メーカーがメキシコよりも中米で人件費を抑えられるとしたら、麻薬カルテルも同じだ。カルテルがさらに高く評価するのは、グアテマラの特殊部隊「カイビレス」の隊員だ。カイビレスは、スペイン人征服者たちに応戦したグアテマラのリーダー〔16世紀のマム族の王カイビル・バラムのこと〕の名前にちなんで名づけられた組織であり、１９８０〜９０年代の残酷なグアテマラ内戦において最悪の人権侵害を行なった。その恐ろしい特殊部隊は、殺人鬼や人喰い族、生きたニワトリの頭を噛みちぎる男たちなどと呼ばれており、グアテマラの母親たちは「カイビレスがやってくるぞ」と脅かして子どもたちをしつけている。最近では、失業した元隊員たちが麻薬の運び屋の職にありついている。

この迷惑千万な対内投資と戦う使命を負った男が、中米のもっとも荘厳でけばけばしい大統領府のなかで働いている。ネオコロニアル様式の邸宅兼要塞として設計されたグアテマラ大統領府は、うっすらと緑色がかったグアテマラ原産の石からつくられており、グアテマラ政界にはびこる腐敗を見事に暗示している。宮殿へと向かう途中、私は農民が抗議の印に通用門のそばに放置したと思われるヤギの集団を肘で押しのける。それは２０１１年のことで、私は当時の大統領アルバロ・コロンと会うため町にやってきた。白髪の目立つ細身の男で、しわがれ声とささやき声を足して2で割ったようなとても柔らかい話し方が特徴だ。その地味な印象を際立たせているのが、机のそばに置かれているグアテマラの国鳥ケツァールの色鮮やかなぬいぐるみだ。明るい緑と青の尾羽を持つ、クジャクの小型版といったところだ。ケツァールの派手な外見にかなう生き物はほとんどない。残念ながら、大統領はまちがいなくそうだろう。

大統領は徐々に空洞化していくグアテマラを必死で統率しようとしてきた。１９９６年、破滅的なグアテマラ内戦が終結して以来、軍は大幅に縮小した。軍人が民間の警官隊に置き換わるなら、それ自体はいいことだっただろう。が、そうはならなかった。「グアテマラの保安体制は組織的に崩壊した」と大統領は言う。今や男性兵士の数は3万人以上から1万人まで激減。これは第一にカルテルの恰好の餌食となる2万人の元軍人が職にあぶれたこと、第二にグアテマラの防衛がかなり手薄になったことを意味する。一時は、全長約1000キロメートルにおよぶメキシコとの国境のうちの3分の1を、わずか32人の兵士で警備していたほどだ。カルテルはそんなグアテマラの北部に拠点を設け、まるで「国際空港のごとく使用している」と大統領は言う。ある補佐官の話によると、グアテマラ北部の広大な荒野「ラグーナ・デル・ティグレ」（トラのラグーン）には、麻薬密輸組織が乗りつけてそのまま廃棄した30〜40機の軽飛行機の〝墓地〟があるという。

グアテマラ政府が広大な領土をしっかりと管理できていないという事実は、カルテルが資産ととらえるもうひとつの要素を浮き彫りにする。弱体化した国家だ。メキシコも十分に無法国家だが、中米の一部地域と比べればまるでスイス級だ。グアテマラシティに駐在するあるアメリカ人外交官は、大使館から私のホテルまで、日中の明るい市街地を通ってたったの徒歩10分だというのに、しきりに車を使うよう勧めてきた。大げさにも思えるが、その数日後、ある大銀行のエコノミストから話を聞いて納得した。彼の銀行では、レストラン内の銃撃戦で同僚が亡くなって以来、出張社員にホテルから2ブロック以上徒歩で移動することを禁止しているのだという。私自身も、薄暗い通りでiPhoneを堂々と使っていて、危ない目にあった。ある男が私の襟首をつかみ、路上で私を引きずりはじめたが、ふと考え直したように手を離した。「グアテマラはシウダー・フアレスの国家版だ」と私のジャーナリストの知人は表現する。まったくそのとおりだ。大統領いわく、国内の殺人の約4割が麻薬カルテルのしわざらしい。

欧米の基準から見れば貧しいが、グアテマラは国際通貨基金（ＩＭＦ）の分類では中所得国となる。平均的なグアテマラ人は隣国ホンジュラスよりも5割ほど裕福だ。それでも、政府は国民のごく基本的なニーズさえ満たせずにいる。10代の殺し屋ホセのように、グアテマラの多くの子どもたちがゆっくりと飢えに向かっている。5歳未満児の半数が慢性的な栄養失調の状態にあり、これは世界第4位の率だ。ラテンアメリカでこれほど高い数値の国はない。ラテンアメリカで機能不全国家にいちばん近いハイチでさえ、率はグアテマラの半分にすぎない。政府がこうした問題を解決できない最大の理由は、税収の少なさだ。グアテマラの公共支出はGDPの約12パーセントとラテンアメリカ最低で、ラテンアメリカ平均の20パーセント超と比べて極端に少ない。[3] 歴代の大統領が税率を引き上げようとしてきたが、正当な税金を払いたがらない民間部門によって毎回阻止または邪魔されてきた。こうして、グアテマラは「自己責任」型の経済へと変わった。公共サービスは縮小し、空いた穴を民間業者が埋めるようになった。

それは保安の面も同じだ。口から金歯を光らせる陽気な男が、それ以上に黒光りするポンプアクション散弾銃を持って、私の宿泊先のホテルを警備している。男は銃を肩まで上げ、出入りする宿泊客たちのためにドアを開ける。道の先では、1人の少年が年季の入ったライフル銃を振りかざし、花屋の外で見張りをしている。犯罪発生率は天井知らずだが、首都でさえ警察がパトロールしている光景はめったに見かけない。その代わりにあちこちで見かけるのは、重武装した民間のガードマンだ。私の宿泊先から数ブロック先にある銃器店「ARMSA」は、グロック拳銃がでかでかと載った広告看板で商品を宣伝しているが、皮肉にもその銃口は隣の建物、2〜6歳児を預かるカラフルな託児所に突きつけられている。国内の民間ガードマンの数は警官の5倍におよぶ。金持ちなら誰でも当局をしのぐ武装力を購入できるのだ。

カルテルの影響力が増すにつれて、カルテルがグアテマラ国内の政治に侵食しつつあるという不安が高まっている。私がコロン大統領と面会したとき、大統領選が間近に迫っており、大統領は妻が立候補できるよう離婚を発表したばかりだった。グアテマラ憲法では大統領の近親者が跡を継ぐことが禁じられているため、コロンと妻のサンドラ・トレスは赤の他人になることを決意したわけだ。大統領は個性的な元妻トレスのほうが選挙遊説で自分よりも民衆を熱狂させられることを知っている。「私は人々を熱狂させるタイプではないからね」と彼は認め、ほんのりと笑みを浮かべる。大統領の離婚ネタと並行して、各政党に流れこむドラッグ・マネーについても噂が飛び交っていた。大統領自身の政党にもドラッグ・マネーの流入の心配はないのか？　彼はしばし考え、消え入るような声で答える。「どの政党も注意が必要だ。この国そのものがドラッグ・マネーに侵されているのだから[4]」

アメリカ大陸に国外拠点を探している犯罪者にとって、グアテマラはかなり魅力的だ。しかし、南の隣国・ホンジュラスも負けていない。労働市場の不況や国家の機能不全という点ではグアテマラにまちがいなく軍配が上がるが、ホンジュラスには組織犯罪グループにとってそれ以上に貴重ともいえる要素がある。協力的な政府だ。

　1994年、アメリカ人実業家のアラン・ローゼンは、ホンジュラス出張中にきわめて奇妙なビジネス・チャンスについて聞きつけた。友人を通じて、彼はホンジュラス軍の元大佐が月の石を100万ドルで売ろうとしていることを知った。アメリカに帰国するころになっても、ローゼンはその不思議な〝ビジネス・チャンス〟のことがどうしても頭に引っかかっていた。帰国してから調べてみると、彼は月の石がずっと高値で売れることを知った。そこで翌年、彼はホンジュラスに戻り、大佐と会う約束を取りつけた。今回、大佐は早く石を売りたくてうずうずしている様子だった。その石は、実際には重さ1グラムちょっとの小石なのだが、1973年に当時の米大統領リチャード・ニクソンが友好の証としてホンジュラス国民に贈ったものにちがいなかった。石はアクリル樹脂に埋めこまれ、ホンジュラス国旗とともに木製の盾に取りつけられている。ローゼンは自分に販売権があるという大佐の言葉を信じた。最終的に、彼は大佐の提示した100万ドルという値段をわずか5万ドルまで値切ったばかりか、頭金1万ドルと1万5000ドル相当の冷凍トラックのみを置いて石を持ち帰った。

アメリカに戻ると、ローゼンは石をハーバード大学の教授に鑑定してもらった。教授はその石が本当に月のものであることを確認した。専門家のお墨つきを手に、ローゼンは石を購入してくれる収集家を探した。数年後、彼は慎重に言葉を選んだ新聞広告をいくつか出すと、とうとう買い手を見つけた。しかし、マイアミで彼の前に現われた収集家は、実は覆面捜査員だった。石は没収され、ホンジュラス政府に返却された。この奇妙な物語の全容については、「アメリカ合衆国 対 月の物質（1個の月の石）を含む1個のルーサイト・ボールおよび1個の横10インチ縦14インチの木製盾」というアメリカ法制史上もっとも珍妙な訴訟名のつけられたファイルに記録されている[5]〔アメリカの訴訟では「原告 対 被告」という形式の訴訟名が用いられる〕。

軍の高官が月の石さえも売りに出すとすれば、ほかに何が売りに出されるのだろう？　麻薬カルテルが国外拠点を選ぶときに検討する最重要要因のひとつは、外国からの直接投資を歓迎する政府の姿勢だ。カルテルが本格的な拠点を設けようとするなら、要職につく知り合いは不可欠だ。工場を建設するにしても、滑走路を空けるにしても、重武装した民兵たちが地方を自由に動き回るにしても、国防省内に知り合いがいて、ある地域を絶対にパトロールしないとか、ある時間にレーダーのスイッチを切るとかいう便宜を施してもらえれば、いっそう活動しやすくなる。そのため、政府と良好な関係を保つことは、合法的な企業以上に、違法ビジネスにとっては重要なのだ。

公共部門の腐敗という点では、ホンジュラスは他国を圧倒している。ホンジュラスは元祖「バナナ共和国」であり、政治家たちは19世紀にやってきた外国のフルーツ会社に易々と買収され、いいように使われた。１９７４年、当時の大統領は特定品目の輸出関税を引き下げる見返りにユナイテッド・フルーツ社から１億２５００万ドルを受け取ったことが発覚し、失脚した。近年では、フルーツではなく麻薬が汚職とからんでいる。軍の高官が何人も麻薬密輸の罪に問われ、政府高官が麻薬密輸を黙認したり、場合によっては積極的にかかわったりしていることが発覚した。たとえば１９８８年には、ホンジュラスの駐パナマ大使が12キログラム近いコカインを荷物に隠し持っていたとして、マイアミ国際空港で逮捕された。

こうした政治的な犯罪を後押ししてきたのは、不安定な政治情勢だ。ホンジュラスでは過去半世紀で3回の軍事クーデターがあり、そのたびに新たな暫定政権が誕生し、一部の当局者が麻薬取引、社会保障基金の着服、あるいは月の石の売却で手っ取り早く金儲けを企んだ。カルテルから見れば、政府との関係を築ける見込みが非常に高い国といえる。

ある蒸し暑い日、ホンジュラスのごみごみとした首都・テグシガルパで、私は元軍人で現在ホンジュラスの治安大臣として忙しい日々を送るポンペーヨ・ボニージャ・レジェスに会いに行く。テグシガルパはかつての銀鉱脈の上に建造された都市で、丘の斜面に点在する集落や、深い谷にびっしりと密集する集落が目を惹く。大統領官邸に入り、色鮮やかな服をまとったガリフナ族（カリブ海沿岸の英語圏の人々）の女性たちのあいだを通り、薄暗い中庭のそばにある部屋へと進むと、私はボニージャと顔を合わせる。最近では軍服ではなくもっぱらスーツを着ているが、彼は閲兵場にいるときのようなしゃんとした姿勢を保っている。四角い顎とぺちゃんこな鼻の上には、自分の職だけでなく命も守るため、常にカルテルの1歩も2歩も先を行くと決意した男の険しい目が鎮座している。数年前、ホンジュラスの麻薬対策のトップであるフリアン・アリスティディデス・ゴンサレスが、バイクで娘を学校に送り届けたあと2人の男に射殺された。彼はその2カ月後に引退し、家族を安全なカナダへと移住させる計画だった。犯行はシナロア・カルテルによるものとされた。

私がボニージャと会ったとき、ホンジュラス警察は腐敗警官を掃討するための〝身体検査〟を行なっている最中だった。この取り締まりは「稲妻作戦」というコードネームがつけられたが、その進捗は思わしくない。掃討作戦の開始から数カ月、評価された職員は全1万4000人中わずか570人。そのうち追放されたのが150人だ。腐ったリンゴの割合としては不吉なほど多い。なぜホンジュラスはこれほど腐敗してしまったのか？　「地理的な状況がひとつの要因です」と大臣は話す。中米のど真ん中に位置するホンジュラスは、南米のコカイン生産国と強欲な消費者を抱えるアメリカのあいだにはさまれている。「われわれは麻薬を消費する国と生産する国、その中間にあります。つまり、必然的に麻薬輸送の回廊となっているわけです」

最近発見されたコカイン製造所のような投機的事業は、地元警察の協力なしでは成功しにくい。どれだけ警察が頼りないといっても、巨大な麻薬工場が目と鼻の先で建設されれば、いくらなんでも気づくだろう。組織犯罪グループがホンジュラスで成功しているひとつの理由は、警官の給与が非常に安く、買収が容易なためだ。アメリカよりもメキシコの警官のほうが買収しやすいのと同じで、メキシコよりもホンジュラスの警官のほうがわずかに買収しやすい。ホンジュラスの警官の月給は300ドルにも満たず、カルテルが警官に麻薬の輸送や殺人を見逃してもらう見返りとして十分に補える額なのだ。もし警官や兵士がこの種の圧力に抵抗すれば、彼らを抹殺するのも安くすむ。国外移転の一環として、メキシコのギャングは現地の仕事の請負人に現金ではなく麻薬で報酬を支払うようになった。それを受け取った者は現地のストリート・ギャングに売って現金に換えるわけだ。古代ローマの兵士たちが、運びやすく世界じゅうで貴重品とみなされていた塩で給与を受け取っていたのと同じで〔英語の給与salaryは塩saltに語源があるとされる〕、麻薬組織は同じ条件を満たすコカインで今日の兵士たちに報酬を支払っている。この現代版の現物給与（サラリーならぬコカリー）の登場で、ギャングが街角で麻薬を売るようになり、地域の小売市場では暴力が横行した。地元のストリート・ギャングが報復殺人（スペイン語のビジネス風の言い回しを借りれば「帳尻合わせ」）を行なうようになり、殺人発生率が急増。2013年には、ホンジュラス人のおよそ1000人に1人が殺人で命を落とした。これは国連によると世界最悪の数値であり、その暴力の規模は信じがたいものがある。私はホンジュラスの男性が一生のうちに殺害される確率を計算してみたが、その結果を見て計算ミスではないかと思い、『エコノミスト』誌の調査部門に検算を頼んだ。結局、計算はまちがっていなかった。現在の殺人発生率がずっと続くと仮定すると、ホンジュラスの平均的な男性は一生のうちになんと9分の1の確率で殺害されるのだ。[6] 殺人事件の数の多さから、多くの事件が迷宮入りしてしまうのが実情だ。

　それでも、政府は戦いに勝とうとしているし、この国はまだ機能不全に陥ったわけではない、とボニージャは言う。ホンジュラスに関してよく聞くお決まりの台詞だ。「確かにこの国では犯罪がうまくコントロールされていないし、一部地域ではギャングがのさばっている。しかし、国家の権力がまったく及ばない自治体はホンジュラスにはありません」と彼は話す。

グアテマラと同様、この点は微妙だ。米国務省の推定によると、2012年、南米を出発したコカイン密輸飛行機の4分の3がまずホンジュラスに着陸した。[7] 空路による密輸が本格化したのは、2009年の同国の最新の軍事クーデターのあとだ。早朝、当時の大統領がパジャマ姿のまま大統領官邸から引きずり出され、コスタリカへと一方的に移送された。翌日、クーデターに対する抗議活動が始まると、警察が首都の治安維持のために緊急派遣された。その結果、地方のモスキート・コーストはいっそう手薄となり、密輸組織が忍びこむことが可能になった。

船による密輸もある。現地の漁師たちはGPS技術を駆使して、沖合の〝ホワイト・ロブスター〟を回収する。これは現地でコカインのことを冗談ぽく指して使われる言葉だ。軽飛行機もよく使われる。地元の農家に少額の手数料を支払ってこっそりと草を刈り整えさせておいたジャングル内の原始的な滑走路に、セスナ・コンクエストやビーチクラフト・デュークなどで乗りつけるのだ。[8] アメリカの航空データによると、2009年のクーデター以降、大量の航空機がベネズエラを離陸してホンジュラスの人気のないカリブ海沿岸へと向かっている。滑走路はでこぼこしていて、飛行機はたびたび着陸に失敗する。航空機は1機あたり数十万ドルするので、一見すると大損害にも思えるが、コカイン・ビジネスの経済はほとんど影響を受けないようにできている。アンデス山脈のコカ畑を根絶してもアメリカの小売価格にはほとんど影響がないように、飛行機がときどきクラッシュしたぐらいではカルテルの利益にはたいして影響は出ない。仮に、50万ドルの飛行機に500キログラムのコカインが積まれているとすると、飛行機がクラッシュしても1キログラムあたり1000ドルの余分な密輸コストがかかるだけだ。いったんアメリカまで運べば、1キログラムあたり10万ドル以上で取引されるので、毎回飛行機を使い捨てにしたとしても、コカインの小売価格は1パーセントも上昇しないだろう。[9]

msz

みすず 新刊案内

2017. 11

ゲームライフ

ぼくは黎明期のゲームに大事なことを教わった

マイケル・W・クルーン
武藤陽生訳

「七歳でプレイしたことがぼくを変えた。それはぼくに新しい成長の方向を与えた」

パソコンが未知への扉だった頃、子どもにとってPCゲームはセンス・オブ・ワンダーの源だった。数字の力、地図の力、「ここではない」世界の創造、魔法と絶望、死について……みんなゲームが教えてくれた。だがそれと並行して、「ぼくの中の別の部分は、人から遠ざかる方向に育とうとしていた」

ゲームとともに育つ子どもの意識の流れはこれまであまり言葉にされてこなかったが、本書はそれを新しい筆致で綴る。

背景には八〇年代アメリカの郊外地域の光景が垣間見える。レーガン信奉、第三次世界大戦の脅威論を煽るメディア……その只中で過ごしたぎこちない少年時代は、唯一の拠り所だったゲームとの親密な関係と表裏一体となり、著者の記憶に深く突き刺さっている。

ゲームと人生の奇妙な二重奏に引き込まれ、胸を衝かれるスリリングな一冊。

四六判　二三二頁　二六〇〇円（税別）

最後のソ連世代

ブレジネフからペレストロイカまで

アレクセイ・ユルチャク
半谷史郎訳

強大で安定した体制だと誰もが思っていたソ連が突然ガタガタになり、あっという間に消えてしまった。ソ連崩壊とは一体何だったのだろうか？

その鍵はブレジネフ期にあった。何も起こらなかったと言われたこの時代が、着々と崩壊を準備していたのだ。しかも内側から。

党も人々もソ連というシステムを再生産した。そしてシステムの中身は徐々に脆弱化していった。ソ連が永遠に続くと思いながら崩壊を自然に受け止める、ソ連人に共通した感覚は、ソ連自体が生み出したものといえる。

かつてのソ連人の生き生きした声からソ連社会の実態を浮かび上がらせた本書は、ソ連を知る必読書として、英語圏とロシアで大きな反響を得た。

――間違いなく後期ソ連に関する最高傑作だ。歴史研究であるばかりか、本物の文学作品を読むような満足も味わえる。（スラヴォイ・ジジェク）

四六判　五四四頁　六二〇〇円（税別）

完訳 天球回転論

コペルニクス天文学集成

高橋憲一 訳・解説

一五四三年、ニコラウス・コペルニクスが地球中心説（天動説）から太陽中心説（地動説）へと理論を革新させた、科学史第一級の古典全六巻をここに完訳。さらにコペルニクスが太陽中心説の構想を初めて著した未刊の論考『コメンタリオルス』、ヨハン・ヴェルナーの著作を批判した書簡を収録し、コペルニクス天文学のすべてを凝集する。

コペルニクスの生きたルネサンス期、天文学は依然としてアリストテレス的な自然哲学に支配されていた。『天球回転論』の出版は、折しも古代の天文学者にして天動説の泰斗・プトレマイオスの理論が復興された時代においてであった。

コペルニクスはいかにして、そしてなぜ地動説へと辿りついたのか？　全篇に付した精緻な訳注、天文学史を古代から〈コペルニクス以後〉まで詳細に綴った訳者解説「コペルニクスと革命」によって明かされる、革命の全貌。

A5判　七二八頁　一六〇〇〇円（税別）

ライフ・プロジェクト

7万人の一生からわかったこと

ヘレン・ピアソン
大田直子訳

一九四六年のイギリスで、ひとつの研究が始まった。三月のある一週間に生まれたすべての赤ちゃんの生涯を追跡する〈コホート研究〉とよばれるプロジェクトだ。以来科学者は、同様の研究を数回にわたって行ない、成長していく人々の、学習、就職、結婚、死という、人生の全側面を記録してきた。

この試みから明らかになったのは、「いちばん頭の良い労働者階級の子どもは、いちばん愚かな中流、上流階級の子どもに、学校成績であっという間に追い抜かれる」「一九七〇年生まれの子どもたちの所得は、五八年生まれの子どもたちの所得よりも、親の所得と強く結びついている」など、貧困の根深さを示す多様な事実だった。

こうした成果はもちろん、資金難に直面した研究者たちの財政的闘い、政治潮流に翻弄される研究方針、コホートメンバーの人間ドラマまでを、徹底した取材で描き出す、「コホート研究」初のノンフィクション。

四六判　三七六頁　四六〇〇円（税別）

最近の刊行書

——2017年11月——

野口良平
幕末的思考 3600円

ケイト・フォックス　北條文緒・香川由紀子訳
イングリッシュネス——英国人のふるまいのルール 予3200円

北山修編著
「内なる外国人」——A病院症例記録 3000円

ローニツ／ゲッデ編　伊藤白・鈴木直・三島憲一訳
ヴァルター・ベンヤミン／グレーテル・アドルノ往復書簡 1930-1940 7800円

上村忠男
ヴィーコ論集成 10000円

マルク・レヴィンソン　松本裕訳
例外時代——高度成長はいかに特殊であったのか 3800円

アラン・デケイロス　柴田裕之・林美佐子訳
サルは大西洋を渡った——奇跡的な航海が生んだ進化史 3800円

ピーター・アダム　小池一子訳
アイリーン・グレイ——建築家・デザイナー［新版］ 5400円

根本 彰
情報リテラシーのための図書館——日本の教育制度と図書館改革 2700円

* * *

月刊みすず　2017年11月号

「大工道具屋の鍛冶行脚」土田昇／連載：「賛々語々」小沢信男・「図書館と学校」辻由美・「ガザに地下鉄が走る日」岡真理・「食べたくなる本」三浦哲哉・「ヘテロトピア通信」上村忠男　ほか　300円（2017年11月1日発行）

みすず書房
東京都文京区本郷2-20-7　〒113-0033
TEL. 03-3814-0131（営業部）
FAX 03-3818-6435
www. msz. co. jp

表紙：Henri Matisse

※表示価格はすべて税別です

グアテマラのある興味深い調査で、秘密の滑走路ビジネスの規模が浮かび上がった。同国のフランシスコ・マロキン大学のミゲル・カスティージョは、グアテマラ最北端のペテン県の土地所有について調査を実施した。そこはほかのどの場所よりもカルテルが目撃されている未開のジャングルなのだが、彼は何者かが猛烈な勢いでペテン県の土地を買い占めていることを発見した。県内のサヤスチェという自治体では、２００５年から２０１０年にかけて90パーセントの土地の所有者が変わった。同じ数字が近隣のサンホセでは75パーセント、先述の農場「ザ・ココナッツ」での大虐殺が発生したラ・リベルタでは69パーセントだった。[10] 大量の土地の買い占めは、滑走路、生産施設、訓練所の拠点を提供するだけでなく、資金洗浄にも有効な手法だ。しかも、こうした土地の大部分は、所有権を証明する正式な法的書類を持たない農民が所有しているので、土地を売るよう説得するのは難しくない。「ザ・ココナッツ」農場のような恐怖戦術に頼るまでもないのだ。

オフショアリングのブームは、経営者たちの企業観を一変させた。かつての会社は特定の国、少なくとも特定の大陸だけで営業していたが、今日の大企業は最高のビジネス環境がある場所なら世界じゅうのどこにでも喜んで行く。ゼネラル・エレクトリック元ＣＥＯのジャック・ウェルチは、会社の工場を巨大な艀（はしけ）の上につくり、世界じゅうの海をただよい、そのときの景気がもっともよい国に停泊できるようにしたら便利だと考えた。ダウ・ケミカル元会長のカール・ガースタッカーも同じような考えを抱いた。「私はどの国も所有していない島を購入して、いかなる国や社会にも縛られない完全な中立地帯にダウのグローバル本社を設立したいとずっと夢見ている」と彼はかつて言った。大胆な視点を持つ経営者にとって、国境は20世紀の遺物にすぎないのだ。

当然、この分野にかけては麻薬カルテルのほうが一般企業より一枚上手（うわて）だ。国境を無視することでビジネス・モデルが成り立っている麻薬密輸組織にとって、国境は大きな意味を持たない。「法律や政府の存在しない私有の島」というカール・ガースタッカーの夢を実現したのが、コロンビア系アメリカ人でパブロ・エスコバルの仲間、カルロス・レデルだ。彼はバハマのとある島を購入し、1978年から数年間、コカインをアメリカに密輸するための基地として使用した。オフショアリング全盛時代の前から、麻薬業界はグローバル化の旗手を担っていたのだ。19世紀に世界貿易が幕を開けると、お堅いビクトリア時代の人々さえもが紅茶や香辛料とともに麻薬の取引に精を出した。イギリスは国際的なアヘン貿易を守るために中国と2度の戦争をしている。そのころ、西洋の消費者は輸入麻薬をたしなむようになった。チャールズ・ディケンズはアヘン好きだったといわれているし、ウィーンのジークムント・フロイトはコカイン漬けとなり、恋人のマルタ・ベルナイスにこちらが恥ずかしくなるようなラブレターを送った（「ああ、私のかわいいプリンセスよ。次に私と会ったときの君の姿を想像すると不憫でならない。君が真っ赤になるまで口づけをして、君がぱんぱんに膨らむまで吐息を送ってやろう。たとえ君が本気になったとしても、食の細いおとなしいお嬢さんと、コカインを蓄えた大柄な野生の男では、どちらが元気かわかるだろう）[11]」。

麻薬王たちはずっと世界を自分の思うままにしてきた。とはいえ、彼らは麻薬ビジネスの拠点をいったいどういう基準で決めるのか？　これまで見てきたとおり、グアテマラやホンジュラスのような国々は彼らにとって好都合な国だが、数ある中米諸国のなかから最適な国を選ぶのは簡単ではない。

一般のグローバル企業も同じ決断に直面していて、国別の詳細な分析を吟味したあとで決断を下す。

おそらくもっとも影響力があるのは、世界じゅうの官僚や実業家が毎年首を長くして待っている世界銀行発表の調査報告書だろう。『ビジネス環境の現状 *Doing Business*』報告書は図表満載の300ページ超の文書で、一見するとドライな印象だが、世界じゅうの役員室や財務省庁に歓喜や失望の声を湧き上がらせるほどの影響力を持つ。この報告書では、世界銀行の専門家たちが企業活動のしやすさに基づいて約200カ国をランクづけしている。たとえば、新会社の登記にかかる時間（ニュージーランドは半日、ベネズエラは144日）、商品を輸入しようとする際に記入の必要な書類の数（アイルランドではわずか2種類、中央アフリカ共和国ではなんと17種類）などだ。この報告書で高スコアを得れば対内投資が増えるし、スコアが悪ければ外国企業が遠のく可能性もある。政府はこのランキングで同じ地域のライバル国を追い抜くと大喜びする。メキシコに出張すれば、空港すら出ないうちに、メキシコのほうがブラジルよりもランキングが上だという自慢話を聞かされるだろう。この報告書は多くの模倣を生み出している。たとえば、世界経済フォーラムはより詳細なランキングである『世界競争力レポート *Global Competitiveness Report*』を独自に発表している。

これらのインデックスは、次なる進出先を決めようとしているグローバル企業によって丹念に調べられる。たとえば、新しい巨大工場を建設しようとしているアメリカの下着会社の経営者を考えてみよう。中米が人件費の安さやアメリカからの近さという点で有利なのはわかっているが、具体的にどの国を選ぶべきか？『ビジネス環境の現状』を見れば、工場の建設許可の取得にグアテマラでは158日、エルサルバドルでは115日かかるが、ホンジュラスでは82日ですむことがわかる。納税申告にエルサルバドルでは320時間、グアテマラでは256時間かかるが、ホンジュラスでは224時間ですむとわかる。サン・ペドロ・スーラ周辺のジャングルが外国所有の新工場にどんどん侵食されているのは、少なくともいくつかの指標から見て、ホンジュラスがビジネスに適しているからだとわかる。

もちろん、麻薬カルテルの重視するものは異なる場合もある。たとえば、カルテルは納税申告に要する時間など気にしない。しかし面白いことに、世界銀行や世界経済フォーラムが発表するようなインデックスのなかに、カルテルの次の進出先を読み解く貴重なヒントが隠れている。数字を逆に読めばいい。

仮に、『世界競争力レポート』を例に取ろう。そのスコアカードの冒頭では、公的機関の質が評価されている。一般企業にとって、裁判所、警察、議会などの国家機関がしっかりしていることは望ましいことだ。建築許可を申請するたびに賄賂をせがまれるとしたらビジネスはいっこうに進まないし、競合企業が自分の有利になるよう裁判所を裏で説得できるとしたら契約を履行するのは不可能になってしまう。ところが、カルテルにとっては正反対だ。公的機関がしっかりとしていない国ほど拠点を設けるにはもってこいだ。世界経済フォーラムのランキングは麻薬カルテルのためにあるといっても過言ではない。世界経済フォーラムのアナリストは、賄賂の蔓延、裁判官の腐敗、警察の信頼度、さらには組織犯罪の存在などに基づいて国々をランクづけすることで、知らず知らずのうちにカルテルに手を貸している。警官に武力で勝ち、裁判官を買収し、現地のビジネス・コミュニティに資金を洗浄させるのがもっとも簡単な国はどこか？ それを知りたい麻薬カルテルは、インデックスに目を通すだけでいいのだ。

そこで、私はちょっとした実験として、世界経済フォーラムのデータを用いて簡易的な「カルテル競争力レポート」をつくってみることにした。私は組織犯罪グループにとってもっとも関心のある9項目を選び抜いた。具体的には、「公的資金の横領」「政治家への信頼」「賄賂」「司法の独立性」「政府の決定におけるえこひいき」「犯罪や暴力が及ぼすビジネス・コスト」「組織犯罪の存在」「警察の信頼度」「企業の倫理的行動」だ。どの項目についても、世界経済フォーラムは1〜7のスコアで評価している。

図5-1　カルテル競争力レポート

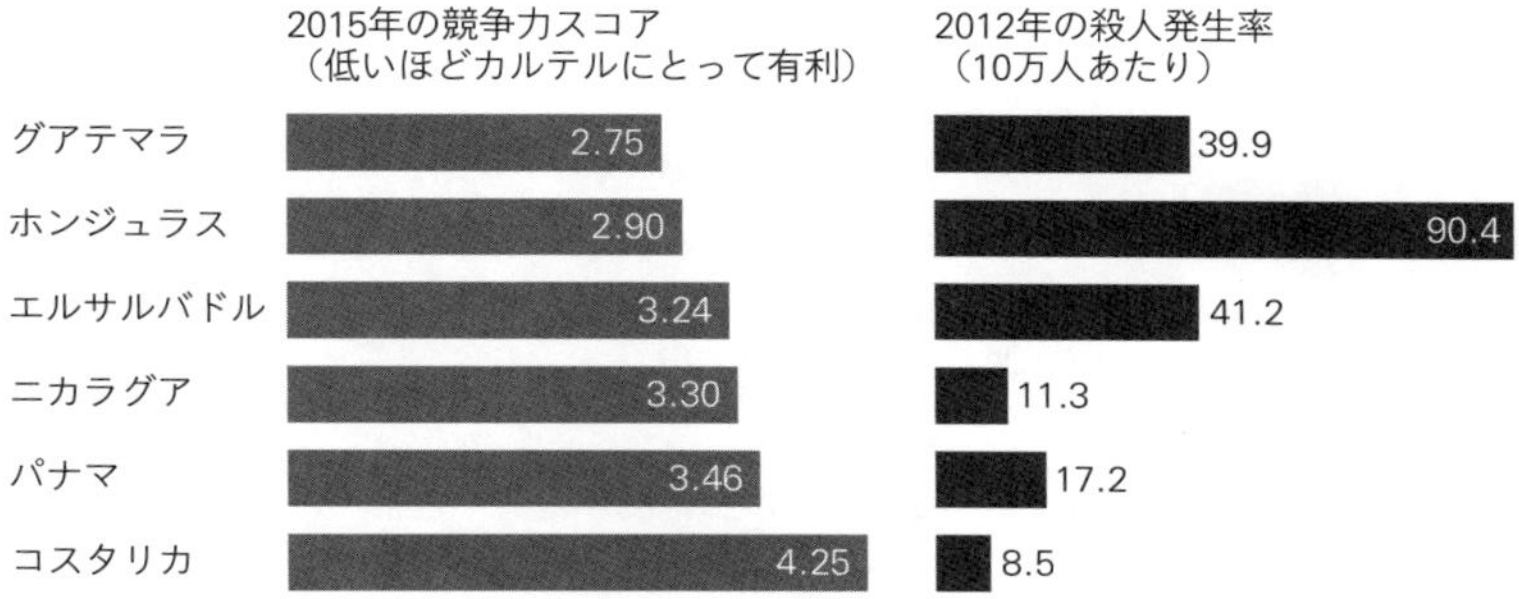

注：人口30万人程度のベリーズは、世界経済フォーラムがデータを収集していないため除外。
出典：World Economic Forum 2015 および UNODC 2012 のデータより。

ふつうなら7が最高で1が最低だが、政治家を買収し、裁判官を脅迫し、警察を出し抜くことで得をするカルテルにとってはその逆となる。

この分析を中米に当てはめると、かなりのばらつきが出る（図5-1を参照）。組織犯罪グループにとってもっともビジネスがやりにくい国はコスタリカで、退屈なほど独立した裁判官と信頼できる警察が特徴だ。お隣のパナマも犯罪者にとってはかなり厄介な土地で、こちらも警察はうっとうしいほど優秀、企業は腐敗に陥りにくい。ニカラグアも同じく見込みが薄く、民間企業は警備にそれほどコストをかける必要がないと報告している。犯罪組織にとってより居心地がよいのはグアテマラとホンジュラスにちがいない。両国とも平均で3点を割っている。グアテマラは政治家の信頼が世界でも最低クラスで、ホンジュラスの企業は犯罪と暴力で多大なコストをこうむっていると報告している。国外拠点を探しているメキシコのカルテルは、まずこの両国を試してみるべきだろう。

この分析は現実と一致するだろうか？　各国で麻薬ビジネスのオフショアリングがどれだけ進んでいるかを正確に測定するのは厄介だ。しかし、犯罪活動のひとつの目安となるのが暴力であり、カルテルが入ってくると暴力が激化する傾向がある。殺人発生率を見てみると、確かにギャングにとってビジネスのしやすい国々で犯罪が多発しているようだ。コスタリカ、パナマ、ニカラグアの殺人発生率は中米の基準ではかなり低く、カルテルの存在がそうとう限られていることを示唆している。対照的に、エルサルバドル、グアテマラ、ホンジュラスでは暴力の発生率が劇的に高い[12]。

麻薬カルテルのオフショアリング活動に歯止めをかけるのは容易ではないし、世界経済フォーラムの数字を逆に読むというのは少し冗談が過ぎるかもしれない。しかし、真剣な面もある。世界銀行の『ビジネス環境の現状』報告書のようなインデックスは、シンプルかつ手軽で実現可能なロードマップを提供し、そのマップに従った国々に見返りを与えることで、世界の国家運営の方法に大きな影響を及ぼしてきた。治安の分野でも似たようなことをしてはどうだろうか？

すでに似たような調査をまとめている組織がいくつかある。たとえば、トランスペアレンシー・インターナショナルは、毎年「腐敗認識指数」を発表し、汚職の撲滅に励むよう下位の国々に促している。しかし、この指数は実業家に尋ねた調査に基づいているため、国家が状況改善のために取るべき行動が必ずしもはっきりとしない。一方、『ビジネス環境の現状』は具体的な事実（電気を引くために記入の必要な書類の数など）を測定するものなので、シンプルで実行しやすい提案ができる。

治安をテーマとして『ビジネス環境の現状』のような報告書をまとめるのはそう難しくないだろう。たとえば、人口1人あたりの警官数、全国平均と比較した警官の給与、容疑者の身柄引き渡しや盗聴に関する法律、銃規制の厳しさなどをインデックスに盛りこむことが考えられる。犯罪者が目をつける中米諸国の問題のなかには、大規模で安価な労働市場など、解決に時間のかかるものもあるだろうが、比較的簡単に解決できるものもある。たとえば、長年の禁止を経て、最近ホンジュラスでは市民の身柄引き渡しが認められるようになり、容疑者は国内の頼りない検察ではなく、アメリカの容赦ない司法と刑務所の手に委ねられるようになった。グアテマラは腐敗根絶の小さな一歩として、警官の採用にウソ発見器を利用しはじめた。まだまだ簡単にできることはたくさんある。たとえば、中米の大半では銃規制がきわめて甘い。こうした情報を記録・集計し、発表すれば、国々がスコアを改善するきっかけになるし、改善の必要な項目のリストとしても役立つだろう。

そのあいだにも、国際的な麻薬組織による中米等の国々の悪用は進み、ますます増加する被害国から新たな麻薬対策を求める声が上がっている。アルバロ・コロンとの面会から1年後、私は次期グアテマラ大統領のオットー・ペレス・モリーナと会う。どことなく落ち着きがなくボソボソとしゃべるコロンとはまったく対照的に、ペレス・モリーナは元軍事情報部長らしく大股できびきびと歩き、大声ではっきりと話す。選挙運動中、突き刺すような目で国民を見下ろす彼の明るいオレンジ色のポスターが国じゅうに貼り出された。彼は犯罪に「鉄拳」で立ち向かうという選挙公約を掲げたが、私は彼と握手してそれがなかなか絶妙な表現だと思った。私が初めて彼の仕事ぶりを見たのは、就任後まもなくメキシコで開かれた世界経済フォーラムの会議の席だ。それは聴衆を驚愕させるスピーチだった。

ペレス・モリーナの「鉄拳」公約を知っていた多くの人々は、大統領が麻薬密売に対して強硬路線を敷くものだとばかり思いこんでいた。全員が驚いたことに、大統領は就任後に方針転換し、すべての麻薬の合法化を支持すると宣言したのだ。軍の幹部として、麻薬密売組織を力ずくで撲滅することに長年を費やしてきた彼の停戦要求は、実に重みがあった。「20年前、私はグアテマラの軍事情報部長だった。われわれは大きな成果を上げた。大量のコカインを押収し、大麻畑を破壊した。そして多くの麻薬密売組織のボスをつかまえた。それから20年後、私は大統領に就任し、麻薬密売組織がずっと巨大化していることに気づいた」と彼は世界経済フォーラムに語った。現在の力ずくの麻薬対策では、麻薬摂取による死者をはるかに上回る犠牲者が生まれてしまっている。欧米の政策立案者はその事実を認めるべきだ、と大統領は私に語った。「今日の中米では、アメリカの麻薬摂取による死亡者よりもずっと多くの人々が、麻薬の密売やそれにともなう暴力で死んでいっている」と彼は言う。彼の呼びかけに近隣諸国も共鳴した。コスタリカはマリファナ（大麻）を非犯罪化し、国際社会にほかの薬物対策の見直しを求めた。ペレス・モリーナは、麻薬とは無関係と思われる汚職の罪で告発され、２０１５年に大統領を辞職した。それでも、彼は中米地域における麻薬の議論に長期的な影響を与え、左派だけでなく右派からも麻薬戦争の見直しを求める声が上がりうることを証明した。

短期的に見れば、オフショアリングは中米の低賃金労働と甘い規制環境を利用し、コストを削減する便利な手段をカルテルにもたらした。しかし、合法的なオフショアリングと同様、麻薬ビジネスのオフショアリングは政治的な反動を生み出している。麻薬の影響で暴力が急増した国々は、新しい麻薬対策を欧米に強く求めるようになった。そのなかでも非常に率直な国々は、麻薬ビジネスの規制方法の抜本的な転換を求めている。その一方で、組織犯罪グループがメキシコから中米へと難なく移動できるようになったことで、麻薬戦争の熱烈な支持者さえもが、麻薬取引を部分的に排除してもまた別の場所に現われるだけだと認めざるをえなくなった。長期的に見れば、麻薬産業のオフショアリングがカルテルにとって仇（あだ）となる日が来るのかもしれない。

Chapter 6
フランチャイズの未来
ギャングはマクドナルドから何を盗んだか

「いいか、間抜け野郎。今からお前にもよくわかるように説明してやるよ」

リカルドのフェイスブック・ページに表示されたメッセージは、彼の娘のアカウントから届いたものだった。しかし、明らかに書いたのは娘本人ではない。

「お前のかわいいお嬢ちゃんをずっと監視させてもらっている。住所も通学時間もわかっている」。その後も脅迫は続く。メッセージの主が本当に娘の行動を監視していることを示す詳しい情報が挙げられていく。メッセージの最後には、メキシコのある銀行口座に2万ペソ（約1350ドル）を振りこむよう要求があった。「もし要求に従わなければ、停車中の車からあんたの娘を見張っている俺の部下に、娘をさらうよう命令する。二度と娘には会えないだろうな」[1]

この種のゆすりはかつて、真夜中にドアの下からすべりこませる脅迫の手紙によって行なわれていた。その次の段階が匿名の電話だ。現在では、こうした脅迫はソーシャル・メディアで行なわれることが増えた。ソーシャル・メディアは匿名なだけでなく、被害者の家族や友人の個人情報や写真がたやすく手に入るという厄介な側面もある。

手紙であれ、電話であれ、オンラインであれ、脅迫の戦術は同じだ。被害者はたぶんはったりだろうと思ってはいるが、脅迫が実行に移されることもないわけではない。メキシコでは毎年1000件以上、未報告のものを含めれば数千件の誘拐が実行されている。[2] リカルドを含め大半の人々は、意を決して警察に電話し、2度と犯人の声を聞くことはない。が、そう勇敢な人ばかりではない。

ゆすり産業が衰えないのは、脅迫にかかるコストが低く、微々たる成功率でもビジネスを継続できるからだ。フェイスブックでメッセージを送るのは無料だし、電話もタダ同然。囚人を雇い、刑務所にこっそりと持ちこんだ携帯電話で電話をかけさせるケースも多い。その一方で、処罰される可能性はわずかだ（リカルドは脅迫者の銀行口座情報をメキシコシティの警察に通報したが、犯人はつかまらなかった）。したがって、成功率が低くてもビジネスは十分に成り立つわけだ。

そういう意味では、ゆすりビジネスの経済学的な仕組みはスパムメールと似ている。遠い親戚の遺産相続やバイアグラの格安販売を約束するメールを受け取ると、ほとんどの人は削除するが、ごく一部の人が餌に食いつく。カリフォルニア大学バークレー校およびサンディエゴ校のコンピューター科学者たちは、活動中のスパム・ネットワークをハイジャックして、ビジネスの仕組みを調べた。偽の「催淫ハーブ」を販売していたスパマーは、1250万通のメールに1件しか売り上げを得ていなかった。成功率0・00001パーセントだ。売上単価も平均100ドル未満で、ビジネスとして成り立ちそうもない。しかし、メールの送信は、詐欺師がハイジャックし、無料で利用していたパソコンのネットワークを使って行なわれていたため、費用も手間もほとんどかからず、それなりの利益が上がっていた。1日に数億件のメールをせっせと送り出すことで、推定1日約7000ドル、年間250万ドル以上の売り上げが出ていた。[3]

ゆすりはスパムメールよりいくぶんコストがかかるうえ、いくらメキシコの警察が頼りないといってもそのリスクは高い。そのため、利益を出すにはスパムメール以上の成功率が必要になる。成功率は脅迫の信憑性にかかっている。脅迫者に恐れを抱けば、金を出す可能性は高くなる。そこで、自分が本気であることを相手に示すため、ゆすりを商売にする小悪党たちは相手を怖がらせる方法をつねづね探っている。

そこで組織犯罪グループの出番となる。地域のギャングに必要なのは、相手に恐怖を植えつけ、金を払わせるブランド力だ。その一方で、野心的な麻薬カルテルは自分の帝国を拡大する手軽な方法を求めている。利害はぴったり一致だ。地域のギャングはカルテルの名前が使え、カルテルはちょっとした戦力が手に入る。小物のギャングと巨大な組織犯罪グループが手を組むいちばんシンプルな方法は、フランチャイズ契約を結ぶことなのだ。

世界初のフランチャイズの「ロイヤリティ royalties」は、「ロイヤル royal」という言葉を含むことからもわかるとおり、王に支払われた。「フランチャイズ franchise」という単語は、「自由」や「免除」を意味するフランス語 franche に由来する。中世の王は道路の建設、市場の管理、税金の徴収といったサービスを実行する権利を誰かに与え、その見返りとして一定の手数料を徴収した。私たちの知るフランチャイズがビジネス界で初めて広まったのは19世紀のことで、ミシン会社「シンガー」がアメリカの特定地域での独占販売権を販売員に与え、その対価として売り上げの一部を徴収したのが始まりとされる。1950年代、マクドナルドやバーガーキングといったアメリカの巨大チェーンが戦後の好景気の波に乗り、フランチャイズ方式を利用して爆発的に成長すると、フランチャイズの概念は急速に広まった。近年では、アメリカのフランチャイジー運営の事業所数はおよそ50万軒を数える。フランチャイズ業界のなかでも特に大きい部門といえば、自動車販売、ガソリンスタンド、小売、そしてなんといっても外食だ。[4]

近年、このリストに名を連ねるのが組織犯罪だ。本来、犯罪ビジネスはフランチャイズとはまったく異なる原理で運営されてきた。歴史的に、麻薬カルテルは厳格なトップダウン方式で運営され、たった1人のボスが絶対服従の子分たちの頂点に立ち、全権を掌握してきた。しかし最近では、メキシコの一部カルテルが急激な分権化を進めている。戦後のハンバーガー・チェーンと同様、メキシコの麻薬密売組織はこの20年間で爆発的に拡大した。1990年代、メキシコの麻薬密売組織はコロンビアのカルテルの小間使いにすぎず、命令を受けてカルテルの縄張りやアメリカへと麻薬を運んでいた。しかし、1990年代にコロンビアの犯罪の取り締まりが強化され、パブロ・エスコバルをはじめとする多くのボスたちが死亡すると、メキシコの麻薬組織が麻薬のバリュー・チェーンの大部分を掌握するようになった。コロンビアのカルテルからの命令を淡々とこなす代わりに、生産から流通まで麻薬ビジネス全体を監督するようになったのだ。

もっとも急成長を遂げたのがメキシコのセタス・カルテルだ。つい２０１０年まで、セタス自体はカルテルとみなされておらず、ガルフ・カルテルのいわば実行部隊として機能する民兵組織にすぎなかった。しかし、２０１０年にガルフ・カルテルと袂を分かつと、目まぐるしいスピードで成長し、メキシコ東部全体、中米のカリブ海岸沿いへと広がり、最近の報告ではイタリアのンドランゲタ・マフィアと関係を築いているといわれる。まぎれもなく、セタスはいくつもの地域の全都市に支店を持つ組織犯罪界のマクドナルドといえる。

この急激な成長をまかなうため、セタスは一種のフランチャイズ方式を採用した。国連薬物犯罪事務所の地域代表による最近の分析[5]によると、セタスは新たな市場に自身の代表団を派遣して犯罪拠点を一から築く代わりに、現地のギャングをフランチャイジーとして仲間に引き入れる方式を採用したのだという。セタスのスカウト係が新たな地域に赴き、現地でもっとも有望な犯罪者集団を見つけ、「母体であるセタスが自身の犯罪ブランドの使用を認める一種のフランチャイズ契約を提供する」のだ。「提携パッケージ」の一環として、セタス本部がフランチャイジーに軍事訓練、場合によっては武器も提供する。その見返りとして、フランチャイジーは収益の一部を本部に上納し、別のカルテルとの抗争が勃発した場合にセタス側につくという「連帯協定」を結ぶ。

双方にとってのメリットは、一般のビジネス界におけるフランチャイズと似ている。フランチャイズを提供する企業にとっては、自己資金による急成長が見込める。マクドナルドのフランチャイジーは運営する店舗を購入しなければならないので、最低でも75万ドルの資金を用意しなければフランチャイズ加盟の候補にすらならない。これにより、マクドナルドは新たな資産に巨額の出資をすることなく、収益という点でビジネスを急成長させることができるのだ（マクドナルドの世界3万5000店舗の85パーセントが、マクドナルド直営ではなくフランチャイジーの所有店舗）。セタスにとってこの原理はいっそう重要だ。違法ビジネスである麻薬カルテルは融資を得る機会が限られているので、自己資金による成長には特別な魅力があるわけだ。

加えて、フランチャイザーはフランチャイジーの旺盛な起業家精神を活かすこともできる。セタスのフランチャイジーは、単なる雇われ人、つまり巨大な機械のなかの歯車のひとつではなく、与えられた縄張りからなるべく多くのお金を搾り取る責任がある。そこで必要になるのが、マネジメントの第一人者ピーター・ドラッカーのいう「マネジメント的視点」だ。これは報酬やスキルよりも重要なものであり、「仕事と製品をマネジメントの目で見ること、すなわち、それらのものを全体との関連において見ること」を意味する。(6) また、フランチャイジーは現地の知識も持っている。現地の知識はハンバーガー・ビジネスの場合と同じくらい、いやそれ以上に犯罪ビジネスにとっては貴重かもしれない。成功の必須条件である警察との癒着関係を築くのは、現地の工作員のほうがうまいからだ。その逆に、フランチャイジーは本部の専門知識を活かすことができる。フライドポテトの揚げ方であれ自動車爆弾の製造法であれ、フランチャイザーが成功の〝レシピ〟を伝授するわけだ。

そして、もっとも重要なのがおそらくブランド力だ。マクドナルドはおいしい食べ物をつくって世界を征服したわけではなく、どこで食べてもほぼ同じ味の食べ物をつくることで成功したのだ。バンコクや北京で買うビッグマックは、本社があるイリノイ州オーク・ブルックで買うビッグマックとほぼ同じだ。街いちばんの絶品料理ではないだろうし、いちばん安い料理でもないだろうが、有名な金色のアーチを掲げる店なら最低限の味は満たしているだろうとわかる。つまり、フランチャイジーは本来なら自力で獲得しなければならない評判をお金で買っていることになる。また、マクドナルドがオリンピックに協賛したり、有名人を雇って商品を宣伝したりすると、すべてのフランチャイズ店舗がその広告キャンペーンの恩恵を受けることになる。

このブランド力は裏社会でどう機能するのか？　一例として、メキシコシティ郊外のおしゃれな地域にあるアイスクリーム店「ロクシー」のケースを見てみよう。ロクシーは１９４６年設立のメキシコの店で、回転スツールとストライプ模様の日よけといったおなじみの装飾は開業以来あまり変わっていない。少し前、そのロクシーがゆすりの被害にあった。ある日、１人の男がタクシーで店に乗りつけ、テープレコーダー入りの封筒を届けた。そのテープレコーダーには、25万ペソ（約1万7０００ドル）の支払いを要求するメッセージが録音されていた。要求に従わなければ店主の家族が無事ではすまないという。そのメッセージに、ラ・ファミリア・ミチョアカナの現地の代表者である「ファン・バレステロス司令官」の署名がなければ、店主は相手にしなかっただろうし、新聞沙汰にもならなかっただろう。

ラ・ファミリア・ミチョアカナの名前は、脅迫に重みを与えた。脅迫者はとりわけ強面でもライフルを持っていたわけでもないだろう。しかし、ラ・ファミリア・ミチョアカナといえば、かつてミチョアカン州のナイトクラブのダンスフロアに五つの生首を投げこんだこともある麻薬組織で、ロクシーの人々はすぐさま相手が誰なのかを悟った。脅迫者は自分をラ・ファミリアという有名ブランドと関連づけることで、脅迫の成功率を上げ、利益を少しでも高めようとしたわけだ。（ちなみに、ロクシーへの脅迫は裏目に出た。珍しいことだが、ロクシーの店主は勇敢にも脅迫の話をメディアと警察に持ちこみ、警察は犯人とされるグループを一斉逮捕することに成功した）

フランチャイズ・モデルは、特にセタスがこれほど残忍な行為に走る理由も説明する。セタスはメキシコのどのギャングと比べても、斬首や首吊りといった残虐行為をせっせと写真や動画に収めている。セタスがメキシコ北部で実行する残酷な殺人は、マクドナルドのワールドカップ・ブラジル大会での広告キャンペーンが世界じゅうでマクドナルドの魅力を高めるのと同様、世界じゅうでセタス・フランチャイズのイメージを強化するのだ。

当然、タダ乗りの危険もある。セタスやラ・ファミリアなどがバックについているとウソをつく強盗や脅迫者は少なくない。フランチャイズ・システムが機能するためには、犯罪グループは合法的な会社と同じくらい熱心に商標を守る必要があるのだ。「新たな組織はセタス商標の無許可使用に暴力（死）をもって対処し、セタスの〝名声〟を守る責任を持つ」と先述の国連報告書は指摘する。「商標」や「ブランド」の話は単なる比喩ではない。多くのカルテルは独自のロゴを持ち、フランチャイジーに配る制服や備品につけている。セタスのロゴはメキシコの輪郭、本拠地・タマウリパスの輪郭、Zの文字〔セタス Zetas の頭文字〕の三つのパーツからなる盾の形をしており、メキシコや中米にあるセタス関連のアジトでは、ロゴ入りの野球帽やリュックサックが発見されている。防弾チョッキ、武器、弾薬、自動車といった備品が大量購入で安く調達できるのもフランチャイズ方式のメリットだ。マクドナルドがオーブン、フライヤー、レジ、テーブル、椅子などを1000台単位で発注できるのと同様、セタスは備品を一括で大量に購入し（または盗み）、フランチャイジーに配ることができる。そのおかげで、フランチャイジーは高いお金を出して自家製の低品質な備品を買わずにすむのだ。

ある暑い日、メキシコ北部の都市、とある高級ショッピング・モールに隣接するレストランで、私はかつてシナロア・カルテルの〝フランチャイジー〟をしていた男と落ち合う。その男（仮名ミゲル）は、背が低く細マッチョな50代の山男で、ずっと太陽に目を細めつづけてできた深いしわが顔に刻まれている。ミゲルは無口な男で、屋外のテーブルでランチをとりつつ話をしているあいだも、ちらちらと用心深く店の客に視線を送っている。彼はシナロア出身で、若くしてシナロア・カルテルと〝提携〟した。彼はプロとしての誇りをにじませながら、直接カルテルのもとで働いたことはないと断言する。代わりに、本部から一種のライセンスを得て活動していたそうだ。シナロア・カルテルは古くからそういう方式を取り入れており、「シナロア・カルテル」ではなく「シナロア連合」と呼ばれることも多い。ミゲルは真夜中に起きて山奥まで歩き、農家から大麻を回収し、シナロア州の州都・クリアカンへと送り届けていた。そこで密輸の準備として、油圧ポンプで小さな包みへと圧縮し、ポリエチレンにくるみ、強烈な匂いをごまかすためにロウに浸す。

フランチャイズ契約のおかげで、ミゲルなどの密売人は自由にビジネスができ、取引先の農家、量や価格、仕事のスタイルを好きなように決められた。現在では、メキシコ南部のゲレーロ州でも似たような仕組みが採用されているようだ。独立した起業家がフランチャイズベースで小さな縄張りを受け持ち、ヘロイン生産用のケシを栽培・処理するビジネスを手がける。しかし最近、こうしたグループどうしで対立があるらしい。ミゲルいわく、昔は敵対組織との抗争はほとんどなかったそうだが、当時と今では状況がちがうようだ。「もちろん、警察や軍につかまる危険性は常にあったさ」と彼は話す（実際、彼も最終的に逮捕され、出所後に足を洗った）。「だが、シナロアにいるときはほかのカルテルとの問題はなかった。殺し合うより手を組むほうが楽だったからね」と言い、皿の上の食べ物をつつくミゲル。「今時の奴らはそれをわかっちゃいない」

ミゲルがシエラ・マドレ山地で大麻を運んでいた時代と比べ、フランチャイズ・ブームによって麻薬業界の構造は大きく変わった。かつて、麻薬密売組織は単純に麻薬の供給を支配し、地点Aから地点B

まで最善のルートで麻薬を運ぶことを目指していた。セタスのモデルは異なる。彼らはルートではなく縄張りを支配しようとするのだ。いったんセタスから小さな街や州全域のフランチャイズ権を与えられると、現地のリーダーはその地域で行なわれる犯罪活動のすべてを管理下に置き、売り上げの一部をセタス本部に上納するよう求められる。セタスの支部組織は麻薬の輸送だけでなく、縄張りの支配権と現地の人脈を活かしてさまざまな犯罪活動を行なう。ゆすりや誘拐は儲かる商売のひとつで、地方の麻薬密売もますます収入の大部分を占めるようになっている。その面白い副作用として、タクシー運転手がカルテルの雇用のターゲットとなっている。小回りやプライバシー性に優れるタクシーは、どこに停まって誰を乗せようと不審がられないので、麻薬や誘拐の被害者を運ぶのに打ってつけの乗り物なのだ。したがって、街のタクシーは奪い合いの恰好のターゲットであり、タクシー運転手はたびたび脅迫を受ける。最近、メキシコ南東部の街・プラヤ・デル・カルメンにあるタクシー運転手組合のトイレに、セタスの仲間に加わった運転手に向けてシナロア・カルテルのギャングが書いたものと思われるメモが貼られた。「逃げられはしても隠れられるとは思うな。われわれはどこまでもお前たちやその家族を追いかける」

メキシコ北東部では、セタスのフランチャイズが現地のバーに「Z」のロゴ入りウイスキーを店で販売させている。また、小さな「Z」マークのシールが貼られた海賊版DVDのビジネスにも参入している。イェール大学経営大学院のメキシコ人教授ロドリゴ・カナレスは、セタスがビジネスを多角化しているひとつの理由として、国際麻薬ビジネスにおける有力な人脈を持たないことを挙げている。セタスは元の雇い主であるガルフ・カルテルへの「裏切りによって形成された」と彼は指摘する。その過程で、セタスはアメリカの麻薬市場との関係を失い、ほかの収益源に頼らざるをえなくなったのだ。[7]

メキシコのアカプルコでパトロールに当たる連邦警察の警官。近年ではカルテルによる警官の買収合戦が過熱している（Keith Dannemiller）。

最近、メキシコでも最悪の暴力がゲレーロ州でいくつか発生している。そこはほこりっぽいメキシコ中央部から緑豊かな太平洋岸まで広がる貧しい州で、かねてより政府権力の及びづらい野蛮な地域だった。州名でもあるゲレーロは「戦士」を意味し、州旗にはジャガーの毛皮をまとい、刃先のついたこん棒を振り上げる先住民時代の戦士の姿が描かれている。近年では、そんなゲレーロ州の野蛮なイメージを裏づける出来事が起きている。過去10年間で殺人発生率は約3倍になり[8]、ときどき人間の頭部が砂浜にごろごろと横たわるリゾート地のアカプルコからは観光客がめっきりいなくなった。抗争中の組織は死体を隠す傾向にあるので、この殺人発生率は実際の数字より低い可能性もある。２０１５年、警察は閉鎖された火葬場から悪臭がするとの苦情を受けて捜査したところ、61体の腐乱死体を発見した。近年でもっとも話題にのぼっているゲレーロ州の暴力事件といえば、２０１４年にイグアラの町で43人の教員志望の学生が失踪した件だ。この事件は迷宮入りの様相を見せている。

近年のゲレーロ州の混乱は、犯罪組織のフランチャイズ契約の崩壊にともなって起こる出来事を象徴しているのかもしれない。一般のビジネス界でもっとも多いフランチャイジーの不満の原因は、同じ企業のライバル店舗どうしによる縄張り争いだ。ふつう、ライバル店が近所にオープンすると、企業は品質や価格の面で対抗することができる。フランチャイズ店の場合、それは不可能だ。地域で唯一のマクドナルド店舗がボロ儲けしているところへ、親会社がもう2店舗オープンすると突然発表したら、既存店舗はまちがいなく売り上げを奪われてしまうだろう。同一商品・同一価格では競争のしようがないからだ。

同一ブランドの他店との距離、ひとことで言うと縄張りの問題は、フランチャイジーの成功と失敗を大きく左右するが、フランチャイザーにとってはさほど重要ではない。親会社はフランチャイジーの利益ではなく売り上げの一定割合を受け取るからだ。支店をオープンすればしただけ必ず売り上げの合計は増えるので、新店舗と既存店舗が共食いをしたところで被害はない。よって、フランチャイザーとフランチャイジーの利害は食いちがい、縄張りの問題は紛争に発展しやすい。地域の店舗経営者は、新しいフランチャイジーによる〝縄張りの侵害〟をめぐり、親会社をたびたび訴えてきた。バーガーキング、マクドナルド、シェラトン・ホテルズなどのチェーンは、新店舗の開店場所が自分の縄張りに近すぎるとして不満を持ったフランチャイジーから訴えられるはめになった。(9) 裁判官の判断は場合によりけりで、近隣に別店舗をオープンしないというフランチャイザーの暗黙の合意に反すると認める例もあれば、単なる不運ですまされる例もある。

当然、犯罪フランチャイズの世界では、裁判所には頼れない。麻薬カルテルのフランチャイズが勢力を広げすぎると、武器がこん棒かどうかはともかく、昔ながらの方法で紛争が解決される。ゲレーロ州でも似たようなことが起きているようだ。43人の学生の失踪事件の真相は今もなお不明だが、犯人はギャング団「ゲレロス・ウニドス」（戦士の連合）のメンバーとされる。大方のアナリストによると、ゲレロス・ウニドスは、数種類の麻薬の国際的な密輸を手がけていた有力カルテル「ベルトラン・レイバ」の地域的なフランチャイズとして始まったようだ。「ひげ男」ことアルトゥロ・ベルトラン・レイバ率いるベルトラン・レイバ・カルテルは、ゲレーロ地域を中心とする縄張り全体で複数のギャングを雇っていたが、少しフランチャイズの手を広げすぎたようだ。ベルトラン・レイバは北部の「ティエラ・カリエンテ」（熱い土地）地方を支配するゲレロス・ウニドスだけでなく、州の中央部を管轄する「ロホス」（赤）、港湾部を支配する「独立系アカプルコ・カルテル」などを雇っていた。また、「ロス・アルディジョス」（リス）や「ロス・グラナドス」などから応援を得ることもあった。[10]

こうしたベルトラン・レイバのフランチャイズがすべてゲレーロ州で活動していたことを考えると、いささか競争が激しくなりすぎたといえそうだ。「ひげ男」ことアルトゥロが死亡し、ベルトラン・レイバが弱体化すると、いくつかのフランチャイズが争いを始めた。最近では、ゲレロス・ウニドス、ロホス、独立系アカプルコ・カルテルが互いに抗争を繰り返しており、ほかの犯罪フランチャイズに属するギャングとも戦っている。これこそがゲレーロ州に蔓延する恐ろしい暴力の原因の大部分を占めており、もしかすると43人の学生たちの失踪原因だったのかもしれない。一説によると、ゲレロス・ウニドスは、メキシコシティのデモに参加するため盗難バスに乗っていた学生たちを、バスでヘロインを運ぶ州内の数ある犯罪グループのひとつと誤解したともいわれる。過剰なフランチャイズ展開によって、フランチャイジーが麻薬密売ではなく敵対組織（や一般市民）の殺害に気を取られるようになり、メキシコ中央部における麻薬密輸活動の効率は悪化した。

フランチャイズ契約の欠点はこれだけではない。縄張りベースの地域的なフランチャイズは、トップダウンのチームと比べてずっと機動力に欠く。セタスとシナロア・カルテルのあいだで今もなお続く抗争では、両者の中核地帯でたびたびシナロア・カルテルがセタスに打撃を与えた。抗争が最高潮に達したある時期には、シナロア・カルテルが暗殺団「マタセタス」（セタス殺し）をベラクルス州に派遣し、その名のとおりセタスの現地メンバーを何十人と殺害。地域に根づいた悪党を味方に引き入れるというセタスのモデルでは、同じような対応は不可能だった。

最後に、分権的なリーダーシップにもそれなりのメリットはあるが、その反面、いつ失敗を犯すとも知れない地域のリーダーに一定の権力を明け渡してしまうというリスクもある。そして、地域支部が重大な失敗を犯せば、ブランド全体に影響が及ぶ。再び、この点で一般社会のフランチャイズが直面している危険性を考えてみよう。マクドナルドには3万店ものフランチャイズ店舗があり、フランチャイジーは規則書に従うよう研修を受けるが、店舗の運営方法に関しては一定の裁量を与えられている。マクドナルド・チェーンの並外れた成功は、このビジネス・モデルの有効性を裏づけている。しかし、手綱が緩みすぎると、品質管理に穴が生じ、ブランド全体のイメージを傷つけることもある。２０１４年、日本のあるマクドナルド店舗が、人間の歯が混入したフライドポテトを提供してニュースとなり、世界じゅうの食事客がビッグマックにかぶりつく前に躊躇するようになった。

カルテルも同じリスクを抱えている。分権的な管理体制では、トップダウンの体制と比べると、経験の乏しい、または本部の目の行き届かない地域のボスがミスを犯しやすい。地域支部のたったひとつのミスが、ブランド全体に致命的な傷をつけることもある。たとえば、２０１１年にメキシコのカルテル一味によって殺害された米移民税関捜査局のハイメ・サパタ特別捜査官の事件を例に取ろう。サパタと彼の同僚は、シボレー・サバーバンの装甲車に乗り、モンテレイからメキシコシティに向けて走っていたところ、サン・ルイス・ポトシのやや南で、待ち伏せしていた武装集団に無理やり道路脇へと押し出された。その16万ドルの装甲車は90発近い銃弾を跳ね返したが、サパタは停車する際にギアを「パーキング」に入れたため、ドアのロックが自動で解除されてしまった。ギャングたちがドアを開け、２人の捜査官を撃つと、サパタは致命傷を負った。

あとで判明したことに、武装集団はセタスの現地メンバーで、サパタと同僚が少し前にサンドイッチを購入しようと道路脇に車を停めた際、２人を見つけたと考えられた。武装集団は２人の筋骨隆々のラテン系の男がアメリカの捜査官ではなく敵対カルテルのメンバーだと誤解したようだ。のちにあるメンバーがアメリカ当局に語ったところによると、彼の一味は「セタスの役に立ちそうな自動車を見つけたら盗むようセタス本部から命令されていた」という。サパタの殺害はメキシコのカルテルの重大な不文律を破った――アメリカ人、特にアメリカの警官を殺してはならない。これだけメキシコに暴力が蔓延し、アメリカの捜査官がメキシコの問題に首を突っこんできたにもかかわらず、アメリカの捜査当局者がメキシコで殉職したのは１９８５年以来初のことだと考えられている。

これはたいへん重大な誤算であり、案の定アメリカからの厳しい対応を招いた。サパタ殺害の翌週、連邦当局はアメリカ全土の一斉捜査で１００人を超える麻薬密売の容疑者を逮捕。サパタを殺害したギャング団のリーダーもメキシコで逮捕され、ワシントンＤＣへと引き渡された。しかし、それは序章にすぎなかった。２０１２年、セタスの最高幹部であるエリベルト・ラスカーノがメキシコ海軍により射殺。翌年には、新たな最高幹部のミゲル・トレビーニョが逮捕された。セタスは今なお活動中だが、かなり弱体化し、ひとつの小さな系列組織の無能のせいで高いツケを払わされるはめになった。キッチンでのたったひとつのミスが企業の世界的なブランドに傷をつけることもあるように、セタスの系列組織のたったひとつの大失敗がカルテル上層部に大打撃を与えた。自身のブランドを誰かに分け与えることには、深刻なリスクがあるという事実を忘れてはならない。

犯罪ブランドのフランチャイズは、麻薬カルテルにとっては有効な戦略だが、一般市民にとっては危険な進展だ。いくつかの犯罪組織はフランチャイズを通じて急速に拡大する一方で、単なる麻薬密売からあらゆる犯罪活動へと収益源を多角化していっている。地方の支部組織が一瞬で本部のブランド力を手にし、ゆすりや脅迫を行ないやすくなると、収益は増加する。必要な備品が大量購入で安く手に入るようになると、地方のメンバーたちは犯罪活動がしやすくなる。たったひとつの残虐行為が全フランチャイジーの悪名を高めるので、広告はいっそう効果を増す。一方で、支部組織どうしの縄張り争いの激化は、かつてない規模の暴力へとつながる。

　こうした状況に改善の兆しはあるのだろうか？　ひとつの希望は、一般的にフランチャイズ組織は麻薬密売ビジネスを専門とするカルテルと比べるとプロフェッショナル性に欠けるという点だ。地域の悪党たちの売り上げを上納させることで資金を手に入れているセタスなどのギャングは、ほかのカルテルほど政府高官の買収や脅迫が得意ではない。ファアレス・カルテルの最盛期には麻薬対策のトップまでもが手先として名を連ねていたし、メデジン・カルテルはコロンビア国家へのテロ活動として旅客機を墜落させ、107人の命を奪った。こうした組織は国家自体の存続を脅かす脅威だった。しかし、セタスのような悪党のネットワークは、どれだけ暴力を生み出しているとしても、国家自体にとっての脅威ではない。

また、セタスのような組織のほうが長期的に見て制圧しやすいといえるかもしれない。シナロア・カルテルのように、縄張りの維持よりも商品の密輸をビジネスの基盤とする伝統的なカルテルは、確たる拠点がない。メキシコから締め出せば中米で商売を始めるし、コロンビアで圧力をかければ国境を越えてペルーへと逃げていく。対照的に、セタスのようなフランチャイズは、生きるも死ぬも縄張り次第だ。特定の縄張りから追い出せば、その地域からの収入は途絶える。今までのところ、メキシコの地方警察はそれがまったくできていないが、強盗集団を町から追い出すのは、少なくとも複雑な国際ビジネスを解体するよりは易しい目標にちがいない。

内紛が生じやすいというフランチャイズの性質は、セタスの拡大モデルが時限爆弾を抱えていることを示唆している。麻薬の密売であれハンバーガーの調理であれ、企業の真の一部ではないフランチャイジーは、正社員ほどブランドに忠実になることはない。『アントレプレナー』誌の指摘によると、フランチャイズはトップダウン型の組織と比べて従業員の「中核的なコミュニティ」が弱い傾向があるという。同じことが犯罪集団にも当てはまる。それを誰よりも痛感しているのがセタスだ。セタスはガルフ・カルテルの武装ボディガードとして出発したが、数年後にはその限られた役割に満足しきれなくなり、雇い主のガルフ・カルテルを裏切り、ほとんど骨抜きにしてしまった。しかし、フランチャイズが拡大すればするほど、セタスの背負うリスクは大きくなる。セタス・カルテルの成長を後押ししてきたフランチャイズ・モデルが、実はその破滅の原因だったとわかる日が、いつかやってくるのかもしれない。

Chapter 7

法律の先を行くイノベーション

〝脱法ドラッグ〟業界の研究開発事情

ロンドン北部にある人通りの多い道路。美容院とフィッシュ&チップス店にはさまれるようにして幅の細い小さな店が建ち、結露で曇った窓の奥から緑色がかった明かりが外に漏れている。店内には、サイケデリックなトランス・ミュージックが静かに流れている。一方の壁には明るく照らされた棚が並び、銃、防毒マスク、巨大な磁器の乳房など、面白い形をしたパイプやボング〔水パイプ〕が陳列されている。ハンガーレールには大麻をモチーフにしたTシャツがずらりと掛けられ、ある棚にはビールの缶やお菓子「プリングルス」の筒などが置かれている。一見するとなんの変哲もない容器だが、容器を開けると秘密の小物入れが姿を現わす（何を隠すのかについては説明なし）。隠したいものがある人のため、小さな隠し金庫がついたコンピューター・マウスまである。

このようなヘッドショップ〔たばこや大麻を吸うための商品を販売する店〕は、建前上、麻薬を吸う目的ではない〝雑貨〟を売る店として、大半の国々で容認されている。先ほどの店のウェブサイトによると、多種多様なボングやパイプは、「違法ドラッグを吸う手段としては決して使用しないという了解のもとで販売している」ものだという。店の経営者に言わせれば、客は大麻柄のTシャツを着てソファに寄りかかり、大麻柄のライターを使ってボブ・マーリーをモチーフにしたボングに火をつけ、たばこを吸うとでもいうのだろう。

ヘッドショップは麻薬自体を販売するわけではないので、当局が騒ぎ立てることはめったにない。しかし昨今では状況が変わりつつある。ロンドンからロサンゼルスまでほとんどの大都市やオンラインで販売されているのは、「脱法ドラッグ（リーガル・ハイ）」や「デザイナー・ドラッグ」などと呼ばれる新種の向精神薬だ。アンデス山脈の山腹やアフガニスタンのケシ畑ではなく実験室で調合されるこうした合成麻薬は、主流の麻薬の効果をまねている。俗に「エクスタシー」と呼ばれるMDMAに近いものもあれば、大麻と効果が似ていると称するものもある。急速に進化する合成麻薬が既存の麻薬と決定的にちがうのは、ほとんどの地域で販売、所持、使用が完全な合法であるという点だ。

試しに、私はひげ面の気さくな若い男性店員に、脱法ドラッグはあるかとたずねてみる。「ご冗談を。あれは〝ドラッグ〟なんかじゃありませんよ。人間が摂取するためのものではありませんから」と店員は言う。そのそばかすだらけの童顔からは何も読み取れない。「でも」と言い、ぴくりと眉を上げる店員。「アロマテラピー用のお香ならありますよ。ご覧になりますか？」。私がいくつか見せてほしいと頼むと、店員はカウンターの下から特に人気が高いという5種類の商品を取り出す。「まあ、どれをお勧めするとは言いませんが」。光沢のあるプラスチックのパックは、野球カードのパッケージと大きさや厚さが似ている。一つ10ポンド（15ドル）で、1グラムの〝お香〟（呼び名はいろいろだが）が入っている。「ジャミン・ジョーカー」というパッケージには、サングラスをかけ、ラスタ帽をかぶったドレッドヘアのスマイリー・フェイスが描かれている。「サイクローン」というパッケージは、カラフルな渦と前後逆さまの文字が目を惹く。「クロックワーク・オレンジ」（時計仕掛けのオレンジ）というパッケージでは、時計の文字盤を模したオレンジ色の眼球がこちらを見つめている。

店員はそれぞれの商品の特徴についてはいっさい語ろうとせず、ネットで調べるよう勧めてくる。そこでウェブを少し調べてみると、まったく対照的なレビューが見つかる。クロックワーク・オレンジに五つ星をつけたレビュアーは、「最高。76時間も起きっぱなし！」とコメントしたが、別のユーザーは「地獄。最後はトイレにこもって黙々と泣きながら、頭痛が治まるのを待った」とコメントした。いずれにしても、ほとんどの人がその小袋をアロマテラピーに使っていないことは明らかなようだ。

脱法ドラッグ・ビジネスは麻薬業界をひっくり返す可能性を秘めている。いったいこの新種の麻薬はいかにして法の網をかいくぐってきたのか？　その出現はほかの麻薬の売人たちにとって何を意味するのか？

脱法ドラッグはいかにして国際的な麻薬市場で支配的な地位までのぼり詰めたのか？　それを理解するため、まずはニュージーランドの話から始めよう。ホビット族がはしゃぎ回る太平洋上の美しい列島・ニュージーランドは、世界でもっとも麻薬貿易のハブとして似つかわしくない場所だろう。あなたがコカインやヘロインを世界に密輸するとしたら、わざわざニュージーランドに出荷しようと思うだろうか？　人口はわずか450万人で、米ケンタッキー州とほぼ同じ。太平洋上にぽつんと浮かんだその島は、オーストラリア最南端から1600キロメートルも離れている。コカが本格的に栽培されている最寄りの国・ペルーの太平洋岸からコカインを出荷するとしたら、1万キロを超える航海が必要になる。コカインの生産国からニュージーランド最大の都市・オークランドまでは直行便もない。その結果、ニュージーランドで輸入麻薬を手に入れるのは信じられないくらい困難だ。実際、ニュージーランドで過去1年間にコカインを摂取したと報告した人は成人の200人に1人と、富裕国ではかなり少ない（たとえば、アメリカでは45人に1人）。ヘロインとなると皆無に等しい。ヘロインの使用率はアメリカの6分の1、イギリスの8分の1だ。

とはいえ、ニュージーランド人も人間なので、麻薬への欲求は他国と同じくらい強い。実際、入手可能な麻薬に関していえば、ニュージーランドの消費量は尋常ではない。大麻を例に取ろう。緑豊かなニュージーランドの地方では、モロッコやメキシコと同じくらい簡単に大麻が栽培できるので、ニュージーランドの人々は大量に大麻を栽培し、吸っている。実際、国連の報告によると、ニュージーランドの1人あたりのマリファナ（大麻）消費量は世界一であり、過去1年間でマリファナを吸ったと答えた人は成人の7人に1人にのぼる。マリファナだけではない。アンフェタミンの消費量も世界第2位であり、[1]ニュージーランドはアメリカとウクライナに次いで世界でもっとも多くのクリスタル・メスの製造施設を毎年閉鎖している。[2]同国に麻薬を持ちこむのは確かに難しいが、そのぶんだけニュージーランドの人々は自分で麻薬を生産し、消費することに長けているのだ。

ニュージーランドと合成麻薬の情事は、メタンフェタミンが初めて人気となった世紀の変わり目あたりから始まった。メタンフェタミンは、風邪薬やインフルエンザ薬に使用すると称して中国から持ちこまれる前駆化学物質を用いてつくられ、コカインが比較的少なく前駆化学物質が手に入りやすいアジア全体で人気を集めている（メタンフェタミンが爆発的に普及したタイでは、わかりやすく「ヤーバー」［狂気の薬］と呼ばれる）。依存症の率の急増にともない、ニュージーランド政府はメタンフェタミンの取り締まりを開始し、前駆物質の押収やメタンフェタミンが調理されている〝キッチン〟の強制捜査に力を入れた。ニュージーランドの人々はすぐさま代替品を探しはじめた。

そんな状況で颯爽と現われたのが、マット・ボウデンという若き麻薬起業家だ。もし世界じゅうの麻薬王たちが集まって会議を開くとしたら（いわば麻薬のダボス会議だ）、ボウデンはそうとう目立つだろう。まずは髪。完璧なまでにふわふわにブローされた長い金髪は、ハリウッドのブロンド女優でさえうらやむだろう。お次は衣装。黒白のヒョウ柄スーツや、光沢のあるシルバーの巨大な肩章がついた軍服風のロングコートが彼の定番だ。締めくくりはメイクだ。分厚い黒のアイライナーに、それを取り囲む白や銀の複雑な模様、そして仕上げにカラー・コンタクト。ラテンアメリカの男くさい麻薬密売人が彼の姿を見たら、口ひげを蓄えた唇を嫌悪でゆがめるかもしれない。しかし、ボウデンはかつて数億ドル規模の麻薬帝国を率いていたのだ。

ニュージーランド出身のボウデンは、麻薬取引を通じて史上類を見ない財を築いた。彼は世界じゅうのパーティ好きにドラッグを売り、何百万ドルという単位で売り上げをかき集めた。最近では、麻薬ビジネスからは身を退き、「スターボーイ」のステージネームで世界じゅうを飛び回り、ロック・コンサートのツアーを精力的にこなしている。ライトが煌々と照らされ、フェザーボアをまとったバックダン

脱法ドラッグの販売で財を築いたニュージーランド人のマット・ボウデン。現在はメタル・シンガー「スターボーイ」として活躍中（James Niland）。

サーたちが音楽に合わせて踊る彼のショーは、まさに優美とゴシックの融合だ。彼はスターボーイとしてニュージーランドのヒットチャートでトップ10入りを果たし、今やさまざまなファッションを生み出している。彼のツイッターのプロフィールには、「サイケデリック・ロック・ミュージックと進歩的な麻薬政策の境界を定義し直す異次元への旅行者」と自己紹介がある。これらからわかるとおり、彼は私たちの思い描く典型的な麻薬王ではない。彼に関してもっとも不可思議なのは、スターボーイ帝国が巨額のドラッグ・マネーによって建国されたのはまぎれもない事実なのに、彼はいっさい法律を犯していないという点だ。

　ボウデンは一消費者として麻薬ビジネスの世界に足を踏み入れた。過去にはさまざまな物質に熱中した経験がある。家族をエクスタシーの過剰摂取で亡くすと、彼は有害な麻薬に代わる安全で合法的なドラッグを考案することを決意。そこで彼が目をつけたのがベンジルピペラジン（ＢＺＰ）だった。一見するとなんの変哲もない乳白色の粉であるＢＺＰは、１９４０年代に牛の寄生虫駆除用の錠剤として開発された。しかし、検査により、人間にアンフェタミンと同じような多幸感をもたらす副作用が発見された。ボウデンは商品を「ソーシャル・トニック」（社会的強壮剤）と銘打ち、自身の会社「スターゲイト・インターナショナル」を通じて「パーティ・ピル」として販売しはじめた。こうしてボウデンとスターゲイト社は、ニュージーランドのナイトクラブで合法的な嗜好用ドラッグを若者たちに販売する業界で、もっとも顔のきく大使のような存在となった。

このドラッグは絶大な人気を博した。一部推定によると、ニュージーランドでは年間最大500万錠のBZP含有の〝パーティ・ピル〟が売られていた。人口1人あたりに換算すると1錠以上だ。調査の結果、ニュージーランド人の4人に1人近くがこの薬の経験者であることがわかった。ほかの国々でも瞬く間に火がつき、ヨーロッパでは2004年あたりから流行した（アメリカではそれほどでもなく、2002年から非合法となった）。ボウデンの約束どおり、一部の人々はBZPをメタンフェタミンに代わる安全なドラッグとして使用していたようで、ある学術調査によれば、BZPはより強力なドラッグへのいわゆる〝ゲートウェイ・ドラッグ〟（入口となるドラッグ）よりも、一部の人にとってはむしろ出口になっていることが浮かび上がった。[3] 私はツアー中の彼をつかまえて話を聞いてみた。ボウデンいわく、新たな脱法ドラッグ業界の登場により、ドラッグは組織犯罪との関係を断ち、汚染の可能性を減らし、中毒性や副作用といった汚名をすすぐことができたという。ドラッグの規制は単なる禁止よりも有効だったと彼は語る。「要は「泳ぐな」ではなく「危険な場所には近づくな」ということだよ」

しかし、健康問題がほとんど報告されていないとはいえ、BZPをほかの物質と混ぜるという懸念はあった。BZPは大酒とセットになることが多く、深刻な社会問題をもたらした。さらに、この〝パーティ・ピル〟は特にニュージーランドでは規制らしき規制もなくそこらじゅうで販売されており、年齢制限や健康に対する十分な警告もないまま商店やガソリンスタンドで入手できた。「まるで無法産業でしたよ。スイーツやアイスクリームと並んでドラッグが売られていましたから」と、NGO「ニュージーランド薬物財団」のロス・ベルは話す。ニュージーランド政府はこの新たな流行に不安を持ち、BZPによる死亡例は1件も報告されていなかったにもかかわらず、2008年に国内でBZPを禁止した。まだBZPが流通していた大半の国々もすぐさま従った。

BZPの禁止は脱法ドラッグの終焉かと思われた。振り返ってみると、それがむしろ脱法ドラッグ産業の幕開けだったことは明らかだ。BZPが非合法化されると、地域の麻薬業界はたちまちBZPに代わる脱法ドラッグの開発に着手した。ものの数日で、トリフルオロメチルフェニルピペラジン（TFMPP）やメチルヘキサンアミン（DMAA）などのドラッグが棚に並んだ。かつてのBZPと同様、まだ法律で禁止されていないという意味ではいずれも完全に合法で、発音不能な名称以外、消費者の購入を妨げるものはなかった。法律で禁止されては新種のドラッグが合成されるの繰り返しで、BZPの取り締まり以降、メーカーと当局のあいだではいたちごっこが続けられてきた。新たな合成麻薬が開発され、人気になると、政府が発見し、禁止する。そのころには麻薬化学者によって従来とほんの少し異なるだけの新種が開発されており、すぐに発売される。その圧倒的な修正スピードのおかげで、絶えず進化する合成麻薬は常に法律の一歩先を行っていたのだ。

新世代の脱法ドラッグはニュージーランドのはるか先まで広がっている。欧米では、脱法ドラッグは〝バスソルト〟としてこっそり販売されることもある。〝アロマテラピー用のお香〟を販売するヘッドショップと同様、メーカーはそうした名前で販売することで、まんがいちドラッグが知らないあいだに禁止されたとしても、処罰を逃れる言い訳を用意しているわけだ。同様の商品は「肥料」「化学薬品」「ノベルティ・グッズ」などの注意書きとともにオンラインでも販売されている。あるウェブサイトは、

「人体への摂取は禁止」という小さなただし書きを載せたうえで、「研究用の化学薬品」と称して販売している。このサイトのレビュアーたちも言葉遊びにつき合い、ドラッグを科学研究の一環として使用したかのようなコメントを残している。「大人気の研究用化学薬品」と称して販売されていたメトキシフェニジン粉末には、「実験用ラットに試したところ反応は抜群でした」という五つ星のレビューがついている。一方で、ハイになるための物質だという事実を隠しもしない店もある。たとえば、イギリス市場向けの販売サイト「ハーバル・エクスプレス」はこう約束する。「今や、ハイになるためだけに何年間も刑務所行きになるリスクを負う必要はありません。合法的な大麻、合法的なスピード、合法的なエクスタシーをお探しなら、研究用の化学薬品、パーティ・ピル、ハーブとして販売されている脱法ドラッグをオンラインで購入してみては？　当サイトはこうした商品を安心して購入し、人生の新たな体験にチャレンジする力になりたいと考えております」

新種のドラッグは驚きのスピードで生産されている。国連薬物犯罪事務所は、２０１３年に97種類もの新たな合成麻薬を認識したという。今では世界じゅうの３５０種類におよぶ「新規向精神薬」を監視しており、その数は増えつづけている。普段は麻薬戦争の進捗を楽観的に分析するこの事務所も、さすがにこう認めている。「［新規向精神薬の］化学構造には無限に近い変化の可能性があるため、国際的な規制が新たな化合物の生成に追いついていない」[4]。イギリスでは、政府の禁止薬物リストは６００種類を上回る[5]。ヘロインやコカインといったおなじみの名前よりも、アルファメチルフェネチルヒドロキシルアミン、ザレプロン、ジペプロール、ゾピクロンなど、細部だけが異なる合成化学物質のほうが圧倒的に多い。

当然、白い粉を区別しなければならない警官は、市場の絶え間ない進化に追いつくのに苦労している。

それは、次々と登場する新薬を監視および検査し、最終的に禁止しなければならない政策立案者も同じだ。イギリスのデイヴィッド・エイメス下院議員は、イギリスのある風刺テレビ番組にまんまとだまされ、通称「ケーキ」と呼ばれる危険な新薬について議会で懸念を表明するはめになった（彼は番組内で、そのドラッグの正式名称は「バイスターバイル・クラナボリック・アンフェタモイド」であり、俗に「クロニック・バジルドン・ドーナッツ」と呼ばれている、と視聴者に呼びかけた）。すべては完全な創作だった。[6]

「脱法ドラッグ」と聞くと違法ドラッグよりはまだ安全そうに感じるが、実際には危険なことが多い。マリファナ、コカイン、ヘロインのような従来の植物由来の麻薬であれば、使用者は少なくともどういうものなのかおおよそ理解している。大麻はクラック・コカインを吸うよりは安全だし、クラック・コカインはヘロインを吸うよりはおそらく少し安全だ。一方の脱法ドラッグは、市場に流通してから数日しかたっていないケースもあり、正体が不明だ。謎の白い粉がものすごく強いのか弱いのかは、摂取してみるまでわからない。実際、脱法ドラッグの健康被害は増加の一途をたどっている。26歳のイギリス人男性リチャード・フィリップスは、「Nボム」（化学式$C_{18}H_{22}INO_3$）という向精神薬を摂取し、左脳に障害を負った。数週間後、英マンチェスターの21歳の男性ジェイク・ハリスは、おそらく同じ薬の幻覚症状の影響で自分自身の首を刺した。Nボムは当時のイギリスでは完全に合法だったが、ハリスの死から数日後に禁止された。

さて、ロンドンのヘッドショップに話を戻そう。私は店員の男から何かアドバイスを引き出そうとする。店員が並べた人気商品はどれも似たような効果なのか？「いいや、ちがいますよ」と、まるきりちがうといわんばかりに店員は言い切る。「法律的な理由があって、詳しくは言えませんが。説明できればお客さんにとっては便利なのでしょうけど、しかたありませんよ」と言い、店員は肩をすくめる。

そのドラッグをオンラインで調べてみると、不吉な記事が出てくる。「サイクローン」を吸って数分後に死亡した英ボルトンの男性の記事が1件。英ノーサンバーランドの3人の15歳児は、クロックワーク・オレンジを摂取したあと、吐血して病院に運びこまれた。ドラッグを売る側も警戒しているようだ。「これよりずっといいのはいくらでもありますよ」と店員は言い、目の前のパッケージを指差す。「こいつらが合法なのは、違法にする理由がまだないからです」。つまり、死につながるという証拠が今のところないため、販売されているにすぎないということだ。すでに禁止されているエクスタシーのようなドラッグより有害な可能性は十分にあるのだが。

むしろ、脱法ドラッグ市場をつかさどる法則が、かえってより危険なドラッグの開発を促している。一般的な市場であれば、メーカーは人々をハイにさせ、なおかつ安全でもあるドラッグを開発しようとするだろう。同じ効果で健康への害が少ないドラッグがあるなら、誰もわざわざ有害性の高いほうを買おうとは思わない。通常なら、競争がこの種のイノベーションを促進し、各メーカーは無害で人々をハイにさせる化合物が完成するまで、レシピを改良していくだろう。ドラッグ以外の市場では、基本的にそれが行なわれている。アルコール業界なら、ひどい二日酔いを引き起こすワインよりもそうでないワインのほうが売れるだろうし、近年では「低タール」で「軽い」たばこが着実に市場シェアを伸ばしている──実際の効果は不明だが。

脱法ドラッグ業界はその逆だ。メーカーと警察とのいたちごっこの結果、ドラッグ・メーカーは禁止物質とは異なる成分になるよう商品に手を加えることを最優先している。ドラッグ・メーカーの研究開発チームは、より高品質または安全な製品ではなく、販売が可能な新しい製品を開発することだけに専念している。それが人体に有害かどうかなどおかまいなし。有害性が発覚するころにはいずれにしても禁止されるだろうし、新種のドラッグを発売する準備ができているだろうから。この通常とは逆のインセンティブのせいで、脱法ドラッグはますます安全性を軽視してつくられるようになっている。現在の新しいドラッグの大半は「合成大麻」であり、大麻の効果を再現しているといわれる。数年前なら、この主張はまあまあ正しかった。しかし、ドラッグが禁止に禁止を重ね、メーカーが修正に修正を重ねた結果、ふつうの大麻とはどんどんかけ離れた効果を持つようになっている。化学成分を延々と修正して生まれたドラッグのことを、ニュージーランド薬物財団のロス・ベルは「フランケンシュタイン・ドラッグ」と表現する。彼によれば、最新の脱法ドラッグに含まれる化合物は、過去のものと比べて不安、動悸、幻覚、抑うつを誘発する可能性が高いという。

脱法ドラッグを一律禁止し、市場に出回る新たな向精神薬をすべて自動的に非合法化しようと試みてきた国々もある。2015年、イギリスは数年前のアイルランドの取り組みを手本に、脱法ドラッグ一律禁止の計画を発表した。しかし、一律禁止にも従来のシステムと同じ欠点がある。非合法化の前に、新たな物質が「向精神薬」だと証明しなければならないので、その隙にメーカーはせっせと商売に励めるのだ。アイルランドの禁止政策ではヘッドショップの数の削減に成功したが、単にビジネスがオンラインへと移行しただけのようだ。欧州委員会の調査によると、脱法ドラッグを使用するアイルランドの若者の割合は禁止の前よりわずかに増加した。[7]

メーカーにとって、脱法ドラッグは金のなる木だ。ニュージーランドのメーカーの大半は中国の研究所から必要な化学物質を1キログラムあたり1000～1500ドルで輸入する。ニュージーランドの製造施設で乾燥した植物の上に化学物質を噴霧すると、煙として吸引可能な製品ができあがる。見た目は天然の大麻やたばことどことなく似ていて、正体が合成麻薬だとは思えない。麻薬を染みこませた植物は数グラムずつに分けられ、色鮮やかなパッケージに詰められて販売される。主原料となる純粋な化学物質1キログラムで、こうしたパッケージを1万個ほど生産できる。パッケージは1個7ドル50セントほどで小売業者に販売され、小売業者は1個15ドルで消費者に販売する。ニュージーランド財務省の分析によると、パッケージ1個あたりの平均総生産コストは75セント～1ドル50セントなので、メーカーの利益率は500パーセントを上回る。もちろん、多くのメーカーがそうしているように、オンラインで直接販売すれば利益率はその2倍になる。[8]

なぜメーカーはこれほど高い利益を守ることができているのか？　これほど楽に荒稼ぎできる業界なら、新しいライバルが市場に参入し、最終的に価格を押し下げるはずだ。確かに、脱法ドラッグ業界にはまだ参入の余地が残っている。財務省の近年の推定によると、ニュージーランドの国内市場だけで年間売り上げは700万パッケージ、年間1億ドル強の市場価値があったという。それでも、当時ニュージーランドには本格的なメーカーが9社しかなく、そのうちの2社が市場シェアの大部分を占めていた。マット・ボウデンの「スターゲイト」と別の会社「ライトイヤーズ・アヘッド」（数光年先）だ。

脱法ドラッグ市場の一極集中の理由を理解するため、その親戚である製薬業界と比較してみよう。製薬業界もまたかなり高利益な巨大ビジネスだ。ＷＨＯによると利益率は約30パーセントと、[9]ニュージーランドの脱法ドラッグ業界ほどではないが、一般的なビジネス界の基準から見ればかなり優秀な部類に入る。こう聞くと、新興メーカーの入りこむ余地はあると思うだろう。しかし、製薬業界は指で数えられる程度の大企業に支配されているのが現状だ。

その一つ目の理由は、成功するのに巨額の研究開発投資が必要だからだ。新薬を開発し、必要な臨床試験を実施するのにかかるコストは、一般的に10億ドルを超えるとされる（タフツ大学の２０１４年の調査ではなんと26億ドル)[10]。そして、企業は成功だけでなく失敗も想定して予算を組む必要がある。高コレステロールの治療薬「トルセトラピブ」は、ファイザーが8億ドルの開発費用を投じた末、2006年に開発を中止した[11]。さらに、いくつかの新分野で新薬を同時開発できる会社のほうが、ひとつの開発プロジェクトが頓挫するリスクに対しては強いといえる。こうした研究投資には潤沢な資本が必要で、中小企業ではなかなかまかないきれない。

二つ目の理由は、鬼のように複雑な法的規制に対処する必要があるからだ。大手製薬会社でさえ、患者を守るために設けられた規則の迷宮に迷いこみ、トラブルに見舞われることがある。2012年、グラクソ・スミスクラインは、ある抗うつ薬を18歳未満向けと不正に宣伝し、糖尿病治療に関する安全情報を公表しなかったことを認め、アメリカの医療詐欺の和解金としては史上最高額となる33億ドルの支払いに同意した。ジョンソン・エンド・ジョンソンやファイザーも最近、同じく数十億ドル規模の和解を強いられている[12]。法律を常に把握し、違反を犯した場合にその罰金を支払うのも、当然ながら新興企業や中小企業よりもはるかに大きな財源を持つ大企業にしかできないことだ。

脱法ドラッグ業界はこの二つの特徴を両方とも備えている。新しい化学物質を中国から取り寄せるコストは微々たるものだが、ドラッグは発売から数カ月で禁止される可能性があるので、すばやく大量販売できなければ儲けは見込めない。脱法ドラッグにも失敗する薬はあるので、失敗しても生き残れるのは、数種類の製品に投資してリスクを分散できる企業だけだ。これにもコストがかかる。そして、製薬会社と同様、脱法ドラッグの売人も急速に進化する規制を常に把握しておく必要がある。禁止指定されている数百種類の物質のどれかを誤って生産すれば、巨額の罰金、さらには刑務所暮らしが待っているだろう。規制の網をくぐり抜けるだけの法的な資源と、網をくぐり抜けそこねても生き残れるだけの金銭的な資源を持ち合わせているのは、大企業だけなのだ。

こうしたことから、脱法ドラッグ市場は中小企業よりも大企業が有利といえる。この点が従来の麻薬市場との大きなちがいだ。第3章で見たとおり、麻薬市場は発見のリスクを減らすため、優秀な警察を持つ国々では規模を抑える傾向がある。一方、その正反対である脱法ドラッグの世界では、常にイノベーションを行ない、法律を把握していられる企業が生き残るのだ。

麻薬ビジネスを取り締まるのは、どれだけうまくやったとしても難しい。カルテルは政府の規制をかいくぐる方法を見つけ出す名人だからだ。しかし、脱法ドラッグ現象には新たなタイプの問題がある。通常、難点は違反者を見つけ出して処罰する部分にある。しかし、脱法ドラッグ業界の場合、ドラッグの売人はなんら法律を犯しておらず、むしろ法律の先を行っている。そんな脱法ドラッグ・ビジネスを取り締まるにはどうすればいいか？

規制当局はイノベーションに基づく業界にいつも手を焼く。テクノロジー業界では、グーグルやフェイスブックなどの生み出す新たなサービスや発明が、裁判所の判断が追いつかないほど急速に、プライバシーやデータ保護に関する法的・倫理的なジレンマを投げかけている。銀行業界では、２００７年の金融危機にいたる前の金融革新のスピードが速すぎて、規制当局はクレジット・デフォルト・スワップや債務担保証券のような革新的な金融商品が事故の前触れであると見抜けなかった。今でさえ、規制当局は金融革新に大きく後れを取っている。２００７年に世界経済を危うく崩壊させかけたようなリスクを銀行家が取るのを防ぐ目的で設計された巨大な法律「ドッド＝フランク法」は、2010年の可決から5年がたっても、完全に施行されているとはいえなかった。そのあいだに、ウォール・ストリートのやり手たちは、リスク不明の複雑な金融商品を開発し、はるか先へと進んでしまった。

新しいイノベーションが市場に出たあとではなく、出る前に評価できるとしたら、規制当局の仕事はずっと楽になる。が、現実問題としてそれは不可能なことが多い。グーグルの新たな発明が世にリリースされる前に、裁判所がひとつひとつ承認しなければならないとしたら、テクノロジー業界の進歩はナメクジ並みに遅くなるだろうし、銀行が当局の事前承認なく新商品を発売できないとしたら、金融はストップしてしまうだろう。しかし、ほかの業界では、一般大衆に対するリスクがあまりにも大きいため、そうした規制が行なわれている。製薬会社は、新薬発売の前に徹底的な試験を行ない、米食品医薬品局や欧州医薬品庁などの政府機関の承認を得なければならない。もちろん、それでもミスはゼロにはならない。それでも全体的には、発売前の試験により、被害の発生する前に有害な薬を排除することができる。

脱法ドラッグでも同じようにしてみたらどうだろう？　現在のシステムでは、規制当局とドラッグ・メーカーが延々と鬼ごっこを繰り返すばかりだ。新薬の報告や過剰摂取の報告を受けてから腰を上げるのでは、必ず後手に回る運命にある。ならばいっそのこと、食品医薬品局の麻薬版を設けてみてはどうだろうか？

2013年、ニュージーランドはまさにそのとおりのことを試みた。ニュージーランド議会は「精神作用物質法」を成立させ、脱法ドラッグ・ビジネスの論理を逆転させた。メーカーに商品の発売を許し、有害性が証明されたら禁止するのではなく、逆転の発想で、メーカーが商品の安全性を証明できたら販売を許可するという制度に変えたのだ。メーカーの申請は、医薬品の規制当局と似た権限を持つ精神作用物質の規制機関によって評価される。いわば、この改革は立証責任を逆転させたといえる。政府が販売中の新製品を絶えず追跡するのではなく、ドラッグが基本的な基準を満たすことを発売前に立証するようメーカー側に義務づけたわけだ。

この動きは合理的にも思えるが、大きな物議を醸した。いわば、ニュージーランドは世界で初めて合成麻薬の合法的な規制市場の制定をめぐって投票を行なったのだ。規制機関は人々をハイにさせるからという理由だけでドラッグを禁止したりはしない。危険性があって初めて禁止することになる。誰もが驚いたことに、この法律はほぼ全会一致で可決した（1人だけ反対票を投じた議員がいたが、それも動物を使った臨床試験への反対だった）。

一瞬で、脱法ドラッグ業界に有効な規則が課された。18歳未満への販売や販売時の宣伝は禁止。企業には製品の販売許可が必要になったので、小売店の数は3000以上から200未満まで減少した。メーカーは製品を登録し、利用者に中味をはっきりと示すことが義務づけられた。たとえば、「イリュージョン・コニサー」は有効成分PB22－5Fを1グラムあたり45ミリグラム含有しているとわかる。それでも強いと感じる人は、同じ成分で濃度が低めの「イリュージョン・マッシーフ」を試すことができる。全体として、販売商品の種類は200以上から50未満にまで減った。[13] メーカーは社名と所在地の登録を義務づけられたが、そのことで脱法ドラッグ業界の興味深い構造が明らかになった。会社所在地はごくふつうの住宅であることもあれば、おしゃれなビジネス・パークのなかにあることもあったのだ。

しかし、新たな制度の出だしは多難だった。ひとつに、規制機関は膨大な量の新しい仕事に手を焼き、改革はみなが期待していたほどすんなりとは進まなかった。移行期間中、政府が新たな認可制度の仕組みについて詳細を詰めているあいだ、既存の脱法ドラッグは販売が認められていたため、有害なドラッグが本来より長く野放しとなった。これにより、新制度のもとでは政府が危険物質の販売を黙認しているのではないかという懸念が高まった。

より大きな問題は、改革が遅すぎたという点だ。有害性の少ない脱法ドラッグの大半は数年前に禁止済みだったため、市場に出回っているドラッグは、規制回避のために修正が重ねられ、効果よりも害のほうがはるかに大きくなってしまった正真正銘の〝フランケンシュタイン・ドラッグ〟で占められていた。政府は自信を失ったのか、2014年、選挙の直前で、それまでに与えた一時的な許可をすべて無効とする早急な修正案を議決した。正式な評価を受けるまでドラッグを市場から締め出すという考え自体は、そう悪くなかったのかもしれない。が、修正案には動物での臨床試験を禁じるという不思議な条項が含まれていた。動物での臨床試験ができなければ、どの薬も人間への使用を認められるとは考えにくい。そのため、本書の執筆時点で、改革は事実上中断している。精神作用物質の規制機関は、安全性の証明できる薬にいつでも許可を与える準備はできているが、メーカーはそのための実験を法律で禁じられているという状況だ。そして2015年5月、脱法ドラッグ業界初の起業家であるマット・ボウデンは、自身の経営する会社「スターゲイト」の清算手続きを申請した。「今が人生でいちばんつらい時期だ」と彼はニュージーランドのニュース番組『3ニューズ』に語った。「メス中毒と向き合うよりも今回の件と向き合うほうがつらい」。彼は債権者への支払いのため愛車のアウディも手放さざるをえなくなった。[14] 数カ月後、私が彼と連絡を取ったときには、彼は三つの資産を差し押さえられ、引っ越し準備の最中だった。「たぶん、この国を出ることになると思うよ」と彼はメールに慌ただしく記した。

大失敗に終わったとはいえ、ニュージーランドの改革は新世代の合成麻薬の新たな規制方法を示唆している。こうした合成麻薬は従来の手段では抑制が難しく、毎週のように新種の〝脱法ドラッグ〟を生み出している化学者たちについていくのはほぼ不可能だ。発売前にドラッグを検査し、もっとも有害性の少ないものに許可を与えるという方法は、ユーザーをハイにする物質を正式に認めるということなので、賛否が真っ二つに分かれるだろうが、かといって何もしなければ、ドラッグにどんどん危険な修正が重ねられていくばかりだ。世界の国々はようやくそのことに気づきはじめている。

この種の規制にはうれしいおまけがある。メーカー側のインセンティブが変わるのだ。現時点では、メーカーは既存の規制を回避する新種のドラッグを合成することに専念していて、商品が安全かどうかなどほとんど気に留めていない。規制市場のもとではメーカーのインセンティブが逆転するだろう。顧客にとってより有害性が少なく満足度の高い（特許）薬を完成させようという強い動機が生まれるのだ。実際、そう考える人々がすでに現われている。ボウデンはもういちどドラッグ・ビジネスを立ち上げるときが来たら、こんどはアルコールに代わる合成物を開発したいという。彼は依存症、肝硬変、二日酔いを引き起こさず、お酒と同じくらい酔った気分を味わえるドラッグがいつか開発されると信じている。しかし、現在の制度のもとではそうした商品さえもすぐさま禁止されてしまうだろう。これは現在の薬事法が歪んでいることの表われなのだ。

Chapter 8

オンライン化する麻薬販売

ネット・ショッピングが向上させた売人の顧客サービス

人類がワールド・ワイド・ウェブ上で初めて何かを購入したのは1994年。しかし、一番乗りが誰なのかはオンラインで激しい論争になっている。一説によると最初の売買はスティングのアルバム『テン・サマナーズ・テイルズ』で、「ネットマーケット」というウェブサイトで12ドル48セント+送料で購入されたものだという。別の説を主張するのがピザハットで、それより少し先に、ペパロニ、マッシュルーム、大盛りチーズ入りの特大ピザをオンラインの顧客に販売したらしい。ピザハットのなつかしい白黒のピザ注文サイト「ピザネット」は、後世のため現在のウェブサイトの片隅に保存されている。(1)

確かに、これらはウェブ上での初の売り上げかもしれないが、ワールド・ワイド・ウェブ構築前のインターネット黎明期までさかのぼってみると、さらに古い取引がオンラインで行なわれたといわれている。１９７１年か１９７２年、正確な日付は不明だが、スタンフォード大学人工知能研究所の学生が現代のインターネットの前身である「アーパネット」を使い、アメリカの反対側、マサチューセッツ工科大学の学生と取引をした。取引の対象は、当然といえば当然かもしれないが、マリファナ（大麻）だ。

ピザネットなどのサイトで初めて試験的な取引がなされて以来、オンラインの小売業は爆発的に発展した。ブロードバンドが人々の家庭やスマートフォン（そして近い将来にはおそらくメガネや腕時計）に普及し、富裕国では家から旅行までなんでもオンラインで検索し、購入するのが生活の一部となったし、今やその現象は新興経済国へも広がりつつある。通説によると、先進国では電子商取引が全小売の1割以上を占めるといわれ、その割合は上昇する一方だ。書籍販売といった昔ながらの業界でも、オンラインの売り上げがそれ以外の売り上げを上回る勢いだ。そのあいだにも、オンライン経済はますます多くの市場へと触手を伸ばし、さまざまな市場に革命を起こしていっている。食料品の配達は１９５０年代以来の流行となり、「ウーバー」〔スマートフォンを使って一般人の車をタクシー代わりに手配できるサービス〕等のモバイル・アプリはタクシー業界を震撼させている（少なくとも、タクシー運転手組合の力が強く、サービスが禁止されていない国々では）。

インターネットが革命を巻き起こした業界の長大なリストに、麻薬ビジネスが名を連ねる日も近いだろう。スタンフォード大学の学生がマリファナを購入して以来、違法薬物はオンライン・ショッピング革命の一部を担ってきた。そして、オンライン・ショッピングの成長にともない、麻薬のオンライン取引も成長してきた。一般的なウェブ・ブラウザーではユーザーの電子的な足跡が残り、クレジットカード履歴は永久に消えないことから、違法商品をオンラインで購入するのは通常より難しい。しかし、人々はこうしたハードルさえも克服しようとしている。２０１３年10月、ＦＢＩは数億ドル相当の麻薬や密輸品を販売していたオンライン市場「シルクロード」の運営者と思われる男の逮捕を発表した。何千種類という薬物を世界じゅうの顧客に出荷していたこのサイトの規模を目の当たりにして初めて、人々は一般的なオンライン販売だけでなく違法なオンライン販売も急増しているという事実を知った。一般の小売業者と同様、麻薬密売業者もオンライン販売でコストを削減できるし、一般の消費者と同様、麻薬の消費者もオンラインの商品検索や自宅配達という利便性を得られる。では、アンフェタミンのアマゾン、エクスタシーのイーベイのようなサイトはありうるのか？　あるとすれば、そうしたオンライン・ショッピング・サイトは麻薬ビジネスをどう変えるのだろうか？

大の買い物好きにとっても、麻薬の購入はそう楽しいショッピング体験とはいえない。取引はピリピリとした雰囲気のなかで慌ただしく行なわれる。人の出歩かない時間、薄暗いナイトクラブの片隅や人気のない公園で、代金は大急ぎで数えられ、ブツは汚いビニール袋に入れて渡される。違法ドラッグなので、買い手も売り手もいつ警察にとがめられてもおかしくないし、誰かから暴行、窃盗、強奪を受けたとしても通報すらできない。顧客サービスにいたっては最悪だ。「奴が早く来ることなんて絶対ない。いつだって遅れてきやがる。まず覚えなきゃならないのは、必ず待たされるってことさ」と、ルー・リードは1967年の曲「僕は待ち人 I'm Waiting for the Man」で歌った。これはハーレムにある茶色いビルで26ドルのヘロインを買う様子を歌った曲だ。路上でドラッグを買う人にとって、状況は当時とあまり変わっていない。

ところが、オンラインとなるとショッピング体験は一変する。私は今、快適な自宅のリビングで、紅茶とチョコレート・クッキーをつまみながら、さまざまな種類のヘロインのレビューに目を通している。「最高の商品。普段より少ない量だったのに、一瞬で天国に行けました！」とコメントするのは、1グラムあたり200ドルの「アフガニスタン製の上質ヘロイン」を購入した客。「毎回翌日配達だし、対応も丁寧。いつもありがとう」と満足げにコメントするのは、500ミリグラムあたり70ドルの「超強力ナンバー3アジア製ヘロイン」を購入した客だ。商品の隣には販売業者の簡単な説明があり、その多くには中国のアヘン窟の古い絵や龍をあしらった本格的なデザインのロゴがついている。販売商品はどれも写真つきで、チョークのような白い粉やコーヒー用の角砂糖にも似た茶色がかった結晶が鮮明に写っている。配送オプションや取引条件の隣には顧客のつけたレビュー・スコアがある。売られている商品を除けば、サイトの外観はイーベイとそっくりだ。

このウェブサイト「エボリューション・マーケットプレイス」では、世界じゅうの人々が違法な商品やサービスを匿名で取引していて、なかでもダントツの人気を誇ったのがドラッグだった。シルクロードが閉鎖されたとき、その役割があまりにも大きかったために、当面はオンライン麻薬取引が壊滅的な打撃を受けるだろうと目されていた。閉鎖の時点で、1万3000点のドラッグを掲載していた同サイトは、群を抜いて最大のオンライン麻薬市場だった。サイトは「恐ろしい海賊ロバーツ」〔ウィリアム・ゴールドマン『プリンセス・ブライド』に登場する海賊の名前で、後継者が同じ名前を襲名していく〕を名乗る謎の人物が運営していたが、のちにその正体がテキサス大学で物理学を学んだ華奢な若者ロス・ウィリアム・ウルブリヒトであると判明した。2015年、元ボーイスカウトのウルブリヒトは、サンフランシスコのコンピューターからサイトを運営したとして終身刑を言い渡された。しかし、彼の逮捕と有罪判決は、ドラッグのオンライン取引になんら歯止めをかけなかっ

「恐ろしい海賊ロバーツ」ことロス・ウィリアム・ウルブリヒトが使用していた偽造免許証。彼は麻薬界のアマゾンといわれる「シルクロード」を運営していた（New York Times/Redux/Eyevine）。

た。むしろ、シルクロードの閉鎖以降、同じようなサイトが次々と飛び出し、市場はいっそう巨大になった。ほとんどのサイトは短命だが（エボリューション・マーケットプレイスは私がチェックした数週間後に消滅した）、古いサイトが閉鎖されるのと同じスピードで新たなサイトが出現する。非営利組織「デジタル市民連合」は10を超える類似サイトを追跡している。本書の執筆時点で最大なのは「アゴラ」で、殺傷用ライフルを持った覆面の男がロゴとして使われている。続いて、「ニュークリアス」「TOM」「ミドル・アース」「ブラック・バンク」といった名称のサイトが並ぶ。2015年初頭時点で、上位12サイトには合計で4万点を超えるドラッグが出品されており、その数は「恐ろしい海賊ロバーツ」がまだ商売を営んでいた時代の2倍以上に増えた。

オンラインでドラッグを購入するのは、

とてつもなく危険な考えに思える。閲覧履歴は記録に残るし、クレジットカード会社が支払い状況に警戒を抱くかもしれない。しかし、こうした問題を解決したのがテクノロジーの飛躍的な進歩であり、買い手と売り手はみずからの足跡を消せるようになった。まず、エボリューションのようなサイトは、通常の検索エンジンではインデックスづけされない「ダークウェブ」と呼ばれるインターネットの一画に隠されており、アクセスには特殊なウェブ・ブラウザーが必要となる。そうしたウェブ・アプリケーションのなかでも一番人気が「Tor（トーア）」というブラウザーであり、もともと米海軍調査研究所が「オニオン・ルーティング」という隠蔽手法を実行するために開発した技術を用いている。オニオン・ルーティングはサーバーからサーバーへとウェブ・トラフィックを経由させ、その名のとおりタマネギのように何層もの暗号化を施していく。そのため、ダークウェブ上の闇サイトは、通常の .com や .net などではなく、.onion という楽しげなサフィックスを持つ。その結果、ユーザーのウェブ閲覧履歴はほぼ追跡不能になるので、反体制者、スパイ、調査ジャーナリスト、そして何より麻薬の売人にとっては都合がいい。

次に問題となるのが支払い方法だ。支払いにはビットコインがある。世界最大のデジタル通貨システムであるビットコインには、中央銀行に相当するものがない。コンピューター・ネットワークを利用し、マイニングと呼ばれるプロセスで複雑な数学的演算を実行し、新たな〝コイン〟を生成する。ビットコイン口座の開設は少し面倒だが、特に複雑なわけでもなく、Tor ブラウザーと同じで使用するのは完璧に合法だ。ビットコインの価格はおかしくなくらい不安定だ。1ビットコインの価格は2013年冒頭の15ドル未満から、同年11月には1000ドル近くまで上昇、2014年末には300ドルまで後退した。しかし、オンラインの買い物客がそんな価格の乱高下にも我慢できるのは、Tor と同じく匿名性という隠れ蓑を与えてくれるからだ。

追跡不能な閲覧履歴と匿名決済の組み合わせは、オンラインの犯罪市場を繁栄させた。ドラッグだけでなく、ありとあらゆる不純な商品が闇サイトで売られている。デジタル市民連合の推定によれば、出品商品の約3分の2を占めるのは違法薬物だが、残りの3分の1はそれよりもさらに邪悪な商品なのだという。大手サイトの大半は違法ポルノや契約殺人には手を出していないが、ダークウェブのなかでも特にいかがわしい場所では、そうした商品が売られているようだ。しかし、大多数のサイトはメリケンサック、拳銃、3D印刷可能な銃器の設計図といった武器を堂々と販売しているし、盗んだクレジットカード情報、偽札、偽造身分証などは飛ぶように売れている。珍品迷品も多い。エボリューション・マーケットプレイスの「麻薬用品」コーナーを見ていると、クリスタル・メス吸引用のガラス・パイプ（「アメリカ製！　中国製のクソ商品とはちがって鉛などの添加物はいっさい不使用」）や、電熱シーラー（開封済みのお菓子の袋にマリファナを隠して密封し直すために使用するらしい）が見つかる。なかでもいちばんの珍品は、「クリーンU」という業者が販売している「混じりけなしの合成尿」だろう。これは薬物検査を切り抜けたい人向けの商品だ。放尿を再現するため、この業者は「スクリーニー・ウィーニー」という付属品も販売している。業者いわく、「〝プッシュ＆ピス〟（押して放尿）技術を採用した世界最高の偽造ペニス」だという。色は「ノルディック・ホワイト」から「ラテン・ブラウン」まで5段階あり、レビューはおおむね好評だ。

現在、こうした闇サイトは麻薬取引のどれくらいの割合を占めているのか？　毎年行なわれるドラッグ使用者の調査「世界ドラッグ調査」によると、ドラッグのオンライン購入はすでに一部の国々でかなり広まっているようだ。この調査は自主参加式なので、最新の調査に参加した全世界約8万人の回答者は一般集団を代表しているとはいえない。しかし、日常的にドラッグを使用する人々のあいだでオンライン取引が重要な入手方法になりつつあることがうかがえる。全体で1割強の人々がドラッグのオンライン購入の経験があると回答した。アメリカではその率が14パーセント、イギリスがもっとも高く22パーセントだ[2]（このように、麻薬業界は合法的な小売業とよく似ている。一般的な商品に関しても、イギリスはオンライン購入の割合が他国より高い）。

しかし、こうした数字でさえ、オンライン経済の果たしている役割をいくぶん過小評価しているかもしれない。実はダークウェブの顧客の多くがディーラーであり、サイトを介して大量購入しているという証拠があるからだ。多くの業者が大量購入割引を提供しているが、大量注文の目的は明らかに個人使用ではない。エボリューションに出品するある業者は、５００グラム以上のコカイン購入希望者からの問い合わせを受けつけているが、これはグラム単位で販売すれば何万ドルにもなる量だ。旧シルクロードの商品に関するある学術研究によると、掲載商品のおよそ2割はディーラー向けで、この〝企業間〟取引だけで同サイトの取引金額の31〜45パーセントを占めていた[3]。だとすれば、ドラッグをディーラーや友人から〝オフライン〟で購入する人々も、サプライ・チェーンの初期段階ではオンラインで販売されていた商品を間接的に買っている可能性は高い。

オンラインの麻薬経済の価値総額を算出するのは、とりわけビットコインの価格変動が激しいこともあって難しい。当初、ＦＢＩはシルクロードの2年半のオンライン事業における取引額を12億ドルと推定していたが、のちにこの概算を下方修正した。この推定はビットコインの価格がピークに近い時期に出されたものだが、シルクロードの事業の大部分はビットコインの価格がもっと低い時期に行なわれていたからだ。ＦＢＩは各々の取引が行なわれたときのビットコイン価格に基づいて推定を見直し、２億ドルというずっと低い数値を弾き出した。この数値は3000億ドル規模ともいわれる全世界の麻薬市場からすればごく一部だが、2年間の取引額にしてはとてつもない額だ。比較のため、イーベイについて考えてみよう。設立から2年後、そして上場する直前の1997年、イーベイの年間取引額は約1億ドルだった。それが今では、年間約800億ドル相当の商品を取り扱っている。もしもすでに肥大化しているシルクロードの後継サイトが、一般的なオンライン・ビジネスと同じペースで成長していけば、10～20年以内には麻薬の小売ビジネスのそうとうな割合を占めるようになるだろう。

しかし、未来は依然として不透明だ。シルクロードの運命が示すとおり、ダークウェブ上の闇サイトは司法の長い腕がまったく届かない場所にあるわけではない。エボリューションも含め、運営者が詐欺を働くと決めたために消滅するサイトもある。エボリューションのサイトが2015年に謎の消滅を遂げたとき、サイト管理者は顧客がビットコインで預け入れておいた1500万ドルを持ち逃げしたと考えられている。こうしたサイトはみなビットコインとTorに頼っているが、世界各国の政府が禁止を決めれば、どちらも突如として消失してしまう可能性がある。

今のところその気配はない。ドイツ財務省はビットコインを通貨として認め、課税対象とした。アメリカでは、ドットコム・ブームに乗りそこね、フェイスブックのアイデアを盗んだとしてマーク・ザッカーバーグを訴えた双子のウィンクルボス兄弟が、ビットコイン取引所の設立に財を投じた。ほとんどの民主主義国の政府は、不正な用途だけでなく合法的な用途もあるという理由でTorブラウザーの非合法化に二の足を踏んでいる。英議会科学技術局は、Torが欧米の密告者や覆面ジャーナリストだけでなく、2011年の「アラブの春」でも広く使われたとして禁止に反対している。もちろん、匿名のオンライン市場が真の脅威とみなされたり、テロの計画や資金調達に広く利用されはじめたりすれば風向きは変わるかもしれないが、Torを禁止しようとした中国などの政府は、ことごとく失敗している。そして、シルクロード消滅後に新しいサイトが急速に登場したことを踏まえると、デジタル界の一斉取り締まりを行なったとしても、新たなブラウザーやデジタル通貨が現われるまでそう時間はかからないだろう。つまり、合法的な経済であれ麻薬であれ、オンライン小売はなくならない。警察にとっては不満かもしれないが、これまで地位を築いてきた麻薬密売人たちの不満はそれどころではない。密売人にとって、オンライン革命は自身の存在を揺るがす脅威なのだ。

闇市場はいくつかの重要な点で自由市場とは異なる。人々が合法的な製品——たとえば経済学のテキストの定番であるリンゴ——を売り買いするごく一般的な自由市場を想像してほしい。リンゴを売りたい人は市場でリンゴを販売し、リンゴを買いたい人は市場に行き、商品に目を通す。売り手のつける価格が高すぎれば買い手は別の市場に行くし、買い手の求める価格が安すぎれば売り手は別の人にリンゴを売るだろう。買い手と売り手の双方が納得すれば、価格合意が形成される。これこそ、世界じゅうの市場経済で需要と供給を魔法のように一致させる価格メカニズムの基本だ。

次に、禁止薬物のような違法商品の市場を考えてみよう。商品は違法なので取引は闇で行なわれる。したがって、法と秩序が崩壊していないかぎり、買い手が価格を比較し、売り手が商品を販売できる自由市場は存在しない。代わりに、買い手はコネなどを通じて知り合いの売人から商品を購入するしかない。同様に、売人は代金の取りはぐれの心配がなく、法律的な揉め事を起こさない顧客だけに商品を売る。

つまり、麻薬の市場はもっとも効率的に機能しているとはいえない。消費者は道路の少し先で別の売り手が高品質なコカインを半値で売っていると気づかず、顔なじみの売人から1グラムあたり200ドルで劣悪なコカインを買ってしまうかもしれない。その買い手が麻薬業界と深くかかわっていれば、いつかはもう1人の売人のことを知るかもしれないが、噂が広まるまでには時間がかかるし、適当な人脈がなければ、割高な値段で劣悪品を買いつづけるはめになるだろう。売人はその逆の問題に直面している。もっと高値で商品を買う気のある顧客が巷にいたとしても、そういう顧客を簡単に見つける手段がないのだ。安くて上質な麻薬について噂を広めれば広めるほど、逮捕のリスクも高まる。違法商品の宣伝には限界があるわけだ。[4] こうしてできあがるのが「ネットワーク経済」と呼ばれるものだ。ネットワーク経済の内部の人々は、自由市場には参加せず、友人、家族、隣人、元囚人仲間といった同じネットワーク経済の住人としか取引をしない。

ネットワーク経済のもとでは、すでに確固たる地位を築いている売人のほうが商売は楽だ。ネットワーク市場の重要な特徴とは、時間をかけて最大最強のネットワークを築き上げてきた人がかなり有利であるという点だ。同じ都市で長年麻薬を販売してきた売人を想像してほしい。彼は密輸入者に顔がきき、たくさん顧客を抱えている。お金を払えば麻薬の売買に目をつぶってくれる警察内のコネすら抱えているかもしれない。一方、地元の市場に競争がなく、純度の低い麻薬が割高で売られていることに気づいた若い新規参入者を想像してみてほしい。本来なら、市場に参入して一定のビジネスを勝ち取るのは簡単なはずだが、ネットワーク経済である麻薬市場に参入するのはそう簡単ではない。違法薬物を大量購入するには数少ない有力者とのコネが必要だし、それを小売りするとなればより大人数の顧客が必要になる。麻薬の仕入れ先および販売先となるネットワークが見つからなければ、新入りの売人はうまくやっていけないだろう（それに、現実には既存の売人が自分の縄張り内での営業を黙って認めるとは考えにくい）。その結果、既存の売人は生き残り、劣悪品を高値で販売したとしても、それほど競争を強いられずにすむ。ルー・リードがいつも待たされたのは、ほかに麻薬を買う相手が多くないからだ。「奴」はそのことをよく知っていて、毎回遅れてくるわけだ。

オンラインの麻薬ビジネスはこうした状況をすべてひっくり返す。オンライン・ショッピングを始めてまず知るのは、決して待つ必要がないということ。私はエボリューション・マーケットプレイスに偽名で登録し、試しにウェブサイト内の連絡フォームを使って業者にいくつかメッセージを送ってみる。25分足らずで最初の返信が返ってくる。全員が1〜2日以内に返信をし、用量やパッケージなどに関する私の問い合わせに親切丁寧に答えてくれる。私は「ヴィシャス86」（ヴィシャス＝意地悪）というクリスタル・メス用のパイプの売り主に、ギフト用の名前入れサービスは行なっているかという面倒くさい質問をわざと送ってみる。すると、「あいにくうちでは対応しかねますが、そういう業者が見つかるといいですね」という優しい回答が返ってくる。ネット上は匿名性のせいで失礼な態度を取る人が多いものだが、麻薬取引の世界は路上よりもむしろネット上のほうが親切なようだ。

実際、オンラインの売人は顧客サービスのあらゆる面で秀でている。路上の売人とは異なり、オンラインの売人の大半は取引条件を明記し、商品不着の場合の補償を提供している。なかには、販売しているコカインが「フェア・トレード」や「コンフリクト・フリー」〔主に鉱物に対して使われる言葉で、暴力、人権侵害、環境破壊などを引き起こさずに取られたものであることを意味する〕であることをうたう業者まである。世界のコカイン供給が一連の殺人カルテルによって支配されていることを考えれば、まちがいなく真っ赤なウソなのだが、麻薬の売人が一般の小売業者の戦術を模倣しはじめていることを示しているという点で興味深い。一見すると、悪党揃いの匿名の環境のなかで信頼を獲得するのは難しそうだが、イーベイをモデルとした〝フィードバック〟システムがそれを実現している。買い手は肯定的、否定的、中立的なスコアとコメントで売り手を評価できるし、売り手は買い手が問題なく完了した取引の数を確かめられる。イーベイと同様、人々は肯定的なレビューがたくさんついているユーザーが相手だと安心して取引ができるし、取引実績が少ない相手とは高額な取引を避けるかもしれない。ドイツを拠点とするエクスタシーの販売業者「スナップバック」の販売ページを見てみると、「私たちは信頼できる顧客基盤を築くべく取り組んでいます。それがこの業界で生き残る唯一の道であり、双方が満足できる方法でもあるからです☺」という宣伝文句が書かれている。商品が紛失した場合、取引実績が10回以上ある顧客には代金の3割返金または半額での再出荷、30回以上ある顧客には5割返金を行なっているという。ほとんどの売り手が同様の規約を設けている。

悪党どうしが信頼し合うというのは信じがたいかもしれない。しかし、フィードバック・システムは泥棒たちのあいだでさえ道徳心を生み出しているようだ。そのもっとも奇異な例として、盗み出した銀行情報の販売をうたうオンライン広告を見てみよう。百歩譲って、麻薬を売買する人々が自分の行動を道徳的に正当化するのはまだありうるとしても（「何を摂取するかは個人の自由」「禁止しても意味がない」など）、他人の貯金を勝手に引き出す行為はどう考えても悪だ。それでも、業者は公正な取引をアピールしようとする。たとえば、〝スニッフィング〟した（つまりオンライン・ショッピング・サイトから盗み出した）クレジットカード情報を販売しているある売り手は、商品に保険をつけている。盗難カードは1枚8ドルで購入できるが、10ドルを支払うと、カードが無効とわかった場合に商品を交換してもらえる。ただし、それは顧客が購入から8時間以内に使用を試みた場合にかぎる（盗難クレジットカードは、所有者が盗難に気づくとすぐ利用停止にされるため)。彼のレビューは最高だ。「1枚目のカードが利用停止になっていたので、2枚目を送ってもらいました。そうしたら本当にアップル・ストアですぐiPhone6が買えちゃいました。リピ確実です!」とある客。面白いことに、不正を疑われると買い手も売り手も憤慨するようだ。「交換を求めたら詐欺師呼ばわりされました。3枚中1枚しか使えなかったのに」とある客は憤慨する。盗難クレジットカードを買って真面目に暮らそうとしていただけなのに、ウソつき呼ばわりされたのが癪にさわったようだ。

なぜ麻薬の売人たちは、路上では顧客サービスがあれほど下手なのにウェブ上では真剣に取り組むのか? その理由は、シルクロードやエボリューションのようなダークウェブ市場は、ネットワーク経済よりも一般的な市場にずっと近いからだ。売り手は商品を堂々と宣伝し、買い手は自由に価格を比較できる。買い手も売り手も、知り合いだけでなく市場の全員と取引できる。その結果、「ネットワーク」の必要性はなくなり、既存の売人はもはやたいして有利ではなくなる。売り手はそれまで貴重な人脈を築いてきたという理由だけでは生き残れなくなり、価格、品質、顧客サービスの面でより真剣に競い合う必要が出てくる。さらに、市場参入のハードルがきわめて低いため、新たな売人でも比較的簡単に参入できる。麻薬を大量購入するのに国際的な密輸ビジネスとのつながりは必要なく、麻薬を売るのに街角やナイトクラブをうろつく必要もない。「エッツィ」等のサイトのおかげで、素人でも露店を出店する手間や費用なく自作のジュエリーを売れるようになったのと同様、ダークウェブのおかげで、ラップトップとリスクを冒す勇気さえあれば誰でも麻薬取引ビジネスを立ち上げることができるのだ。

もちろん、既存の売人のほうが新入りの売人より少しだけ有利であることは確かだ。新入りの売人は、ビットコインを持ち逃げしないと顧客に信じてもらえるだけの実績を積むまでは、安値で他店に対抗せざるをえない。（そういう事件は珍しくない。注文代金を集め、商品を発送しないままドロンしてしまういわゆる「出口詐欺 exit scam」を働くオンライン業者はたまにいる。長年の取引実績があれば、失うものが多すぎるのでそんな詐欺を働こうとは思わないはずだ）[5]。同様に、購入履歴のない新規の顧客も、ふつうは何回か無事に取引を完了するまでは前払いを要求される。それでも、オンライン売買システムはオープンなので、路上の麻薬市場とはちがって既存の売人はまったく有利でなくなってしまう。巨大な麻薬密売ネットワークにとって、ダークウェブは深刻な脅威だ。ウーバーの登場によってタクシー会社が一般のドライバーに仕事を奪われたのと同じように、既存の売人も何千という新たな売人に顧客を奪い取られている。

売人に関してはこれくらいにするとして、ではオンラインの麻薬市場は消費者にとってどのような意味を持つのか？　個人的な人脈を通じた従来の麻薬の入手方法の場合、脳を破壊してしまうようなクスリではないという最低限の保証はある。が、その保証が少しあやふやなケースもある。あなたの友人の兄の恋人のルームメイトが地元のバーで知り合った男から手に入れた強力な向精神薬は、安全が保証されているとはいいがたい。その点、オンラインのフィードバック・システムは、それよりはわずかに信頼できるかもしれない。２０００件のレビューがあり、そのうちの99パーセントが肯定的なレビューであれば、バーの客に聞いて回るよりは商品の質に安心できるだろう。そして実際に、オンラインで販売されている麻薬の質はかなり高いようだ。『分析毒性学 *Journal of Analytical Toxicology*』誌が実施した合成大麻製品の調査によると、「オンライン業者から入手した化学物質の純度は、従来の研究用化学物質のサプライヤーが供給するものに匹敵する」ことがわかった[6]。ＦＢＩはシルクロードに襲いかかる前、同サイトから１００を超える商品を購入し、販売されている物質が説明どおり「高純度」であることを発見した。比較的危険な麻薬がオンラインで特に人気なのは、そのせいかもしれない。シルクロードの閉鎖直後に立ち上げられた違法サイト「シルクロード2・0」(こちらもすぐに摘発)の販売商品に関する調査で、もっとも広く販売されている商品はエクスタシーであることが判明した。この点は合点がいく。通常であれば、エクスタシーはかなり安全な部類に入るのだが、商品が汚染されていたり、純度が高すぎたりすると、1錠で死に至ることもある。したがって、純度はばらばらでも過剰摂取には至らないマリファナなどの麻薬とは異なり、品質保証がきわめて重要なのだ。

オンライン取引には、もうひとつ別の種類の「安全性」に関しても利点がある。オンラインへの移行により、たちまち縄張りの重要性はなくなってしまう。血みどろの縄張り争いは麻薬市場の典型的な特徴だ。1980年代、スコットランドのグラスゴーのギャングたちは、アイスクリーム屋台で麻薬を販売していたのだが、それがなんとも滑稽な響きの「アイスクリーム戦争」へと発展し、アイスクリーム屋台が車からの銃撃や放火のターゲットとなった。ストリートの支配をめぐる抗争は、映画『スカーフェイス』から『トラフィック』まで無数の麻薬戦争ドラマのテーマになっている。しかし、麻薬がオンラインで手に入るようになると、一般の小売業者にとって路面店がさほど重要でなくなったのと同様、ストリートを支配する重要性は低下した。麻薬戦争ドラマ『ザ・ワイヤー』に登場するストリンガー・ベルは、殺人を命じる合間に経済学の夜間クラスに通う事業家タイプの麻薬ディーラーだ。「撃ち合いの時代はもう終わりだ。俺たちはストリート以上のものを支配できるのさ」と彼は語る。1990年代、携帯電話やポケットベルの普及で、麻薬密売ビジネスは路上や屋内から、電話で決めたアパートの一室や待ち合わせ場所へと移り、密売人が縄張りを支配する必要は少なくなった(一部の犯罪学者は、1990年代にニューヨーク市で暴力が減少したひとつの理由は、麻薬密売人が携帯電話を使用しはじめたからだと考えている)。麻薬がオンラインで注文され、郵送で届けられるインターネット時代では、このプロセスはさらに進化する。もはや売人は家を出る必要すらないのだ。

しかし、よい面ばかりではない。オンライン化のひとつの影響として、価格が押し下げられる傾向がある。麻薬の売人はほかのオンライン企業と同じコスト削減効果を得られる。アマゾンが高額な店舗にコストをかけなくてすむのと同じで、オンラインの麻薬密売人は街中での販売や危険な配達のために人を雇う必要がない。と同時に、市場参入が容易になったことによる競争の激化は、価格のさらなる押し下げをもたらすだろう。麻薬の価格下落は、消費量を削減したい政府にとってはうれしくない進展だ。

また、オンライン購入のシンプルさが麻薬市場に新たな顧客を呼びこむ可能性もある。これまで、麻薬の入手は困難で不快な体験をともなうことが多く、うさんくさい仲介人とのつながりや、神経のすり減る薄暗い路地への旅が欠かせなかった。オンライン購入はそれを容易にし、あこぎな商売に立派な顔を与える。ヘロインを楽しんだ何百人という人々の生きた証言を読んでいると、ヘロインの恐ろしいイメージはすっかり消えてしまう（ただし、過剰摂取した人々は否定的なフィードバックを残せる状態にないという点を忘れてはならない）。しかも、オンライン購入はあっけないほど簡単だ。Torは数分でインストールがすみ、ほかのブラウザーと同じくらい使いやすい。ビットコイン口座の開設はもう少し厄介だが、詳しい専門知識は不要。アマゾンで本が買えるような人なら、ダークウェブでクリスタル・メスを買うのはわけもないだろう。麻薬関係の人脈もないし、いかつい風貌の見知らぬ人間と会うのは躊躇するが、ウェブでなら麻薬を購入する気になれる、という新しいタイプの顧客は多いだろう。

シルクロードのようなサイトは、麻薬の使用パターンに対して及ぼす長期的な影響について確実な結論を出せるほど長くは存在していないが（そのようなデータを出すには最低でも1年が必要だ）、もう少し長く存在している同種のトレンドならある。それは（通常のウェブ上での）処方鎮痛薬のオンライン販売だ。

２００７年、コロンビア大学の「国立依存および物質乱用センター」の推定によると、処方薬の販売を専門に扱うウェブサイトは５８１個あった。そのうち米連邦薬事委員会連合の認可を受けていたのは二つのみで、85パーセントのサイトは処方箋なしで薬物を販売、残りの大多数は処方箋のファックスのみでＯＫだった。つまり、Torのようなブラウザーやビットコインがなくても、オンラインで薬物を注文するのは簡単だったということだ。薬物のオンライン販売と薬物使用の増加との関係を明らかにするのは難しい。しかし、ある調査で、２人の学者は処方薬の乱用治療のための入院率と高速インターネット・アクセスの普及率を州別に比較した[7]。ある州で薬物乱用の治療を求める人々の数とブロードバンド・アクセスの増加率を比較してプロットしたところ、わずかな相関が見られた。ブロードバンド・アクセスが10パーセント増加するごとに、処方薬の乱用治療のための入院が１パーセント増えたのだ。この結果自体はそう説得力のあるものではないかもしれない。たとえば、非常に都市化された州では、インターネット・アクセスと薬物使用がともに広がっていることを示しているにすぎない可能性もあるからだ。ところが、当時オンラインで手に入りづらかったコカインとヘロインの乱用治療のための入院に関しては、同じような相関は見られないことがわかった。シルクロードのようなサイトの影響が薬物使用の統計に表われはじめる日はそう遠くないのかもしれない。

警察も頭を抱えているように、麻薬のオンライン販売を阻止することはものすごく難しい。従来の路上の麻薬市場は、シルクロードのような自由市場とは異なり、人々のネットワークに基づいて成り立っている。そして、警察から見てネットワーク経済の便利な点とは、比較的解体しやすいということだ。鎖の1カ所を断ち切れば、ネットワーク全体がバラバラになる。ネズミが電気ケーブルをかじると近隣一帯が停電するようなものだ。ただし、どこを断ち切るかの判断は厄介だ。麻薬取引ネットワークには多数のメンバー（経済用語でいう「ノード」）が存在し、それをしらみつぶしに攻撃するのは不可能だ。では、警察はギャングのどのメンバーに照準を絞るべきか？　一見すると単純そうだ。論理的に考えると、もっとも多くの接点を持つ人物を排除すれば、ネットワーク内の鎖の大部分が崩壊するように思える。しかし、経済学的に見るとそれは必ずしも最善策とはいえない。

そこで、現代の麻薬シーンとは縁もゆかりもない例を見てみよう。15世紀フィレンツェの結婚市場だ。当時、息子や娘の結婚相手選びは、カルテルのボスが次のパートナーを選ぶときと同じくらい慎重に行なわれる戦略的な決断であり、名家との結婚は富と権力を手に入れる最高の近道だった。しかし、父親は契りを結ぶ家系をどう選んだのだろうか？　シカゴ大学のジョン・パジェットとクリストファー・アンセルがまとめたデータを用いて、スタンフォード大学のマシュー・ジャクソンは15世紀フィレンツェの名家どうしの関係を示すネットワーク・マップを作成した[8]（図8－1を参照）。当時のフィレンツェの16の名門貴族のうち、プッチ家だけが不幸にも少し孤立していた。この状況を打開すべく、プッチ家が子どもたちのためにほかの名家との縁談を進めるとしたら、まずどの家に狙いを定めるべきだろうか？

ある家系の影響力を測るもっとも単純な方法は、関係を持つ有力貴族の数だ。この分析に従うなら、メディチ家が明らかに筆頭だ。メディチ家はフィレンツェの社会的ネットワークの中心にあり、六つの有力貴族と直接の関係を持っている。メディチ家との縁談が無理だとしたら、次に狙うべきなのはほかに四つの家系と関係を持つストロッツィ家およびグアダーニ家だろう。このうち有力なのはどちらか？

図8-1　1430年代のフィレンツェの名家のネットワーク

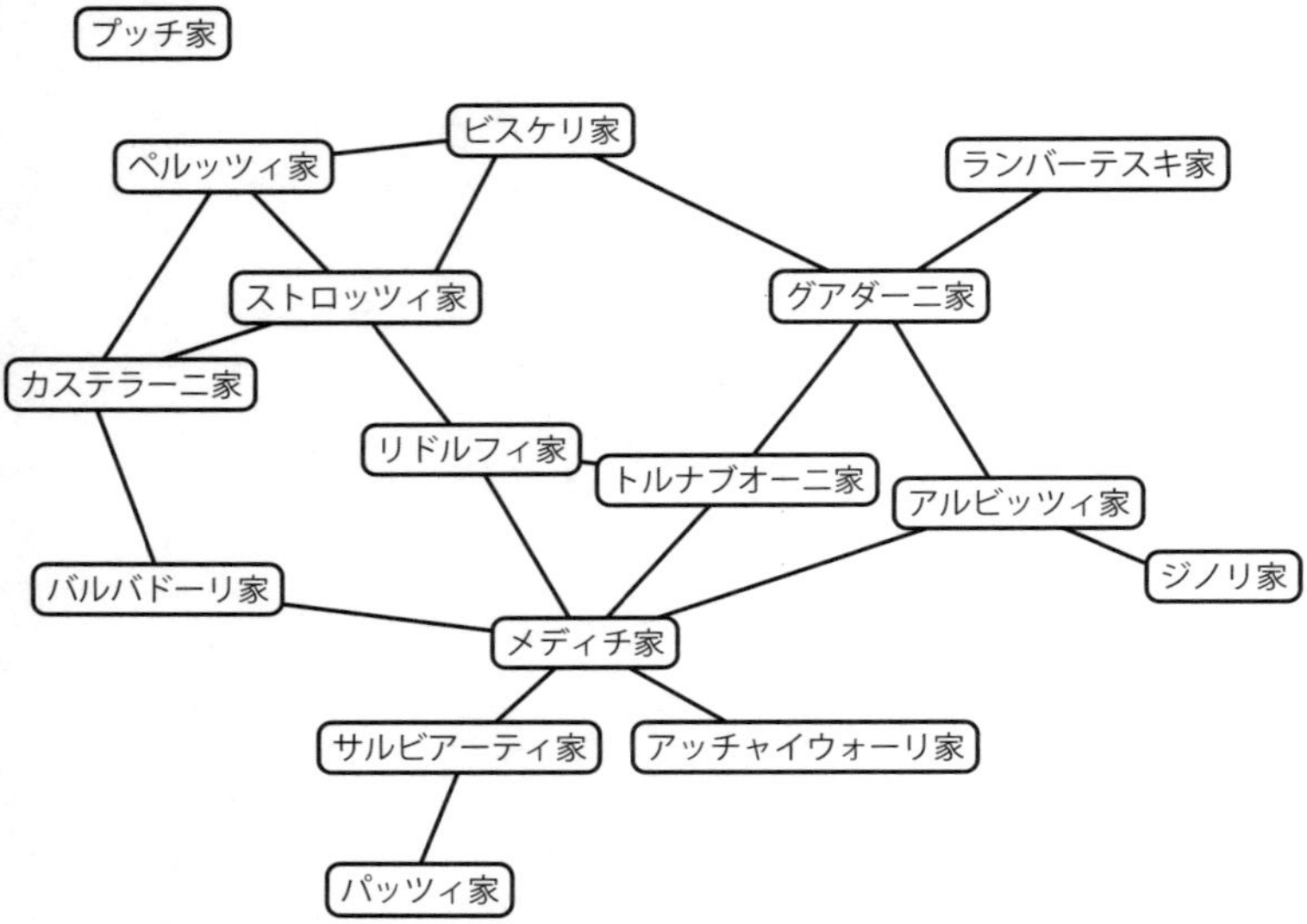

出典：Matthew O. Jackson, *Social and Economic Networks* (Princeton, NJ: Princeton University Press, 2008).

ネットワーク内のノードの「中心性」を測る別の方法がある。単純につながりの数を数えるのではなく、つながっている相手のつながりの数も考慮するのだ。たとえば、友人の数が私は１００人で、あなたが10人だけだとすると、私のほうが人脈豊富なように思える。が、あなたの10人の友人のなかにバラク・オバマ、アンゲラ・メルケル、ジャスティン・ビーバーといった人脈豊富な顔ぶれが含まれているとしたら、総合してあなたのほうが影響力は高いかもしれない。(ちなみに、グーグル・ページのランキング・システムも似たような仕組みだ。あるページの被リンク数だけでなく、リンク元のサイトの被リンク数まで測定している。『ニューヨーク・タイムズ』からのたったひとつのリンクは、多数の無名ブログからのリンクよりも価値がある)。これをフィレンツェの名家に応用すると、グアダーニ家よりもストロッツィ家に狙いをつけたほうがよさそうだ。どちらかというとストロッツィ家のほうが人脈豊富な家系とつながっているからだ。

しかし、ストロッツィ家との縁談話を取りつける前に、もうひとつの要因を考慮したほうがよい。ストロッツィ家のほうが人脈豊富で、その友人も人脈が広いのは事実だ。しかし、時には別の立場にいるほうが有利なこともある。黒幕的な立場だ。ほかの一族に何か頼み事をするとき、どれくらいストロッツィ家を経由する必要があるか？　ネットワークをよく見てみると、ストロッツィ家はとうていフィレンツェ社会の要とはいえないことがわかる。たとえば、ペルッツィ家がメディチ家に接触したいとすると、ストロッツィ家を避けてカステラーニ家を経由することもできる。同様に、ビスケリ家もグアダーニ家とのつながりを活かせる。ストロッツィ家がいなくなっても、誰も困らない。これは危うい状況だ。一方、グアダーニ家はもっと強い立場にある。グアダーニ家はランバーテスキ家と接触する唯一の手がかりだし、ネットワークの右下の一族と左上の一族とを結ぶ架け橋のような役割を果たしているので、知り合っておいて損はない。ぎこちない経済用語を使うなら、グアダーニ家のような人々は「媒介中心性」が高いということになる。あるノードの媒介中心性は、そのノードが2ノード間の最短経路上に存在する頻度に基づいて計算される。よって、使い捨てのきくストロッツィ家と運命をともにするよりも、グアダーニ家と結婚するほうが結局は影響力が高くなるかもしれない。

さて、現代の麻薬ビジネスに話を戻そう。麻薬密売ネットワークの中心人物は誰か？　警察はプッチ家と同じプロセスをたどらなくてはならない。もっとも人脈豊富な人物をターゲットにするというシンプルな方法に従うなら、もっともコネの多い路上の売人が中心人物ということになるだろう。路上の売人は何十人という顧客に麻薬を売りさばくので、売人を逮捕すれば何百という関係が断たれることになる。一見すると有力なターゲットだ。しかし、もっと貴重なターゲットがある。グーグルのページ・ランキングの方法論を応用するなら、最高の有力者は鎖の頂点に立つ人物だとわかる。抱えている部下は数人でも、その人脈を通してネットワーク全体とつながっている。彼らをネットワークから引っこ抜けば、その下にいる全員が打撃を受ける。

当たり前に感じるかもしれない。しかし、麻薬市場がそういう構造でなかったら？　私たちはふつう、麻薬密売ネットワークを一種の家系図のようなものとして思い描く。一握りの有力な密輸入者がトップにいて、最底辺にいるおおぜいの下っ端の兵士たちへと枝が広がっていくと。ところが、麻薬密売ネットワークの実像はかなり異なる。英内務省が委託したある調査で、有罪判決を受けた51人の麻薬密売人のインタビューが行なわれた。[9]この情報を用いて、調査員たちはイギリスの麻薬ビジネスのおおまかなネットワーク・マップをまとめた。そのネットワークはピラミッド型とは程遠く、むしろ砂時計型に近かった。その頂点には専門の密輸入者たちの巨大な集団があり、１００キログラムを超えるヘロインやコカイン、10万錠のエクスタシー、数トンにおよぶ大麻など、大量の麻薬を仕入れる。密輸入者は入荷した麻薬を少量ずつに分け、特定の麻薬を専門とする卸売人へと販売する。次のステップが面白い。次に、卸売人は「なんでも屋の麻薬ブローカー」へと麻薬を卸す。１種類の麻薬を専門に扱うそれまでの人々とは異なり、ブローカーはハード・ドラッグからソフト・ドラッグまであらゆる種類の麻薬を、しかも大量に扱う。この種の典型的なブローカーは、数キログラムのヘロインとコカイン、30キログラムの大麻、10キログラムのアンフェタミン、２万錠程度のエクスタシーを数週間おきに発注し、それをストリート・レベルの売人に小売りするのだという。つまり、この中間ブローカーは密売ネットワークのちょうど中心に位置し、麻薬市場の取引所のような機能を果たしている。よって、中間ブローカーは麻薬流通ビジネスにおける「重要な連結点」なのだ、と調査員たちは記した。

もしプッチ家が今なお健在で、麻薬ビジネスに関与しているとしたら、娘の嫁ぎ先は「なんでも屋の麻薬ブローカー」で決まりだ。ネットワークのちょうど中間を占めるブローカーは、麻薬ビジネスでもっとも顔のきく人物といえる。さらに、卸売人と売人を結びつけているブローカーは、「媒介中心性」が高い。英内務省の報告書の結論は、麻薬ビジネスの価格づけに関するほかの調査の結論とも一致するようだ。米ランド研究所によると、アメリカのコカイン価格がもっとも急上昇するのは、中間ディーラーから売人にコカインが渡るときで、値段は1キログラムあたり1万9500ドルから7万8000ドルにまで跳ね上がるという。[10] 警察がどこか1カ所にターゲットを絞るとしたら、路上の雑魚や密輸を手がけている大物ではなく、中間ディーラーにまっすぐ狙いを定めるのが効果的かもしれない。彼らこそもっとも人脈豊富で、おそらくもっともお金を儲けている中心人物なのだ。

その点、インターネットはすべてを複雑にしており、犯罪ネットワークを解体しようとする警察の試みに致命傷を与えかねない。シルクロードなどのサイトの販売商品を見るに、こうした闇サイトはかなりの面で「なんでも屋の麻薬ブローカー」のような役割を果たしている。個人客だけでなくディーラーも、一般に知られている麻薬の大半を、しかも大量に購入できる。この点は警察にとって悩みの種だ。オンライン取引には中心的な〝ノード〟がなく、何千人という買い手と売り手が自由市場のなかで取引できるため、一つや二つ、あるいは十数のディーラーを廃業に追いこんだくらいでは、サプライ・チェーン全体にはたいして影響が及ばないだろう。シルクロードやエボリューションのように、ある市場がまるまる閉鎖されたとしても、たちまち代わりの市場が登場してしまう。

では、打つ手はないのだろうか？　あるかもしれない。例によって、米学術誌『アメリカン・ジャーナル・オブ・ソシオロジー』に発表されたこれまた麻薬界とはまったく無関係な調査について考えてみよう。アメリカのある学者チームが、高校の恋愛マップの作成という風変わりな課題に挑んだ。[11] 彼らは前に米中西部の無名高校で実施された調査を利用した。そこは最寄りの大都市から車で1時間のところにある田舎町で、インタビューを受けた高校生たちいわく「何もすることがない」町だという。約1000人の生徒のうち832人が家庭内インタビューに答え、テープレコーダーによる質問の回答をコンピューターに入力した。生徒たちは学校の生徒名簿を見せられ、過去1年半以内に「特別な恋愛関係」または「恋愛感情を含まない性的関係」を持った相手をたずねられた。うち573人が同じ高校の別の生徒とそういう関係を持ったと報告した。

このデータを用いて、研究者たちは生徒どうしを線で結び、校内の性的関係マップを作成した（図8－2を参照）。過去1年半にお互いとしか関係を持っていないペアが63組あり、三角関係がちらほらと見られた。驚いたのは、生徒の半数以上を結ぶネットワークが発見されたことだ。つまり、半数の生徒は、パートナー、そのパートナー、そのまたパートナー……という具合にたどっていくといつかは互いに関連づけられるということだ。

これは予想外の発見であり、重要な意味を秘めていた。この調査の目的は性感染症の広まりを食い止める方法を理解することにあった。性感染症はパートナーを通じて広まるので、ネットワーク内の誰か1人が病気に感染すると、全員に感染リスクがある。学校や親たちは、感染リスクを減らすには性的パートナーの数を制限するのが手っ取り早いとよくアドバイスする。1人の相手としか寝ないほうが何人もの人と無差別に寝るよりは安全にちがいない、という考え方だ。それは必ずしも正しくない。288人の生徒を含む巨大ネットワークを見てほしい。このネットワークは超巨大だが、多くの生徒には1人

図 8－2　「ジェファーソン高校」の恋愛関係

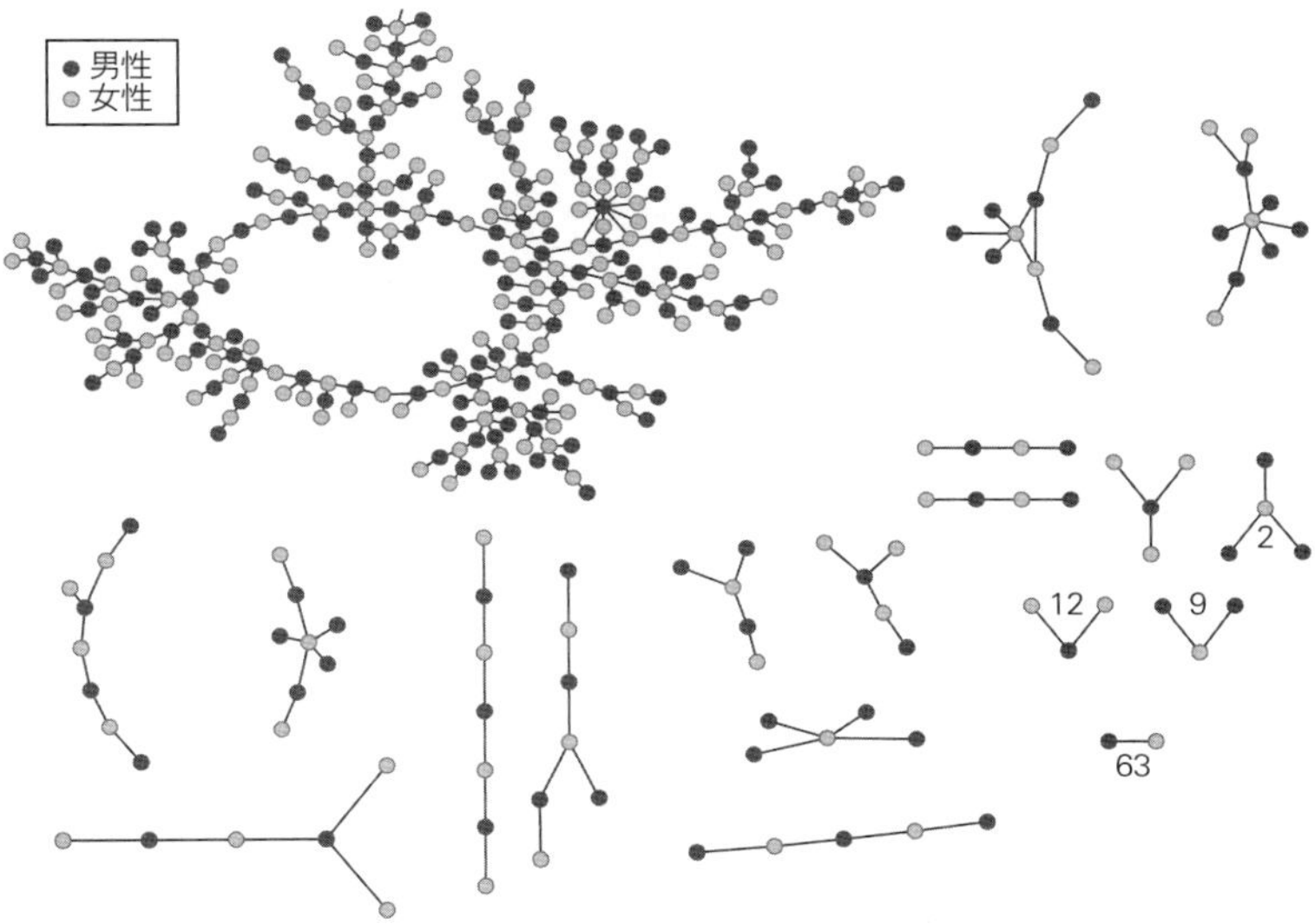

出典：Peter S. Bearman, James Moody, and Katherine Stovel, "Chains of Affection: The Structure of Adolescent Romantic and Sexual Networks," *American Journal of Sociology* 110, 1 (2004): 44–91.
注：数字は同じ種類のネットワークが複数個あることを示す。

しかパートナーがいない（小さな無数の〝枝〟の先端にいる人々）。こうした生徒は一途にもかかわらず、感染リスクは少人数のネットワークで複数のパートナーを持つ人より高い可能性もあるのだ。「したがって、性感染症のリスクは単純なパートナーの人数の問題ではない」と研究者たちは記している。

この調査は感染を心配する生徒にとってはあまり役立たない。誰と関係を持ったかと大人数にたずね回らないかぎりネットワーク・マップはつくれないが、そんなことをすればおそらく相手にしてもらえなくなるだろう。しかし、このマップには、政策をつくる人々にとって現実的な教訓が含まれている。性感染症の広がりを食い止めたければ、いちばんふしだらな男女に向けてセーフセックス・キャンペーンを実施するのが常識的だ。もっとも多くの人々と寝るのはそういう男女だし、彼らや彼女らが病気に感染すると問題は大きくなる。そういう男女に適切な予防策を講じてもらえば、効果は最大になるだろう。プッチ家が人脈豊富なメディチ家をターゲットにするべきなのと同じように、セーフセックス・キャンペーンでは、風俗関係者、若者、薬物乱用者など、不特定多数の人と関係を持ちやすい人々に向けて広告を打つべきだ。本当だろうか？

先ほどのマップに従えば、ちがうかもしれない。大多数の生徒が属しているネットワークは巨大だが、それと同時に脆い。ほとんどの生徒はパートナーがせいぜい数人なので、1人の人間が長い鎖のなかの接点を形成している箇所も多い。そうした人々にセーフセックスを実行してもらえれば、感染の連鎖は防げる。「おそらくもっとも影響を及ぼしやすい低リスクな人々が行動を少し変えるだけで、容易にネットワークを小さな部分へと分割し、病気の広まりを断片化し、流行の範囲を大幅に制限できる」と研究者は記す。一見すると信じがたいが、リスクが高い人々ではなく低い人々の考えられる人々の考え方を変えることに予算を投じたほうが、性教育の効果は増すのかもしれない。

これを麻薬の世界に置き換えるとどうなるだろうか？　すでに説明したとおり、従来の麻薬流通モデルは高校の性的関係マップとはだいぶ異なり、多くの場合、中間ディーラーというひとつの中心的なノードが存在するようだ。しかし、麻薬市場が私たちの考えるよりも性的関係マップに近いとしたら？麻薬ビジネスの分析の大半は、売人が消費者に麻薬を売り渡した時点でプロセスが終了すると仮定している。しかし、調査結果はその逆を示している。麻薬を摂取する人々の多く、もしかすると過半数は、プロの売人とまったく接触せず、むしろ友人、パートナー、同僚といった知り合いから麻薬を購入する（または譲り受ける）。イギリス政府の調査によると、過去1年間に違法薬物を摂取した成人のうち、51パーセントは自分自身または知り合いの自宅で薬物を入手し、さらに21パーセントはパーティ、バー、ナイトクラブで入手したという（この調査では入手の相手は明かされていない。おそらく友人の場合もあれば売人の場合もあるだろう）。[12]『ザ・ワイヤー』シリーズでも描かれているとおり、プロの売人の典型的なシマである「路上、公園、その他の屋外」で購入した人は14パーセントにすぎなかった。アメリカの処方薬乱用者の調査では、友人や親類から薬物を入手した人々は実に71パーセントにもおよび、売人から購入した人々は4パーセントにすぎなかった。[13]サプライ・チェーンのある時点では、薬物は通常プロの売人によって販売されるが、いったんその時点を過ぎると、友人のネットワークを通じて広まっていくという実情がうかがえる。

この事実は、流行するオンラインの麻薬取引を取り締まろうとする当局にとっては吉報かもしれない。オンラインへの移行により、従来の脆弱な販売ネットワークが、個人の摘発ではビクともしない巨大な自由市場へと置き換えられ、ある意味で取り締まりが難しくなっているのは事実だ。しかし、友人知人の2次的なネットワークを介して麻薬が流通していく「小売後」のフェーズが実在するとすれば、別の種類の介入の余地があるかもしれない。先ほどの高校の恋愛マップからいくつか教訓を読み取ることができる。まず、研究者たちはもっとも人脈豊富な人々をターゲットにすれば効果が最大になると考えた。高校の場合、それは性的パートナーがもっとも多い生徒を意味したが、麻薬界ではそれは売人を意味する。ところが、むしろ人脈の少ないメンバーのほうが、結びつきのある相手は少なくても、長い鎖のなかで比較的断ち切りやすい連結点を形成している。そのため、そういう人々をターゲットにするほうが合理的だとわかった。これを麻薬界に応用すると、麻薬を仲間内で広める影のディーラーに的を絞ったほうが効果的なのかもしれない。彼らはパートナーの少ない高校生に相当する。彼らは比較的影響を与えやすいし、たった1カ所、友情の〝鎖〟を断ち切り、麻薬の流れを食い止めるだけで、多数の人々を麻薬の流通網から切り離すことができるだろう。

その方法はいくつか考えられる。たとえば、愛する人々に麻薬を横流しすることの危険性や、麻薬でいっぱいの薬棚を無施錠にしておくことのリスクを訴えるPR活動を実施する。麻薬供給国に蔓延する暴力の根源が富裕国の消費者の出すお金にあるという事実をもっと積極的に広めることで、違法薬物(特にコカイン)をタブー化し、家族や友人に手渡される機会を減らす。一般的にいう「売人」には当たらないが、仲間と分けるためにドラッグを購入する人々への罰則を強化するという強攻策もありうる。麻薬ビジネスがオンライン化し、一般人でも比較的大量の麻薬が簡単に買えるようになれば、友人どうしでの共有や横流しはいっそう増えるかもしれない。麻薬流通プロセスの上流部分がオンライン市場にすっぽりと飲みこまれてしまった現在、友人たちと分けるための大量購入を食い止める啓蒙キャンペーンは、ネットワークの別の部分を断ち切る新たな手段になりうるだろう。

Chapter 9

多角化するカルテル・ビジネス

麻薬の密輸から人間の密輸へ

国境のメキシコ側から見ると、メキシコの貧しい生活を抜け出してカリフォルニアの豊かで煌びやかな環境へと飛びこむのはそう難しくなさそうだ。荒廃したティフアナ郊外を通り抜け、国境へと続く丘を上がっていくと、錆びて老朽化したトタンのフェンスに行き着く。フェンスの上部に張り巡らされた有刺鉄線はあちこちが抜き取られている。フェンスは高さが2メートルちょっとしかない箇所もあり、子どもでさえ裏返した木箱の上に乗れば越えることはできるし、フェンス越しにものを放り投げるのはさらに簡単だ。豊かな隣国との国境に押しつけられるような形で広がるスラム街・コロニア・リベルタの住民の多くは、アメリカ側へとフェンス越しにごみを投げ入れる習慣があるようだ。

コロニア・リベルタの未舗装の道路から見ると、アメリカに入国するのは簡単に見える。しかし、カリフォルニア側から見ると、入国するのは昔よりずっと難しくなっていることがわかる。錆びたフェンスの100メートルばかり奥に、ずっと新しい別のフェンスがそびえ立つ。高さは4メートル強、上部に鋭い有刺鉄線が付いていて、投光照明によって照らし出され、監視塔から24時間態勢で監視されている。ラ・ミグラ（メキシコ人のいうアメリカ入管当局）の職員が暗闇でも見える暗視ゴーグルを着け、あたりを四輪バイクで常にパトロールする。フェンスはうねりのある低木地の起伏に沿って、両方向に見渡すかぎり続いており、カメラ搭載のドローンがフェンスと平行に上空を飛び回っている。

1990年代、安全保障支出の増大にともなって密入国の取り締まりが始まると、密入国者がアメリカに忍びこむのは桁違いに難しくなった。しかし、アメリカン・ドリームを夢見て日々入国を試みるメキシコの若者たちには、今や心強いパートナーがいる。昨今、密入国ビジネスへと手を広げているメキシコの麻薬カルテルが雇用（または委託）するガイドや仲介人の助けを借りて、困難で危険な密入国の旅に出る人々がますます増えている。ラ・ミグラを出し抜こうとする高度な策略や、人身売買などのより卑劣な関連ビジネスに、カルテルが関与しているという痕跡が続々と見つかっているのだ。カリフォルニア州選出議員のロレッタ・サンチェスは、2014年の議会公聴会でこう語った。「こうした越境犯罪ネットワークは麻薬密輸にとどまらず、利益になることならなんでもする。銃が利益になると思えば銃を密輸するし、人間が利益になると思えば人間を密輸するのです」

カルテルが新たに手を出している分野は人間の密輸だけではない。ゆすり、売春、自動車窃盗などの一般的な犯罪だけでなく、もっと意外な分野にも参入している。メキシコ料理のワカモレを何度か食べれば、ミチョアカン州の農業の大部分を支配しているといわれる「テンプル騎士団」カルテルが栽培または課税したアボカドに当たる可能性が高いだろうし、モヒートを何度か飲めば、やはりメキシコの一部地域で組織犯罪グループが栽培しているライムを口にすることになるだろう。かつて、エルサルバドルには恐怖の「カルテル・デ・ロス・ケソス」（チーズ・カルテル）があり、ホンジュラスから格安でチーズを輸入していた（エルサルバドルのチーズを味わった経験があるなら、一発でその理由がおわかりだろう）。カルテルがより大規模なビジネスを行なっている分野もある。メキシコ当局によれば、テンプル騎士団カルテルは麻薬よりも鉄鋼石産業から手数料を取り立てて利益を上げているという。メキシコの国営石油企業「ペメックス」は、パイプラインに穴を開けたり、事故で噴出した燃料を盗んだりする盗賊たちのせいで、年間３００万バレル（約４億７５００万リットル）以上の石油を失っている。

今や麻薬カルテルは幅広いビジネスを展開している。そのため、カルテルを単なる麻薬密売組織と呼ぶのはもはや正しくないと主張するアナリストもおり、ＦＢＩなどの一部機関は「越境犯罪組織（ＴＣＯ）」と命名している（ネットを検索するかぎりではこの用語はまだ浸透していないようだが）。呼び名はどうあれ、ひとつだけ確かなことがある――麻薬カルテルは新たな産業へと触手を伸ばしはじめているのだ。

カルテルの多角化戦略は合法企業の行動と似ている。成長を模索する会社、特に投資に回す余剰資金を抱えている会社（銀行取引が限られている犯罪組織にとって投資は常に厄介な問題だ）は、既存の専門知識が有利に働きそうな新市場に狙いをつける。メキシコのカルテルの多角化は、アメリカの経営多角化の最後の波から数十年遅れでやってきた。１９５０年当時、フォーチュン５００に属する企業のうち二つ以上の業界で営業していたものは3分の1にも満たなかった。1974年になると、その割合は3分の2近くまで増えた。多角化の流行がピークに達した1977年、コカ・コーラはテイラー・ワイン社を買収し、ワイン業界に参入しようとしたが、当然ともいうべきか、誰も「シャトー・コーラ」のアイデアをよくは思わなかったようで、計画は大失敗した。以降、業界の流れは正反対に向かっており、企業は再び少数の得意分野に的を絞るようになった。しかし、多角化の波は非常に参考になる。現在の裏社会のトレンドを突き動かしている要因を説明するのに役立つからだ。

コカ・コーラ・ワイン（エルサルバドル・チーズと相性抜群かも）を例に取ろう。コカ・コーラ・ワインは確かに失敗だったかもしれないが、ある分野の専門知識を活かして新規顧客向けの製品を発売する、いわゆる「同心円的多角化」の好例といえる。コカ・コーラ社はワインについては無知だったが、マーケティングとブランディングの名手であり、この地球上でもっとも洗練された流通網を抱えている。そのマーケティングのノウハウと流通のスキルをワイン業界に活かすというのが同社の狙いだった。人間の密輸に手を染める麻薬カルテルも似たような狙いを秘めている。カルテルに密入国ビジネスの直接の専門知識はないし、密入国ビジネスの〝クライアント〟、つまりアメリカへの密入国を希望するメキシコの農民は、カルテルの主要製品を購入するアメリカの富裕層からはあらゆる面でかけ離れている。しかし、公務員を買収または脅迫しながら、何かを秘密裏に密輸するスキルは、さまざまな業界で応用がきく。麻薬を密輸できるなら、人間も密輸できるのでは？

合法的な入国と違法な入国の両方に詳しい男といえば、ティフアナを拠点とする学者で、サンディエゴ州立大学で人類学を教えるビクトル・クラーク・アルファロだ。国境地域の住民の多くがそうであるように、彼もまた国際人であり、週2回の講義のためにアメリカへと入国している。私はクラークの運営する小規模なＮＧＯ「二国間人権センター」の本部を兼ねる彼の自宅を訪れる。彼のアパートの外階段をのぼると、いかにも重厚そうな玄関のドアが目の前に現われる。クラークは私を待たせていることを詫びつつ用心深くドアのチェーンを外す。５カ月前、彼の行なっている粗探しのような調査が怒りを買い、州政府の用意したボディガードをはずされたらしい。過去には、警察のＩＤを地元のカルテルに売り渡した州の当局者を告発したこともある。ここではそうした行為は敵をつくるのだ。

本や書類で埋め尽くされたオフィスに入ると、ティファアナの深い闇を研究するクラークが、密入国ビジネス市場の状況について話しはじめる。彼は「コヨーテ」と呼ばれる密入国の斡旋人たちと定期的に連絡を取っていて、彼らにサンディエゴ州立大学で密入国ビジネスに関するスカイプ講義を行なってもらったこともある。大きく分けて、密入国ビジネスには2種類のサービスがあるという。基本サービスは、米国境警備隊のパトロールをかいくぐるため、徒歩で密入国を手引きするというもの。もう少し予算に余裕のある人々や、徒歩で川、砂漠、山を越える体力のない人々のため、オプション・サービスもある。偽造書類を持って入管カウンターに行き、〝列に並んで〟堂々と入国するのだ。コヨーテは中古のビザを１００ドルかそこらで購入し、絶妙なメイクでクライアントを写真の人物に似せる。ガイドはもっともスムーズに動いている列へと密入国者をさりげなく誘導する。職員が書類を簡単にしか確認していない証拠だからだ。コヨーテはどんなに細かい部分にも配慮を怠らない。クライアントのかばんにお土産を忍ばせ、日帰り観光客のフリをさせることもある。

ところが、近年では密入国ビジネスが一変したのだという。「9・11テロで、アメリカは国境を国家安全保障の問題とみなすようになった。今や国境は厳重にパトロールされていて、閉鎖同然の状態にある」とクラークは話す。取り締まりによって通常どおりのサービスを提供するのが難しくなった結果、コヨーテは価格を大幅に吊り上げた。徒歩による入国はかつて2000ドルだったが、今ではティフアナで5000ドルもする。行列に並んでの入国は、かつて5000ドルだったが、今では1万3000ドルだ。クラークいわく、現地のコヨーテは「火の車」状態らしい。

翌日、私は米サン・イーサイドロの検問所を通り、自分の足で国境を通過する。私のイギリスのパスポートはもちろん正規のものだが、前日のクラークとの会話のおかげで、徒歩でアメリカに入国するのが不思議と不安になっていた。この行列のなかに、偽造文書や慌てて購入したお土産入りのかばんで観光客を装っている人はいったい何人いるのだろう？　入管を無事通過すると、私はサンディエゴ地域の国境警備隊の監督責任者であるマイク・ヒメネスと落ち合う。不法入国者が受ける手荒い歓迎について説明するため、ヒメネスはアメリカ側から見たティフアナとの国境沿いを案内してくれる。そこはあまりにも恐ろしい難所と言うほかない。足音を感知する振動計がついているし（シカで作動することもあるが）、地面をも貫通するレーダーがトンネルを探査している。密入国者がたまに潜伏する下水道内は、遠隔操作ロボットが歩き回っている。国境周辺の土地の取り締まり強化により、海から入国する人々も増えている。費用はざっと5000～9000ドル。霧の日、多ければ25人がおんぼろのスピードボートに乗っていっせいに沿岸を北上し、時には国境から300キロメートル近くも北の米カリフォルニア州サンタバーバラに上陸することもある。

と同時に、密入国ビジネスにかかわる人々への罰則も強化されてきた。かつては、国境地域から不法入国者を車に乗せたアメリカ市民への処罰はなかった。現在では初犯でも起訴されるし、FBIと共用の生体データベースにより、国境警備隊は相手が前科持ちかどうかを調べられる。以前は、ガイドが船で人々を運んだとしても7人未満であれば釈放となるケースが多かったが、今では少人数でも問答無用

メキシコのティフアナと米カリフォルニアを隔てるフェンス。カルテルは麻薬の密輸から人間の密輸へと商売を多角化しはじめている（Getty Images）。

で逮捕される。「罰則が強化されれば、［密入国］ビジネスをするのは難しくなる」とヒメネスは言う。

もちろん、それでも密入国は不可能ではないが、警備の強化で密入国ビジネスのコストは上昇した。当然、刑務所行きのリスクが高まったガイドたちは今までより高い報酬を求める。ガイドがつかまるのを防ぐため、自動車の数を増やした組織もある。密入国者の乗る車がガイドの車のあとを追うようにし、まんがいち密入国者の車が停められても、ガイドが逃げおおせられるようにしているのだ。国境のフェンスでは、持ち運び可能なバッテリー式のこぎりで頑丈な金網を切ったり、自前の暗視ゴーグルを用意したりするコヨーテも多い。さらには、ドローンを活用する輩までいるという。麻薬で重量オーバーとなった無人機が国境付近で墜落したという話はたまに聞くが、それと同じ技術が、おそらく国境警備隊の位置を監視し、不法入国者を手引きするのに利用されているのだろう。

テクノロジーは密入国ビジネスのコストを増加させる一方で、顧客の交渉力も高めている。ソーシャル・メディア上のフィードバックを使えば、顧客はもっとも信頼できるコヨーテを見分けられるからだ。シルクロード等のサイトが麻薬ビジネスの競争を激化させたのと同じで、ソーシャル・ネットワークによって密入国希望者は密入国の価格や顧客サービスに関する情報を交換できるようになった。「アメリカ入国を手引きしてくれるコヨーテを知りませんか?」という質問が、スペイン語版ヤフーのウェブサイトに掲載される。すると、「フアン・カルロス」なる人物が回答し、手助けを申し出る。男はGPS機器を所有していて、砂漠地帯の豊富な経験があり、「ほぼ完璧な英語を話せる」ことをアピールする。つまり、今日の密入国希望者は、両国を結ぶ橋の近くを夜にうろつかないとコヨーテを雇えなかった時代と比べて、有利な交渉ができるようになったわけだ。

では、取り締まりの強化は密入国ビジネスにどれだけの打撃を与えたのか? この疑問の答えに迫ったのが、米国土安全保障省の統計専門家グループによる論文だ。[1] 彼らは逮捕された密入国者のインタビュー内の情報から、コヨーテに支払われた料金に関する数千件のデータを収集した。その結果、年配者、子ども、女性(特に妊婦)は割増料金であることが判明した。おそらく国境越えに時間がかかるためだろう。また、昔からアメリカへの密入国者が多いメキシコ中部の人々は、全般的に料金が割安であることもわかった。もしかすると、密入国市場に精通しているために有利な価格交渉ができるからかもしれない。密入国斡旋業者は団体割引を提供するが、国境警備隊に見つかりやすい大人数の集団に対しては割増料金を課すようだ。また、人件費の安いメキシコ人が引く手あまたになるアメリカの収穫期の直前と建設ブームの最中には、密入国の需要が高まる。

研究者たちは、国境警備隊のインタビューやアメリカとメキシコの両当局が実施した調査のデータを

図9－1　密入国者と国境警備隊のせめぎ合い

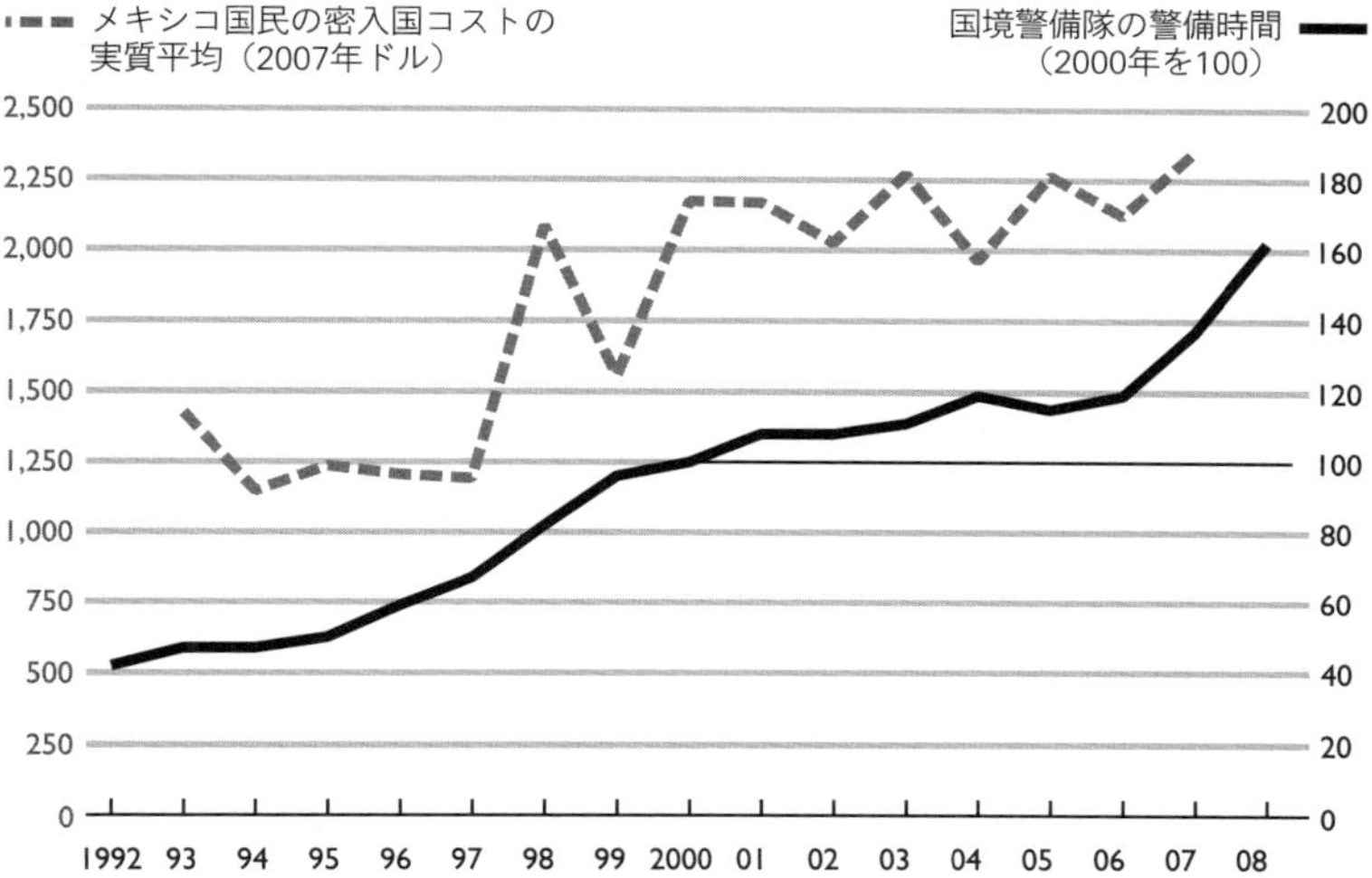

出典：Bryan Roberts et al., "An Analysis of Migrant Smuggling Costs Along the Southwest Border," US Department of Homeland Security, Office of Immigration Statistics working paper, November 2010.

もとに、料金の推移をまとめた。その結果、密入国の料金は１９９３年の７００～１４００ドルから２００７年の１５００～２４００ドルまで着実に、しかもかなりの勢いで上昇していることがわかった（価格はいずれも２００７年換算）。つまり、平均価格は実質でほぼ倍増したことになる。これと並べて、研究者たちは国境警備に費やされた時間数を示すグラフもプロットした。二つの線はほぼ完璧に一致している（図９－１を参照）。この報告書は、ビクトル・クラークの情報筋の主張を裏づけているようだ。アメリカ側の取り締まり強化によって、不法入国のコストは上昇したのだ。

こうした報告書を読み、国境越えの恐ろしい障害物コースを自分の目で見ると、私の頭にふと疑問が浮かんだ。カルテルはこの厄介な市場をどうとらえているのだろう？　国境線の監視時間が大幅に増えたことで、国境越えは以前よりずっと困難になった。今や国境警備隊の人員はおよそ2万1000人を数え、カナダ陸軍の現役軍人の数にほぼ匹敵する。地元のコヨーテたちは続々と廃業に追いこまれていて、かろうじて残っているコヨーテも以前よりはるかに高い料金を設定せざるをえず、それがさらなる需要低下を招くという悪循環につながっている。これでも、果たして本当に密入国ビジネスは金になるのか？

サンディエゴに着いた私は、カリフォルニア大学サンディエゴ校比較移民研究センターのデイヴィッド・スコット・フィッツジェラルド共同理事長に会いに行く。2005年以降、彼の部署はアメリカへの密入国者を数多く送り出しているメキシコ中部のハリスコ州の住民を対象に、毎年興味深い調査を実施しつづけている。彼の調査によれば密入国ビジネスはいまだ健在であり、どんどん手のこんだものになっていっているという。一部の業者はメキシコ内陸の村々から集団で密入国希望者を拾い、アメリカの都市までの旅を丸ごと請け負うドアツードア・サービスを提供している。メキシコ中部からロサンゼルスまでの旅はパッケージ価格で2500〜3000ドルとなっており、ビクトル・クラークの推定価格に従えば、ティフアナのコヨーテが提供する基本パッケージの価格よりも安い。より快適な旅を希望する人は、1000ドルを上乗せすると偽造文書をレンタルできるので、入管職員に止められても入国できる可能性が増す。顧客満足度は上々だ。フィッツジェラルドによると、実に95パーセントもの人々が、たとえ1回目で失敗したとしても最終的には入国に成功する。調査によれば、2、3回に1回は国境で突っ返されるので、ほとんどの業者は追加料金なしで成功するまで再チャレンジしてくれる。

国境の警備強化によって、プロの密入国斡旋組織が競争で有利になったという。「アメリカの取り締まりの結果、コヨーテのネットワークはより巨大になり、犯罪としての側面が強くなっている」とフィッツジェラルドは語る。コヨーテとカルテルの関係は複雑だ。カルテルは密入国者に直接サービスを提供する代わりに、コヨーテに仕事を委託し、コヨーテはカルテルの国境付近の縄張りやコネを利用する権利（スペイン語で文字どおり「デレチョ・デ・ピソ」［床の権利］）を購入する。場合によっては、カルテルが麻薬密輸用のインフラを密入国に使用させることもあるようだ。２０１４年、密入国用のトンネルがティフアナのコロニア・リベルタで発見された。メキシコ警察は二つの建物を強制捜査した。一つは密入国者をかくまうための隠れ家で（密入国者の多くは中米の人々で、メキシコでの滞在許可を持たないため、どこかに身を潜めておかなければならない）、もう一つは国境の数メートル手前、トンネルの秘密の入口がある建物だ。出口はカリフォルニアにある。

密入国ビジネスが厳しくなるにつれて、カルテル、少なくともカルテルの支援を受けたコヨーテは、より簡素なワンマン密入国サービスから市場シェアを奪っているようだ。この状況はよろしくない。ただ、仮に密入国市場全体の規模が縮小しているならまだ許容できるかもしれない。国境越えが難しくなれば、密入国を思いとどまる人が増えるはずだ。

本当にそうだろうか？　答えは半分イエスで半分ノーだ。確かに、国境警備が厳しくなれば一部の人は密入国を思いとどまるだろう。しかし、ほかの人々はむしろコヨーテのサービスが欠かせないと考えるようになる。サンディエゴの地上センサーや暗視カメラをかいくぐったり、アリゾナの砂漠を1人きりで渡ったりするのは、ほとんどの人々にはとうてい不可能だ（ビクトル・クラークは「自殺」と言い切る）。そのため、プロの手を借りるほうが得策になった。調査結果はこの事実を裏づけているようだ。１９７０年代初頭、コヨーテのサービスを利用した密入国者は全体の40～50パーセントにすぎなかったが、１９９０年には80パーセント、１９９９年には90パーセントまで上昇した。初回の密入国者に限定した調査ではあるが、２００６年には95パーセントという数字が出た。[2] 国境警備の強化により、大多数の密入国者が無視する安価なサービスは、ほぼ全員が利用する超高利益なサービスへと変貌したわけだ。

それでも、密入国者の数自体は全体的に減っていて、単にカルテルの支配する密入国市場のシェアが拡大しているという可能性はないだろうか？　近年を見るかぎり、この説は正しそうに見える。アメリカ国境を違法に越える人々の正確な数は定かではないが、米ピュー・ヒスパニック・センターによる最善の推定によると、2000年以降、メキシコからの移民数は年間77万人から15万人未満へと激減した。これは国境の警備強化とぴったり符合する。(3)ところが、それ以前となると話は変わってくる。国境警備時間がおよそ150パーセントも増加した1991年から2000年にかけて、移民数はまったく減らなかった。むしろその逆で、同期間に年間の移民数は2倍になったのだ。このことから、国境警備が入国者の数を左右する決定的な要因だとは考えにくい。言い換えれば、国境の警備強化はアメリカ入国のコストにこそ影響を及ぼすが、入国を思いとどまらせる効果はないといっていいようだ。

この点はさほど意外でもないだろう。生活費の増加を考慮したとしても、メキシコの労働者がアメリカに移住すれば実質賃金は4倍になるし、密入国の費用はすでにアメリカで働いている家族が援助するケースが多い。メキシコの人々はなぜ危険な入国を決断するのだろうか？　それを知るため、私はティファアナにいくつか存在する「移民の家」を訪ねる。そのなかのひとつである「インスティトゥート・マドレ・アスンタ」は、北へと旅をする人々の一時的な滞在施設であり、カトリックの宣教師たちが運営している。女性移民は最長2週間まで滞在でき、滞在期間中は1日3回の食事、清潔な衣服、診察や法的援助を提供される。日光の差しこむ中庭に面する小さなコンピューター室では、女性たちがスカイプで自分の子どもと話をしている。所長のメアリー・ガルバンは、アメリカの移民政策に失望を隠せない。「オバマ大統領にはとても期待していました。移民の助けになる大改革を起こしてくれると」と彼女は言う。しかし、現実はその正反対だった。２００９〜２０１３年、オバマ大統領の1期目に、年間平均で40万人近い不法滞在者が送還された。これは２０００年当時の2倍、１９９０年代初頭の10倍近い数字だ。近年では、この施設の滞在者の大半が送還されたばかりの女性で占められていて、そのほとんどがアメリカへの再入国を計画している。

私が話を聞いた女性たちがアメリカ行きを希望する理由はさまざまだ。ひとつは経済的な理由。メキシコ南部のオアハカ州出身のアンヘラは、30代の色黒の女性で、4年近く住んでいたカリフォルニア州サンバーナーディーノから送還されたばかりだ。彼女は現地のリサイクル工場で、当時の最低賃金である時給8ドルの仕事をしていた。一方、メキシコの平均的な最低賃金は日給5ドルにも満たない。女性たちは口々にアメリカでしていた仕事の話をする。ある女性はホテルとガソリンスタンドの掛け持ち、別の女性は水着工場のお針子とベビーシッターの兼業だという。家族を理由に挙げる女性もいる。45歳のロサは暴力亭主から逃れるために21歳でグアダラハラの実家を飛び出し、アンヘラと同じサンバーナーディーノで新しい夫と3人の娘とともに暮らしていた。彼女は強制送還で「すべてを失った」と語るが、友人の身分証と出生証明書を使って国境警備隊をだませると信じている。確かに、少し髪型を変えれば同一人物に見えなくもない。心神喪失気味のトリニダードという女性は、政府から取り上げられたという9歳のアメリカ人息子を捜すため、再びコヨーテの手を借りて北を目指すつもりだ。「野獣やヘビがうようよいるし、丸1日か2日はかかるでしょう。苛酷な旅だし、命を落とす人だっている。夜は寒くて昼は暑い。おまけに水もない。でも、息子を奪われた苦しみを思えば、ほかに選択肢はありません」と彼女は語る。

国境警備が強化されたことで、こうした女性移民たちは昔とはちがってほぼ確実にコヨーテを雇うようになった。まちがいなく女性たち（またはアメリカにいる家族）がコヨーテに支払う料金は上がったし、コヨーテが本格的な組織犯罪ネットワークと結びついている可能性も高くなった。それでも、女性たちに密入国を思いとどまらせる効果はほとんどないようだ。メキシコの丸1日分の賃金をアメリカでは1時間で稼げるという話や、ゆくえ知らずの息子と再会したいという切実な願いを聞いていると、女性たちが1000ドル程度の追加コストであきらめると考えるほうが非現実的にさえ思えてくる。国境警備への大幅な支出増加は、密入国ビジネスを安価で個人的な付随サービスから、カルテルが支配する高額で半ば不可欠なサービスへと変えた。こうした状況は組織犯罪グループにとって願ってもない贈り物なのだ。

カルテルの密入国ビジネスへの「同心円的多角化」は、コカ・コーラのワイン事業参入よりも成功しているように思える。しかし、カルテルはそこで立ち止まらず、マネジメント用語でいう「水平的多角化」を通じて新たな市場へと実験的に参入している。

合法的なビジネス界における水平的多角化の典型例として、麻薬カルテルとは対極にある企業を見てみよう。それはディズニーだ。もともと、ウォルト・ディズニー社は漫画を制作していたが、漫画が子どもやその家族のあいだで人気を集めると、テーマパークからクルーズ旅行、テレビ放送まで、あらゆるビジネスへと手を広げ、今では同じ顧客層にサービスを提供している。「夢を見て、広げ、決して方向を見失わないこと――それが私のやり方だ」とウォルト・ディズニーはかつて述べた。彼は自分自身の助言を忠実に守った。今やミッキー・マウスのシルエットは、おもちゃ、衣料品、本、文具など無数の商品に見られる。ディズニーは自身の主なスキルではなく顧客に沿って多角化を進めてきた。実際、テーマパークやクルーズ船の運営は漫画の制作とは共通点らしい共通点もないが、ディズニーのテーマパークを訪れたりディズニー・ブランドの衣料品を買ったりする人々は、ディズニーの漫画や映画を観る人々と同じだ。この既存の顧客層に今までとはまったく別の商品を発売するという戦略は、水平的多角化の実例といえる。

水平的多角化は麻薬カルテルにとってどう機能するのか？　まず、カルテルにとっての市場を見てみよう。その大半が富裕国の麻薬使用者だ。彼らが摂取する物質は？　メキシコのカルテルの麻薬別の売り上げについては、推定値に大きなばらつきがあるものの、コカインとマリファナ（大麻）が麻薬収入の大部分を占めているのはまちがいない。どの推定を信用するかにもよるが、コカインとマリファナが麻薬収入に占める割合は、おおよそ74パーセント（ランド研究所による中間的な推定）から90パーセント（米麻薬管理対策局のやや信憑性に欠ける計算）のあいだといったところだろう。(4)

特にえり好みの激しい麻薬市場において、二つの品目だけに特化するのは危険な戦略だ。麻薬は世代ごとの流行の浮き沈みが激しく、最近の若者はベルボトムのパンツと同じくらいＬＳＤに関心が薄い。コカインと大麻だけに特化するのは近年では特にリスクが高い。どの推定を見てもメキシコのカルテルにとって最大の収入源であるコカインは、アメリカではすでに流行が廃れはじめている。ほぼ同時期にヨーロッパで人気が高まったことを考えると、その理由は不明だが、アメリカでは２００６〜２０１０年にかけてコカインの消費量が半減した。一方、大麻の市場は好調で、同時期に消費量が3割近く増えている。しかし、カルテルにとっては別の脅威も存在する。大麻ビジネスが合法化された州で営業しているアメリカの手強い競合相手が、今ではマリファナ市場を支配しようとしている（第10章を参照）。

こうした厳しい状況にあって、メキシコのカルテルはほかの麻薬へと多角化を進めてきた。ひとつはクリスタル・メスだ。メスはどこでも生産可能だが、秘密の生産施設を運営するのは、アメリカよりも無法国家に近いメキシコのような国のほうが手軽で安上がりだ。近年、メキシコ当局は、ドラマ『ブレイキング・バッド』に登場するウォルター・ホワイトの麻薬密造施設がかわいらしく見えるほど本格的な施設を次々と摘発している。２０１２年の強制捜査では、グアダラハラのやや南にある倉庫で、15トンの麻薬および7トンの前駆化学物質を含む本格的な生産施設が発見された。こうした発見はかつて異例だったが、昨今ではずっと日常茶飯事になっている。実際、メキシコ警察が発見したメスの生産施設は２００８年には21カ所だったが、翌年は１９１カ所にもおよんだ。米国境警備当局が押収するアメリカ行きのメキシコ製メスの量も増加の一途をたどっており、２００１年には１・３トンだったものが２０１０年には年間４・５トンにまで増えた。

メキシコのカルテルがクリスタル・メスへと手を広げる大きな後押しになったのが、アメリカの法執行当局だった。つい最近まで、アメリカでメスを生産するのはかなり簡単だった。主成分のプソイドエフェドリンは一般的な風邪薬にも含まれているため、薬局に行き、オンラインの調合法に従うだけでメスを製造できた。製造の過程で爆発の危険性があり、実際に多くの中毒者が指を吹き飛ばしているが、やり方自体はさほど難しくない。しかし、２００５年のメタンフェタミン流行対策法の制定以降、自家製メスの製造はずっと難しくなった。これはプソイドエフェドリンや同類の化学物質を含む薬の販売を制限する法律で、現在では理由にかかわらず一定量以上を購入した者は逮捕される。最初の逮捕者の1人として報じられたのは、教会のキャンプへと出かける息子のために、アレルギー薬を買いだめした男性だった。

この法律は効果てきめんだったが、二つの想定外の副作用を生んだ。一つは、アメリカのメス・メーカーが友人や家族、そしてお金に困っている失業者を総動員し、別々の薬局で風邪薬を少量ずつ購入させ、一定の手数料を上乗せして買い取るようになったこと。こうした代理の購入者は「スマーフ」〔青い小人がたくさん登場する漫画『スマーフ』に由来する言葉で、もともとはマネーロンダリングする人を指して使われた〕と呼ばれ、何千人という単位で麻薬ビジネスに手を染めた。報酬は現金だけでなく現物でも支払われ、多くの人々がみずからもメス中毒へと陥った。

ところが、こうした「スマーフ」たちを雇うのはコストがかさむため、たちまちアメリカのメス・メーカーはバタバタと破綻していった。しかし、そのとき二つ目の想定外の副作用が生じた。ビジネスが国境の南、メキシコへと移ったのだ。こうしたビジネスにかけては、メキシコ人のほうがずっと得意だった。かつて地方警察を買収して大麻畑に見て見ぬふりをさせていたメキシコのカルテルにとって、アメリカでは類を見ない規模のクリスタル・メス工場を建設することくらいはわけもなかった。そして、ウォルター・ホワイトも気づいたように、高度な設備を用いて大規模に生産すればするほど、ずっと良質なクリスタル・メスがつくれる。メキシコの製造施設が稼働しはじめると、アメリカのメスの平均的な純度は2倍になった。それだけではない。効率的な生産のおかげで、メキシコ製メスはアメリカのキッチンで素人がつくるメスよりもはるかに安く手に入るようになったのだ。アメリカのメスの平均価格はメキシコの供給増加によって7割近くも下落した。しかも、メス・メーカーは『ブレイキング・バッド』を参考にさえしているようだ。噂によると、ウォルター・ホワイトの代表商品であるブルー・メス〔同ドラマに登場する架空の高純度メス。青色をしているが、現実には無色透明に近いほど高純度〕のほうが、一般的な乳白色のメスより高値で取引されるという（ホワイトとはちがい、メーカーは明らかに着色料で青い色を偽造している）。

クリスタル・メスの成功に気をよくしたカルテルは、より利益の見込める麻薬へと手を広げはじめた。ヘロインである。メキシコ人の観点からすると、ヘロインはとりわけ魅力的な市場だ。南米から輸入の必要なコカインや、通常アジアから調達される化学薬品から生成されるメスとは異なり、ヘロインは国内で生産できる。シエラ・マドレ山地のケシ栽培農家は、ケシの実から粘液を抽出する様子にちなんで「ゴメロ」（ゴムを抽出する人）と呼ばれる。抽出プロセスは簡単だ。大きく膨らんだケシの種子鞘の側面をカミソリの刃で傷つけると、乳液がにじみ出てくる。乳液をしばらく日光に当てておくとゴム状に固まるので、それをこすり取る。これが生アヘンだ。これを水と石灰で煮詰めてモルヒネを抽出したあと、炭酸ナトリウム、塩酸、少量の木炭といった容易に入手できる化学物質を使ってヘロインへと変換する。この段階になると重量はもともとの5パーセント程度となり、出荷の準備が整う。生産から流通までヘロイン・ビジネスを垂直統合することで、カルテルはより大きな利益を上げられるようになる。「ヘロインの利益率は比較的高いのです。コロンビアへの報酬が不要ですから」と語るのは、麻薬取締局のコロラド州デンバー支局を担当するケヴィン・メリル特別捜査官補佐だ。

歴史的に、メキシコのカルテルは二つの理由でヘロイン市場への参入を見合わせてきた。一つ目の理由は需要面に関するものだ。１９６０年代と70年代、米ロックバンド「ヴェルヴェット・アンダーグラウンド」がヘロインをテーマにした曲をリリースし、「ローリング・ストーンズ」が「注射針とスプーンを持って」リラックスすると軽快に歌った時代、アメリカ人はヘロインに夢中だったが、その恋愛関係もたちまち冷めた。若者にヘロインの中毒性や過剰摂取のリスクを知らしめる啓蒙活動や、ヘロインを美化していた有名人の相次ぐ死により、ヘロインの評判はどちらかというと刺激的なドラッグからまぎれもなく恐ろしいドラッグへと急落した。１９８０年代になると、ヘロインは都市部の貧困層のみが抱える悪癖という評判が確立し、90年代になるとその肩書きさえもクラック・コカインに奪われた。かくして将来有望だったヘロイン市場はすっかりしぼんでしまった。

二つ目の理由は、メキシコは常に供給面でハードルに直面してきたからだ。ケシの栽培自体は容易なのだが、シエラ・マドレ山地はメキシコ軍が徒歩や航空機でパトロールしており、ケシ畑の痕跡を少しでも見つけると破壊してしまう。地形が険しく取り締まりの甘いコロンビアの栽培農家は、かねてよりメキシコの農家と比べて安くケシを栽培できた。需要の低下と供給管理の難しさという二つの点から、メキシコのカルテルはヘロイン市場に参入する理由をほとんど見いだせなかったわけだ。

ところが、そんな状況を一変させる二つの出来事が起きた。アメリカのヘロイン市場を一変させた要因を理解するため、シンシア・スクードという人物をご紹介しよう。スクードは細身でさっぱりと整えられた黒髪が目を惹く若々しい老婦人だ。彼女は全身を黒でコーディネートし、ルイ・ヴィトンのハンドバッグを携え、スバルのSUVで颯爽と乗りつける。デンバー郊外の高級住宅地で暮らすスクード一家は、ヘロイン中毒の悲劇に見舞われてきた。と聞くと意外に思うかもしれない。ヘロインは郊外の優雅な中流階級ではなく、都市部の貧困層が使うクスリとされているからだ。しかしもっと奇妙なのは、ヘロイン中毒者が彼女の息子でも孫でもないという点だ。そう、それは彼女自身なのだ。私は、スクードがつい最近9年間のヘロイン中毒に別れを告げたデンバーのクリニック「依存、中毒、リハビリ・センター」で彼女と落ち合う。クリニックの心地よい庭に置かれたテーブルに座り、彼女は身を震わせながら入院当時の様子を回顧する。禁断治療を開始してからの6日間、彼女は15分おきに嘔吐しつづけたという。入院の前から、彼女は子どもサイズのズボンを購入するほど痩せていたのだが、リハビリで体重はさらに40キロ程度にまで落ちた。

スクードの事例は、カルテルが一つ目のハードルであるヘロインのイメージ問題をいかにうまく克服したかを示している。ヘロインのイメージは恐ろしく、そして事実そのイメージどおりだ。ヘロインの適切な用量と過剰な用量の幅は、ほかのどの主流薬物と比べても狭い。学術誌『中毒 *Addiction*』に掲載されたある論文では、さまざまな薬物について、平均的な人間がハイになるために必要な量と死に至る量との比較が行なわれた(5)。アルコールの場合、その比率は10対1だ。つまり、ウォッカ2杯でほろ酔いになるとすれば、20杯を飲みつづけると死亡する可能性があるということになる。コカインはアルコールよりわずかに安全で15対1、ＬＳＤは１０００対1だ。もっとも安全なのはマリファナで、現在わかっているかぎりでは過剰摂取で死亡する可能性はない。大麻入り食品についても、過剰摂取で死に至るという証拠はない。せいぜい自分が望む以上に効果が強く、長続きする程度なのだ。ヘロインの場合、有効量と致死量の比率はなんと6対1だ。商品によって純度が大きく異なることを考えると、ヘロインの摂取はロシアン・ルーレットに近い。ヘロインの顧客層が大きな生きがいを持たない世捨て人に限られるとすれば、売人はこうした状況にたいして危惧を抱かないだろうが、ヘロインを爆発的に売ろうと思うなら、ヘロインのイメージを和らげ、アピールを広げていく必要がある。

幸運にも、カルテルには知らず知らずの共犯者がいた。近年、麻薬密売人が願ってもみない形でアヘン剤の評判を高めつづけているのが、アメリカの医者だ。スクードの試練は腰を痛めたことから始まった。彼女の担当医は喜んで手を差し伸べた。それが余計なお節介だとわかったのはずっとあとのことだ。スクードは強力なオピオイド系〔オピオイドとはアヘン（英語でオピウム）の類縁物質〕の鎮痛薬オキシコンチンを1日6錠の用量で処方された。「お医者さんは患者を喜ばせて、また戻ってくるよう差し向けているのでしょうね」と彼女は言う。案の定、彼女は病院に足繁く通いつづけた。「すっかり薬漬けになって、30日分を10日で飲み尽くしていたの」。その医者は薬をどんどん処方した。ところがある日、その医者が病院を去ると、新しい担当医は薬の量にびっくりして処方量を減らした。物足りなくなったスクードは、薬の効果を高めるため、錠剤を粉砕して鼻から吸引したり煙を吸ったりした。それでも足りなかった。足りない分のオキシコンチンは闇市場で手に入ったが、1錠80ドルもしたため、離脱症状を抑えるほどの量を買いつづけるのは不可能だった。そんなとき、娘の怪しげな友人から、その数分の一の価格でまったく同じ効果が得られるドラッグを紹介された。それがヘロインだった。闇市場のオキシコンチンは1日分で480ドルだったが、ヘロインは1週間分で350ドル程度だったので、処方された少量のオキシコンチンを売ればかなりの部分をまかなうことができた。こうして、スクードはいつの間にかヘロイン中毒者になっていたのだ。

スクードの物語はまるで作り話のようだが、1990年代と2000年代におけるオピオイド系鎮痛薬の処方の急増によって、数十万のアメリカ人が彼女と同じような危うい立場に追いやられてきた。医師が処方する強力なオピオイド系鎮痛薬の量には目を見張るものがある。南部を中心とする一部の州では、今や年間の処方の数が人口を上回る。こうした薬が一部の患者を耐えがたい痛みから救っているのは事実だが、過剰処方の蔓延は薬物乱用が広がっていることを意味している。年間約1100万のアメリカ人がこれらの薬物を違法に摂取しており、その人数はコカイン、エクスタシー、メタンフェタミン、LSDの合計を上回る。

安心感を与える有名な製薬会社のロゴが入ったパッケージで薬を処方する親切な医者たちは、依存性の高い薬に立派な外面を与えている。デンバーの別のリハビリ・クリニック「アラパホ・ハウス」のアート・シャット所長は、今や診療所にやってくるヘロイン中毒者の多くが、オキシコンチンなどの錠剤からヘロインに手を染めた大学生くらいの裕福な若者なのだと話す。「患者の大半は中流階級の中から上といった部類の人たちで、依存のきっかけは処方薬です。処方薬は純粋ですし、薬なので体によいと思ってしまう。だから手を出しやすいのです」と彼は言う。アメリカ全体で、ヘロイン中毒者の3人に2人が処方鎮痛薬の乱用から依存の道を歩みだしたとされる。

最近ではある種の取り締まりが実施されている。オキシコンチンのメーカー「パーデュー」は、簡単に粉砕して鼻孔吸引や注射ができないよう、嚙み砕きにくい錠剤を開発した。現在、医師は患者のカルテを確認して別の病院で鎮痛薬を処方されていないかどうか確かめるよう義務づけられており、規則に違反したクリニックは閉鎖される。しかし短期的に見れば、何百万という鎮痛薬の中毒者がシンシア・スクードと同じ境地に立たされた。いつもどおりの薬の供給を断たれ、代わりの薬物を探し求めはじめるのだ。

当然、この状況はカルテルにとって新規市場を開拓する絶好のチャンスだ。一つに、処方薬のおかげでヘロイン・ブランドの悪いイメージが払拭された。さらに、こうしたゲートウェイ・ドラッグを摂取する人々のなかには、麻薬カルテルにとってかつて手の届きづらかった裕福な老婦人という層がいる。実際、カルテルはすでにこれらの層を顧客へと変えつつある。米ミズーリ州のセントルイス・ワシントン大学のセオドア・シセロらが現在と過去のヘロイン使用者を比較したところ、今日の典型的なヘロイン中毒者は1世代前の中毒者と人口統計学的な層がまったく異なることが判明した。[6] 1960年代のヘロイン中毒者は男性が8割を超えていたが、現在ではほぼ男女半々で、むしろ女性のほうが過半数をわずかに上回る。民族的な背景も変化している。1970年当時、白人はヘロイン使用者の5割にも満たなかったが、現在では9割を占める。平均年齢も上昇した。1960年代、初回使用の平均年齢はショッキングなほど低い16歳だったが、現在の平均年齢は24歳であり、若者中心で成り立つ麻薬ビジネスの基準から見れば明らかに高年齢化している。

ヘロイン市場の需要面が変化したのはわかった。では、供給面を変えた要因は？　その答えは国境の南側、メキシコのフェリペ・カルデロン大統領が２００６年に下した決断にある。その年、彼は得票率１パーセント未満の僅差で対抗馬を破り、ぎりぎりで大統領に就任した。野党は不当にも新大統領の不正を大声で叫び、新大統領は就任式で起きたデモのせいで裏口からそそくさと会場を出るはめになった。就任早々、屈辱を味わう格好となったカルデロンは、権力を誇示するため、大胆な約束を行なった。残酷非道きわまるメキシコの麻薬カルテルを一掃すると宣言したのだ。翌数年、メキシコの港湾都市や国境都市で暴力がうなぎのぼりになると、大統領は軍を招集し、カルテルが住民を脅かしている地域へと数千人の兵士を派遣し、パトロールに当たらせた。ファレスなどの都市は兵士で埋め尽くされ、複雑な結果をもたらした（第2章を参照）。ただ、この戦略のひとつの影響として、軍が通常任務から外されたことは確かだ。シエラ・マドレ山地のパトロールは手薄となり、突如としてケシ畑への監視の目は行き届かなくなった。

ケシの栽培農家はすばやく動いた。「ふつうのビジネスと同じです。需要があれば、彼らはなんとしてでも商品を提供しようとするのです」と麻薬取締局のケヴィン・メリルは話す。２００６年以降、ケシの生産は急増し、ピーク時には2万ヘクタール近くまで達した（国連の統計によると、２０００年代初頭にはせいぜい合計２０００ヘクタール程度だった）。今やメキシコはアフガニスタンとミャンマーに次ぐ世界第3位のケシ産地となり、その大半が北へと向かっているようだ。アメリカとメキシコの国境で押収されるヘロインの量は、２００５年の約２５０キログラムから２０１３年の２０００キログラム以上へと

8倍に増加した。米麻薬取締局の推定によると、メキシコのカルテルは西洋のヘロインのほぼ全量、東洋のヘロインの約半分を供給しているという（残りの半分は主にコロンビアとアフガニスタンから）。

ヘロイン・ビジネスの垂直統合は依然として保たれており、カルテルは主にメキシコ人とホンジュラス人の売人組織を通じてヘロインを売りさばいている。組織に潜入しようとする麻薬取締局の裏をかくため、組織のメンバーは4～6カ月ごとにメキシコに呼び戻される。売人は午前6時から午後5時まで路上に立ち、仕事を終えると売り上げを数えてメキシコの本部に報告する。「指揮管理系統」はいまだ健在なのだとメリルは言う。新しい地域で商売を始めるときは、無料サンプルを配るのが一般的だ。メキシコ製ヘロインはほかと比べて純度が低いが、新たな中流階級の市場にはぴったりだ。メキシコ製の「褐色」のヘロインは、アジアで出回っている「ブラック・タール」ヘロインより喫煙や鼻孔吸引がしやすいと言う者もいる。喫煙可能という点は、ヘロインについて回る注射針や「麻薬中毒者」のイメージを嫌う用心深い顧客に対してはセールス・ポイントになっている。「どういうわけか、注射しないかぎりヘロイン中毒じゃないと思いこんでいたんです」とスクードはきまりが悪そうに言う。彼女は、売人がいつでも飲みこめるよう小さな風船に入れて口腔内に隠しておいたヘロインを、デンバーの6番街とシェリダン大通りの交差点でよく購入していた。今でもその交差点を通るたび、誘惑に駆られるらしい。「リハビリを終えて自宅まで運転している途中、ハンドルの上で両手が震えだしたのよ」

スクードは車を停めたいという衝動に勝った。が、彼女のような人ばかりではない。2013年にヘロインを使用したアメリカ人は約68万人となり、わずか6年前の倍近くなった。カルテルにとって、ヘロインは経営多角化のまぎれもない成功例だ。誰もが風前の灯火だと思っていた麻薬が復活し、今やその恐ろしさを知らない新市場に向けて販売され、大きな利益を上げている。コカインの流行が廃れ、大麻が合法的な市場に支配されている今、カルテルが人々の命を奪う〝第二のプラン〟へといっそう舵を切るのは目に見えている。

Chapter 10

いたちごっこの果てに……

麻薬王たちを脅かす合法化の波

私が車で乗りつけたコロラド州デンバー郊外の巨大な灰色の倉庫のドアには、なんの表札も掲げられていない。が、携帯電話のマップを見るかぎり、ここでまちがいなさそうだ。そこはデンバーのなかでもあまり冴えない地区、そのまた冴えないビジネス・パークのなかにある、なんの標識もない区画だ。周囲に人の気配はないが、ドアへと続く坂を歩いていると、倉庫の入口に向けられた監視カメラの向こうから、誰かに見られている気配がする。表札のない入口のインターフォンを鳴らすと、少ししてドアが開く。バミューダ・パンツにサンダルをはき、金髪のもじゃもじゃ頭をした陽気な若者が、満面の笑みで現われる。受付エリアに入ると、さらに多くの監視カメラの見守るなか、男が私の運転免許証を丹念にコピーする。別のドアを開けると、暖かい空気、そして強力なライトとエアコンが奏でるかすかな雑音が私たちを出迎える。しかし、何より気になるのはつんと鼻をつくマリファナ（大麻）の匂いだ。

ここはデンバー最古の合法大麻薬局を運営する「デンバー・リリーフ」の大麻栽培施設だ。２００９年にこの会社を設立したのはコロラド州のイアン・シーブという若者で、彼はスキー事故でケガを負ったあと、唯一痛みを和らげてくれる医療用大麻の愛好家になった。その後、彼は運命に導かれるように、別の痛ましい事故で1本の指の先端を失い、いっそう大麻の力を確信した。４０００ドルばかりの貯金と２００グラム程度のマリファナを元手に、デンバー・リリーフは配達サービスを開始。２０００年以降、医師から医療用大麻の使用を認められたデンバーの登録患者たちに大麻を配達してきた。コロラド州が世界で初めて医療目的以外でのマリファナ販売を合法化すると、２０１４年1月1日以降、嗜好用大麻の使用者へとマーケットを拡大した。

デンバー・リリーフの栽培責任者を務めるニック・ハイスが苗床（なえどこ）に案内してくれる。彼は技術者の白衣を着て、一つ目の栽培室の二重扉を押し開ける。壁際にはハイスが「お母さん」株と呼ぶ成長した大麻が１００株ほど並び、中央のテーブルにはそれより小ぶりの大麻が３５０株ほど並んでいる。小さな挿し木はロックウールの鉢に植えられ、2週間ほど生育させたうえでテーブルへと移される。そこで土に移し替えられ、ヨーロッパの輸入肥料を存分に吸収し、ハロゲンランプの強烈な光を浴びる。土の酸性度を測る電極や、ランプが放射している光子量を測定する光量子計もある。温度や湿度も厳重に管理される。データはすべてコンピューター・システムにアップロードされるので、特定の株に問題が起きた場合、数カ月前までさかのぼって1時間単位でデータを確認し、原因を究明できるようになっている。

両親がオハイオ州でごくふつうの種苗店を運営しているハイスは、大麻の栽培は「トマトの栽培みたいなもの」と謙遜するが、自身の完璧無比な施設に対しては明らかな自負をにじませる。「大麻のアマチュア栽培家向けの本がいろいろと出回っていますが、どれもウソっぱちですよ。私たちは本当に有効な光の量、温度や湿度、窒素やリン酸の濃度などを解明しつつあるんです」と彼は興奮気味に話す。数週間後、大麻の〝娘〟たちは二つ目の栽培室、そして三つ目の栽培室へと注意深く移される。全体として収穫の準備が整うまで140日間かかる。大麻草の上部付近の葉を覆い、粘り気のある樹液をにじみ出すふっくらとした花穂(バッズ)は、摘み取って乾燥させたのち、出荷される。その下の葉(リーフ)はすりつぶし、ろ過して濃縮したのち、食品に添加したり煙を吸ったりする。

今まで大麻市場を完全に掌握してきたカルテルにとって、デンバー・リリーフの麻薬農場やコロラド州に続々と出現している同類の施設は深刻なライバルだ。長年、アメリカ人が愛用する大麻は違法だったため、犯罪組織が市場を独占支配していた。それも、なんという巨大な市場だろう。その違法性にもかかわらず、アメリカ人の約4割がマリファナの使用経験ありと認めている。全国で、大麻はおよそ年間400億ドル規模の価値を持つと考えられており、これはレコード音楽業界に匹敵する。つい最近まで、そのお金がすべて犯罪組織へと渡っていたわけだ。しかし2014年、コロラド州、そしてワシントン州が、全米および世界で初めて、法律に従って納税を行なうシーブやハイスのような人々に大麻市場への参入を認めた。同年、アラスカ州とオレゴン州も追従したほか、多数の州が合法化を宣言した。これらの数少ない地域では、認可企業は大麻を栽培、加工し、他の州や国の人々も含めて21歳以上なら誰にでも販売できるようになった。1年目、コロラド州の大麻薬局だけで売り上げはおよそ7億ドルに達した。[1] カルテルが売り上げを横取りされたと感じたことは疑いようがない。

コロラド州の合法大麻企業は、闇企業と比べていくつか大きな利点を持つ。まず、大麻産業の栽培面を見てみよう。大麻の栽培は、一般の農業と同じで規模の経済から大きな恩恵を受ける。多数の小さな倉庫よりも一つの巨大倉庫のほうが作物を効率的に栽培できる。闇経済では、発見されるリスクが活動規模に自然と制限を加える。メキシコの場合、巨大な栽培施設をうまく隠し通しているメーカーもあるが、ふつうは人里離れた屋外施設に限られ、デンバー・リリーフのような高度な栽培は行なわれていない。コロラド州の栽培室は巨大スーパーに匹敵する1万平米近くにおよぶこともある。大麻草1株からは約75グラムの使用可能なマリファナが取れる。これは小売価格にすると１０００ドル強なので、１０００株を栽培するごくささやかな施設でも、常時数十万ドル相当の大麻が栽培されていることになる。デンバー・リリーフが倉庫の壁に表札を掲げていないのはおそらくそのためだろう。しかし、巨大施設の運営は闇ビジネスにとってははるかにリスクが高い。保険をかけるという選択肢はないし、当然ながら強盗に押し入られても警察に通報できない。

もう一つ、違法な大麻栽培施設の規模を制限している要因がある。電気だ。屋内栽培は、強力で価値のある大麻を育てるのに最適な方法だが、１日何時間も高エネルギーの明るい光を当てる必要がある。そうなると、電気料金が不審なくらい高くなるのだ。大麻ファンのオンライン掲示板には、どれくらい電気を使用すると電力会社から警察に通報が行くのかという質問が飛び交っている。「栽培家向けの指針としてよく言われていたのは、大型テレビの消費電力がだいたい１０００ワットというものです。なので、五つの寝室がある家で栽培する場合、5000ワットくらいまでならあまり怪しまれずに電気を使えるわけです」とハイスは言う。これはちっぽけな量だ。デンバー・リリーフの施設では、照明におよそ15万ワット、空調その他にもう10万ワット程度を使用しており、電気代は1日800ドルにもなる。

違法栽培者にとって、大量の照明は別の問題も生む。熱だ。警察もそれを知っていて、多くの部署が赤外線カメラを使って不審なほど温度が高い家々を捜索している。警察のヘリコプターが搭載する感熱カメラを通して見ると、真っ暗な街のなかで、大麻を栽培する家屋だけが真っ白に光って見える。こうして大麻畑を捜索しているのは警官だけではない。英バーミンガムの犯罪者たちは、所有者へのゆすりや強奪を目的に、赤外線カメラ搭載のドローンを使って秘密の栽培施設を探している。ドローンを使用するあるゆすり屋は、地元の『ヘイルゾーウェン・ニュース』紙に対してこう語った。「狙われても文句は言えないさ。俺は何もドローンで高級テレビを持っている奴を探し出しているわけじゃない。盗み出して売れるドラッグを探しているだけだ。法律を犯した奴は、俺や俺のドローンの縄張りに侵入してきたも同然なのさ(2)」

このように、本格的な規模で大麻を違法栽培するには数々のハードルがある。つまり、違法栽培者はコロラド州の倉庫と比べると量という点でかなり不利といえる。では、質の面ではどうだろう？　大麻について無知な私は、その道の専門家の意見を仰ぐことにした。「カンラブズ CannLabs」は、光沢のある同社の投資家向けパンフレットの言葉を借りれば「大麻の革新をリードする」企業だ。私はその受付エリアで、創設者のジェニファー・マリーと会う。大麻の葉をかたどったディアマンテ・ペンダントがついたネックレスを着けるマリーは、微生物学の学位を持っており、大麻の科学的な側面に魅了された。2010年、14平米の小さな研究所で事業を開始すると、2014年にはコロラド州の嗜好用大麻ブームに乗り、180平米のハイテク研究所に移転し、職員を30名以上まで増員。研究所内では、コロラド州のさまざまな大麻の株が検査にかけられている。

マリーは大麻の栽培ビジネスの変化を目の当たりにしてきた。「4年前、この業界は本当に荒削りでした。地下室で大麻を違法栽培していたような人が、土と水と光を適当に組み合わせるだけでしたから。でも今では栽培の専門家が必要です。製薬施設と同じように［栽培室を］扱う必要があるのです」と彼女は話す。カンラブズは1株80ドルで大麻を検査し、9種類のカンナビノイド（使用者の精神状態から食欲まであらゆる面に作用する化学物質の総称）の濃度を計算する。マリーが「計測機器界のベントレー」と自負する銀色の装置は、農薬の有無を検査する。ほかに検出しうる不純物として、重金属、微量のブタンガスやプロパンガスなどがある。これらはメーカーが濃縮物の生産過程で使用し、出荷前に除去しきれないケースのある物質だ。

この高度な検査のおかげで、合法大麻の消費者は自分の吸っている商品の成分や効果を正確に知ることができる。デンバーの大麻薬局には、販売されている品種を一覧した〝メニュー〟がある。商品には簡単な説明がついていて、ワインのラベルを彷彿とさせるような美辞麗句が並んでいる。「鼻孔をくすぐるピリッとしたレモンの風味に、かすかなアンモニアの香り。天にものぼるような強烈な多幸感と高揚感」と説明されているのは、デンバー最大の大麻薬局チェーン「ザ・クリニック」で販売中の「トレインレック」（列車脱線）という品種。「柑橘系とミント系の香りがほのかにただようリコリス風味。脳をしゃきっとさせる効果は抜群」と説明されているのは、「ダーバン・ポイズン」（ダーバンの毒）という品種だ。説明の横には各種カンナビノイドの濃度が書かれており、たとえばダーバン・ポイズンはトレインレックよりもかなり強いとわかる。メーカーによっては、効きはじめの時間や効果の持続時間を

米コロラド州デンバーにある合法大麻会社「メディスン・マン」の施設で大麻草を検査する技術者（Medicine Man）。

示すタイムチャートを載せているところもある。翌朝運転の予定がある消費者にとっては便利だ。

この点にかけては密売人も負けていない。通常、シルクロードのような違法オンライン市場も、合法薬局と同じような派手な名前や説明で商品を宣伝する。しかし、薬の効果や不純物に関する情報に研究所からお墨付きを与えられているという点では、合法的な業者のほうが路上の売人よりは有利だ。特に、正体不明な品種を吸うことに不安を感じる新規顧客を相手にしようとしているならなおさらそうだろう。

合法的な大麻市場は、そうした新規顧客を惹きつけるさまざまな工夫を凝らしてきた。私はデンバー中心部で、「マリファナ観光」という興味深い新分野を開拓している「コロラド・グリーン・ツアーズ」代表のピーター・ジョンソンと落ち合う。オールバックの髪にサングラス、革のジャケットという出で立ちのジョンソンが、ワーウィック・ホテルのロビーで私を出迎えてくれる。ワーウィック・ホテルは屋内でのマリファナの喫煙を禁じているが、各室に隔離されたベランダがあり、悪知恵の働くスモーカーにはぴったりということで、大麻ツアーの参加者には人気の宿泊先となっている。今やコロラド州では大麻の話題はまあまあオープンになりつつあるが、それでもジョンソンは内密に話ができるようレストランの隅のほうの席を提案した。

ジョンソンはドットコム・ブームの最中にテクノロジーに手を出した「連続起業家」を名乗っている。マリファナ・ブームがコロラド州に押し寄せると、こんどは大麻ビジネスに手を出すことを決意。彼いわく現在30を超えるプロジェクトが進行中だという。たとえば、オンライン民泊サービス「Airbnb」に対抗して、大麻に優しい宿泊先を見つけるサービス「カナベッツ・ドットコム」を運営しているし、タクシーを手配するスマートフォン・アプリ「ウーバー」に対抗して、大麻に優しいタクシー・サービスを計画している（名称は未定）。ほかにも、大麻をテーマにしたホテルなど、無数のプロジェクトが進行中だ。本当に需要があるのか？「もちろんだよ！」とジョンソンは声を張り上げる。「１９９０年代のドットコム時代を思い出す。当時は何もかもがものすごいスピードで変化した。だが」と言いかけ、アイデアが盗まれるのを心配するようにきょろきょろと周囲を見回すジョンソン。「今回の変化はもっと急速だ」。ドットコム・バブルというのは不吉なたとえだ。実際、コロラド州のマリファナ市場にはバブルの雰囲気がただよっている。２０１４年末までに、州当局は月間推定50万人の消費者にサービスを提供する８３３の嗜好用大麻薬局に認可を与えた。(3) その顧客が毎月大麻を購入するとしても、薬局には1店舗あたり1日平均20人程度の客しか訪れないことになる。これではお店をやっていけるとは思えない。まちがいなく大合併時代がやってくるだろう。

顧客不足を部分的に穴埋めしているのが州外からの客だ。ホテル予約サービス「プライスライン・ドットコム」によると、アメリカの学生が検索する春休みの旅行先で、デンバーが２０１４年の世界第３位に輝いたという。嗜好用大麻の販売開始から9カ月間、デンバー都市圏のマリファナの売り上げの44パーセントは、コロラド州外の人々が占めていた。サミット郡、サンミゲル郡、クリアクリーク郡などの観光客の多い山岳地域では、その率は90パーセントにおよんだ。ジョンソンによると、ツアー客の大半はアメリカ人だが、世界じゅうから客が集まってくるらしい。特にヨーロッパ人が多いそうだが、オーストラリア、日本、カナダ、ブラジルの客も多いという。春休みの旅行客とは対照的に、彼の顧客は35～65歳が中心で、しばらく大麻を吸っていないので「ちょっとした介助を求めている」人が多いようだ。顧客のなかには、配偶者の出張の付き添いでデンバーに来ていて、日中やることがないという人もいるし、少し変わったところでは、アメリカでもとりわけ利用者数の多いデンバーの空港で何時間かつぶしたいと考えている人もいる。時間を持て余している人はジョンソンの会社に電話すれば、送迎リムジンの後部座席で大麻を吸いながら、街をドライブすることもできる。こうしたサービスはすべて、１人だけで大麻を吸う自信がなく、コロラド州に知り合いのいない大麻の未経験者や気まぐれなスモーカーをターゲットにしている。これも闇市場では容易に提供できないサービスだ。

私はデンバーの街を歩き回りながら、ホテルやコンベンション・センターを出入りする会社員たちを見ては、コロラド・グリーン・ツアーズのリムジンの後部座席でマリファナたばこにおそるおそる火をつける夫や妻を想像してみる。最初は少し想像しづらい。だが、合法的な大麻企業は、さまざまな消費者に訴えかける形で大麻をパッケージするあらゆる方法を探っている。大麻薬局を訪れると、大麻のバッズが入ったガラスびんや、すでに巻いてある未経験者向けのマリファナたばこが陳列されている棚のほかに、色鮮やかな飲料ボトルが並んだ冷蔵庫や、チョコレートのプラスチック・パッケージが山積みになった棚を見かけることも多い。昔から大麻の愛好家は、大麻入りブラウニーからインドの大麻入りラッシー（ヨーグルト風の飲み物）まで、大麻を摂取するさまざまな方法を試してきたが、合法化によって本格的な専門知識を持つ会社が大麻市場に参入できるようになった。これまで、コロラド州は250を超える「大麻入り製品メーカー」に認可を与えている。こうした企業は大麻を闇市場では見つからない魅力的な製品へと変身させているのだ。

そうした企業のなかでコロラド州最大の「ディクシー・エリクサーズ」は、大麻入りの飲料、チョコレート、錠剤などを幅広く生産している。ディクシーの工場内部は『ブレイキング・バッド』に登場するクリスタル・メス製造所に似ているが、ウォルター・ホワイトと同じくらいウィリー・ウォンカ〔『チャーリーとチョコレート工場』に登場する天才ショコラティエ〕の力も借りている。白衣を着た技術者のなかには、濃縮麻薬を取り扱っている人々もいれば、溶けたチョコレートの入った容器をかき混ぜたり、組立ラインからアルミニウムのボトルを抜き取ったりしている人々もいる。同社の最高財務責任者のチャック・スミスは、私に工場内を案内している途中でふと立ち止まると、「エイペックス・スーパークリティカル二酸化炭素抽出機」の自慢をしはじめる。無数のダイヤル、ワイヤー、金属シリンダーがスパゲッティのようにからみ合っているその10万ドルの機械は、大麻草から有効成分を抽出する装置だという。工場内の各所で、「ウォーターメロン・クリーム」や「スパークリング・ザクロ」といった風味の大麻入り飲料や、マッサージ・オイルのような製品までもが生産されている。

大麻産業のほかの分野と同様、大麻入り食品市場も、嗜好用大麻の市場が合法化されてから格段に洗練されてきた。「年々、テクノロジーが飛躍的に進歩しています。私どももつい5年前は小さなキッチンですべて手作りしていたんですよ」とスミスは言う。2014年、ディクシーは3000平米クラスの工場に移転し、見学者はガラス越しに調合室をのぞけるようになった。飲料からチョコレート・バー、舌下吸収できるディクシー製の超濃縮大麻オイルまで、大麻の新たな摂取方法の急速な進化は、あの手この手で新規顧客を引きつけようとする起業家たちのすばやい適応能力を物語っている。ラガー・ビールが女性たちにもビールを飲んでもらうため、〝軽い〟たばこが健康を意識したスモーカーのために開発されたのと同様、大麻入りの食品や飲料は、喫煙という形を好まないマリファナ愛好家の新たな市場を開拓する可能性をおおいに秘めている。

ディクシーは市場拡大の波にうまく乗り、嗜好用大麻の合法化から半年で収益を5倍に増やした。しかし、会社の知名度が上がるにつれて、ディクシーの製品が顧客の思う以上に危険であるという批判に立ち向かわざるをえなくなっている。マリファナは麻薬としては異例なくらい安全で、過剰摂取はほぼ起こりえず、死亡例も報告されていないが、摂りすぎれば何時間も妄想に襲われるなど、不快な症状を体験することもある。特に大麻入り食品会社は、大麻の食べすぎのほうが吸いすぎよりもはるかに起こりやすいとして批判を浴びている。マリファナたばこの効き目はすぐに表われるが、チョコレート・バーや飲料はハイになるまで45分ほどかかる。初心者は一口だけ食べて効果がないと思い、残りを丸ごと食べてしまうというまちがいをよく犯してしまう。こうなると、そのあとで逃げ場のない長時間の恐怖体験が待っている。

まさにそのまちがいを犯したのが、『ニューヨーク・タイムズ』紙のコラムニスト、モーリーン・ダウドだ。彼女はデンバーでの取材中、本来なら16人で分けるべきチョコレート・バーをまるごと食べてしまった。その後、彼女は同紙でこう記した。「初めの1時間は何も感じなかった。しかしそのとき、恐ろしい震えが全身と脳に伝わるのを感じた。私はやっとの思いで机からベッドに移動し、それから8

時間、幻覚にうなされたまま丸くなっていた。呼吸は荒くなり、私は妄想に駆られはじめた。ルームサービス係が部屋をノックしても返事をしなかったら、警察に通報され、過剰摂取で逮捕されるにちがいない。そのうち妄想はいっそうひどくなり、私はもう死んでいるのに誰も教えてくれないと思いこむようになった[4]」

もっとひどい目にあった人々もいる。コンゴから米ワイオミング州に交換留学でやってきた19歳のレヴィ・タンバ・ポンジは、本来6人分と思われる大麻入りクッキーを食べたあと、デンバーのホテル「ホリデー・イン」のベランダから飛び降りて死亡した。居合わせた友人たちによると、ポンジはクッキーを食べた1時間後にフランス語をしゃべりだし、部屋じゅうのものをひっくり返し、ランプに語りかけはじめたらしい。すると突然、勢いよく部屋から飛び出し、止める間もなくベランダから投身したという。また、リチャード・カークという別の男性は、大麻入りクッキーを食べたあとに妻を射殺して起訴された。カークは「有罪ただし精神異常あり」〔心神喪失による無罪とは異なり、有罪ではあるが精神異常の影響にあったことを認める判決で、精神病院への勾留が言い渡される〕を主張した。

これらの悲劇以降、コロラド州では大麻入り食品の規制が強化され、より明確な表示や子どもにとって安全なボトルの蓋が義務づけられた。大麻入り食品業界の人々は、アルコールなどの製品のほうがはるかに危険なのに規制は甘いと指摘しているが、その一方で慎重を期すほうがゆくゆくはみずからのためになることも理解している。「この業界が滅ぶとすれば、それは企業が対応を誤り、業界全体が悪の烙印を押されたときでしょう」とチャック・スミスは言う。ディクシーが最初に発売した飲料は、コカ・コーラの缶よりも小さなかわいらしいボトルに入れて販売されており、側面には小さな文字で「7・5回分」と書かれている。7口もあれば余裕で飲み干せそうなボトルにしては、やけに濃度が高い印象を受ける。そう思うのは私だけではないようだ。ディクシーは顧客の要望に応えて、濃度の低い新シリーズ「ディクシー・ワン」を発売。この飲料には多幸感をもたらす大麻中の化学物質テトラヒドロカンナビノール（THC）が5ミリグラムしか含まれておらず、同社のもっとも強力なシリーズに含まれている75ミリグラムと比べて格段に少なくなっている。

私はよくいわれる大麻の無害性にやや疑念を深めつつ、ディクシーの奇妙なチョコレート麻薬工場を去る。たった1枚のチョコレート・バーや数口のザクロ飲料で一時的に気がおかしくなるのだとしたら、どうやら大麻は一般に考えられているよりも強力なものへと進化してしまったようだ。それでも、市場の圧力のおかげで、ディクシーのような会社がもっと強力な製品ではなくマイルドな製品を開発する方向へと舵を切っているのは心強い傾向だ。ただ、ひとつだけ確かなことがある。大麻入りクッキーがモーリーン・ダウドや潜在的な消費者たちにとってどれだけ恐ろしい存在だとしても、現在アメリカでマリファナを密売するカルテルにとってはそれをはるかに上回るほど恐ろしい存在だということだ。私の知るかぎり、大麻入りチョコレート・ブラウニーの密輸を商売にしている組織犯罪グループはない。他方、合法的な大麻会社は、やがて何百万という新規顧客を生み出す可能性のある新しい大麻の消費方法を盛んに広めていっている。水パイプでマリファナを吸うのは好まない人々も、THC配合の飲料なら試してみようと思うかもしれない。果たしてカルテルは、量、質、イノベーションのすべての面で上回る新たな敵とどう渡り合っていくのだろうか？

アメリカの巨大な大麻市場は相変わらずカルテルの独壇場だ。アメリカ人は年間３０００トン以上（推定によってはその2～3倍）のマリファナを平らげている。その一部は国産であり、カナダやジャマイカなどの国から輸入したものも少量あるが、長年圧倒的なシェアを占めるのがメキシコからの大麻だ。かつて存在した米司法省の麻薬情報局は２０１１年、アメリカの１０００以上の都市でメキシコのカルテルがマリファナ流通の「大部分」を支配していることを「高い信頼性」をもって推定した。その前年に行なわれたランド研究所による詳細な調査では、アメリカで消費される大麻の40～67パーセントをメキシコが供給していると推定された。[5]

デンバーの熱狂の渦中にいると、２０１５年時点で大麻が完全に合法化されているのはアメリカの50州のうち、コロラド、ワシントン、オレゴン、アラスカの4州だけだという事実をすっかり忘れてしまう。しかも、4州とも比較的小さな州だ。合計人口は約１７００万人で、米総人口の５パーセントにすぎない。カルテルはこの4州では合法的な大麻産業との苦戦を強いられるかもしれないが、当面、残りの95パーセントのアメリカ人は闇市場で大麻を購入するしかないのだ[6]（医師から医療用大麻の使用許可をもらえば別で、こちらは上述の4州に加えて21州とコロンビア特別区で認められている〔この日本語訳刊行時点ではアメリカで大麻が合法の州は医療用・嗜好用ともに増えている〕）。ところが、麻薬カルテルとアメリカの警官にとって同じくらい苛立たしいことに、合法大麻は隣接する州へと侵食する傾向がある。現在大麻が違法とされている地域では、メキシコから輸入した大麻を購入するか、アメリカで大麻が合法な州から持ちこんだ大麻を購入するかの二つの選択肢がある。では、州をまたぐ違法取引はいったいどれくらい行なわれているのか？

真相を確かめるため、私はコロラド州で大麻の広がりを食い止めようとしている男性に会いに行く。連邦麻薬対策計画の一環である「ロッキー山脈麻薬売買集中地域」プログラムを率いるトム・ゴーマンだ。大麻が合法化された州では、連邦政府の機関が複雑な役割を果たしている。現地で停戦が宣言されてもなお、マリファナとの名目上の戦いを続けているのだ。町のはずれにあり、大統領の肖像写真、星条旗、ワシの小像が飾られているロッキー山脈事務所は、反抗的な自治区に居座りつづける最後の駐屯部隊の雰囲気をただよわせている。しかし、そんなことにはまったくおかまいなく、ゴーマンは麻薬撲滅のために孤軍奮闘している。黒革のカウボーイ・ブーツをはき、薄茶色のもじゃもじゃの口ひげを蓄えた彼は、格闘家チャック・ノリスの（少々小柄とはいえ）屈強な弟に少し似ている。事務所の壁には木製の盾に取りつけられた短剣が飾られている。1970年代、カリフォルニアのある家を強制捜査したとき彼の足に刺されたものだ。彼はズボンの血を洗い落とし、妻に穴を縫い合わせてもらい、勤務中に同じズボンをはきつづけたらしい。私はふと、ゴーマンをラテンアメリカに何日か派遣し、悪党に痛い目を見させれば、カルテル戦争は終結するのではないかとさえ思った。ところが、そんなゴーマンでさえ、コロラド州の新たな大麻産業に蓋をしつづけるのには手を焼いているようだ。

「ここの合法市場がアメリカの残りの地域にとっての闇市場になってしまったというわけさ」とゴーマンは言う。21歳以上であることを証明する身分証を持ってコロラド州の大麻薬局に行けば、最高で4分の1オンス（約7グラム）のマリファナがあっという間に購入できる。そして、州境を越えて大麻が違法な州へと車でひとっ走りするのはわけもない。幹線道路上の警察もそうした車を食い止めるために最善を尽くしているが、境界とはいっても国の境界ではなく州の境界であり、勝手に検問所を設けて車内を捜索するわけにもいかない。車を停めるには交通違反が必要だし、停めたとしても車内を捜索するにはそれなりの理由が必要だ。「われわれが押収しているのは全体の1割にも満たないだろう」とゴーマン。コロラド州の大麻が漏れ出しているのは幹線道路からだけではない。郵便でも送られている。20

１０年、コロラド州で医療用大麻薬局が爆発的に増えた翌年、米郵便公社はコロラド州から発送されようとしている25キログラムあまりのマリファナを阻止した。２０１３年になるとその量は２２０キロを超え、送付先も33州におよんだ。しかも、これは発見された分にすぎない。いったいどれだけの量の大麻が発見されないまま配達されているかは不明だ。

合法的な大麻が流出しているのはまったく不思議ではない。「コロラド州の大麻は一級品だ。農薬が含まれていないからね。ここで買った大麻をミズーリ州やアイオワ州に持っていけば倍で売れる」とゴーマンは話す。もちろん、州をまたぐ違法商品の取引は今に始まったことではなく、薬物に限った話でもない。デンバーにある大麻の販売店で聞いた話だが、コロラド州の大麻薬局がワイオミング州（大麻は違法）との州境近くで大繁盛しているのと同じように、ワイオミング州の小売店はコロラド州（花火の購入は禁止）の住民に花火を販売して儲けているのだという〔コロラド州は乾燥が激しく、年度や地域によって花火の使用や所持に厳しい規制が設けられる〕。オンラインを簡単にチェックするだけでもその事実が確かめられる。コロラド州の州境近くに大麻薬局がいくつも店を構えているのと同様、ワイオミング州の州境付近には、州境のわずか3キロメートル北にある店「パイロ・シティ」をはじめとして、花火の店が建ち並んでいる。

密売人は合法市場では手の届かないニッチ市場にサービスを提供することで、必死に追いすがろうとしている。たとえば、コロラド州では大麻薬局が午後7時で閉店を義務づけられているため、夜は闇市場の出番となる。また、嗜好用大麻薬局は宅配サービスの提供を禁じられているが、宅配は路上販売よりもリスクが低いため、密売人がかねてから得意としているサービスだ。いずれにしても、麻薬常習者たちの多くは習慣から今までの入手ルートを利用しつづけるだろう、とゴーマンは考えている。「麻薬の売人というと怪しげなイメージがあるが、それは完全にまちがっている。ごくふつうの人間なんだ。

友人に電話してマリファナを購入することもあるだろう。君が売人で、私がいつも君からドラッグを買っているとしたら、何が変わるだろう？」

変わる可能性があるとしたら、それは麻薬市場の卸売の部分だろう。確かにゴーマンの言うとおり、習慣や忠誠心から、あるいは夜間の宅配を希望するという理由で、常習者が今までと同じ売人から大麻を買いつづけるということもあろう。しかし、麻薬カルテルにとって重大な疑問とは、売人がその麻薬をどこで入手するかだ。つまり、アメリカの大麻の闇市場は、メキシコ製の大麻が競争しうる市場として残るのか？　それとも、密売人が合法的な経路で大麻を仕入れ、大麻が合法化されていない州、禁止されている州、または21歳未満の人々に売りつけて金儲けする「グレー・マーケット」へと変わるのだろうか？　たとえば、アルコールやたばこの闇市場は後者のタイプといえる。土曜の夜に大学のキャンパスを訪れれば、違法アルコールの市場はまちがいなく大盛況だ。が、未成年の酒好きたちはメキシコから密輸した違法ビールを買ったりはしない。むしろ、合法的に製造され、ごくふつうの店で売っているお酒を、おそらくは兄や友人といった〝売人〟から違法に入手するだろう。同じように、違法たばこの大半は、ある市場向けに合法的に製造され、税率の高い別の市場へと違法に転用されたものだ。ある推定によると、ニューヨークで吸われているたばこの実に半数以上が、この理由でほかの州から持ちこまれたものだ[7]〔アメリカのたばこは州ごとに値段が異なり、ニューヨーク市が全米で最高〕。

カルテルがこのグレー・マーケットで生き残る唯一の手段は、価格面で合法的な栽培業者に勝つことだ。カルテルに勝ち目はあるだろうか？　先ほど登場したデンバー・リリーフ代表のイアン・シーブによると、同社の栽培室では喫煙可能なマリファナを1グラムあたり約2ドルで生産できるという。これはコロラド州のほかの有名業者とほぼ同じだ。デンバーの大手メーカーの大半は大麻を４５０グラムあたり1000ドル、つまり1グラムあたり約2・2ドルで生産することを目指している。これに税金が上乗せされ、医療用薬局では1グラムあたり11～15ドル程度、より税率の高い嗜好用薬局では16～20ドル程度で小売りされる。

それを踏まえると、メキシコ製の違法大麻にも勝ち目はありそうだ。ホワイトハウスの年次薬物報告書によると、アメリカにおける違法大麻の平均価格は1グラムあたり約15ドルで、大量購入するともう少し安くなる。デンバーの大麻薬局の話では、合法化以降、違法大麻業者は顧客維持のために値下げを行なっているという。ある業者の推定によると、違法大麻は店舗で購入する場合と比べて2～3割安いようだ。しかし、この分析では大麻の強さを考慮していない。ホワイトハウスによれば、違法大麻のTHC含有量は平均7パーセント程度で、含有量20パーセントを超える品種がごろごろあるコロラド州の合法大麻薬局の商品と比べるとごくわずかだ。言い換えれば、メキシコのマリファナでコロラド州のものと同じ効果を得るには3倍近い量を吸う必要があるわけだ。競争力を維持しようと思えば、カルテルは自身の劣悪品を合法的な商品の3分の1未満の値段で売らざるをえないのだ。

それができるかどうかは州によって異なる。輸送距離が長ければ長いほど値段は高くなる、というのが麻薬密輸の基本法則だ。密輸品が危険な旅を重ねるたび、誰かがリスクを冒し、その見返りが必要になる。そのため、ヘロインがアフガニスタンからヨーロッパへと近づくたびに少しずつ高くなっていくのと同様、大麻もメキシコ国境から遠ざかるほど高くなっていく。麻薬関連の情報を網羅するオンライン・サイト「ナルコティック・ニュース」は、警察当局が発表する全米の麻薬価格のデータベースを管理している。違法大麻の最安値は国境地帯で、米テキサス州エル・パソでは1キログラムあたりの卸売価格がわずか200ドルのケースもあるが、同じ麻薬がニューヨーク市に到達するころには1000ドルを超える。ハワイでハイになりたい人には気の毒だが、ハワイのマリファナの卸売価格は1キログラムあたり6000ドルに達する。

密輸のコストを算出するため、メキシコシティのシンクタンク「メキシコ競争力研究所」の研究者たちは、48都市の麻薬価格チャートを作成し、その都市のメキシコ国境からの道路距離と比較した。その結果、米国内を1000キロメートル移動するごとにマリファナの1キログラムあたりの卸売価格は平均で500ドル上昇することが判明した。コロラド州やワシントン州のアメリカ人密売人も、商品をほかの州に密輸するのに同程度のコストをこうむると考えていいだろう。そこで、メキシコ競争力研究所のチームは、合法的なマリファナの卸売価格を1キログラムあたり2000ドルと仮定し（コロラド州の栽培業者の大半が生産にかかると述べているコストと同じだ）、計算を行なった。次に、密輸コストを1000キロメートルあたり500ドルと仮定し、コロラド州とワシントン州からほかの州への密輸コストをプロットしたアメリカ地図を作成した。純度を考慮して補正を加えると、アメリカ本土の48州のうち47州で、コロラド州またはワシントン州からの密輸大麻のほうがメキシコからの大麻より安くなった。カルテルの大麻のほうがお買い得なのは、メキシコの真向かいにあるテキサス州のみだ[8]。

アメリカの大麻市場の大部分を失うとなれば、メキシコの犯罪組織にとっては大打撃になるだろう。メキシコ競争力研究所によると、カルテルはアメリカでのマリファナ販売で年間約20億ドルを稼いでおり、これはおよそ24億ドルの売り上げがあると考えられるコカイン密売に匹敵する貴重なビジネスだ。同研究所の計算では、コロラド州とワシントン州からほかの州への合法大麻の広がりにより、メキシコのカルテルは現在のビジネスの4分の3近くを失い、大麻の売り上げは6億ドルまで減少する可能性もある。しかも、この計算はほかの州が合法化する前のものだ。アメリカの新しい地域で合法大麻の大規模な栽培が始まるたび、闇市場は縮小し、メキシコからではなくますますアメリカの州どうしで大麻が密輸されるようになるだろう。

すでに、カルテルの直面している問題の証拠が現われている。デンバーにいる私は、古くからの知り合いで、メキシコシティの国連薬物犯罪事務所を率いるやり手のイタリア人、アントニオ・マッツィテッリに電話を入れる。アメリカの大麻解禁を受けて、メキシコの大麻産業は今どうなっているのか？「劇的な影響が出たね」と彼は言う。数週間前、メキシコの警察がティフアナにある倉庫を強制捜査したところ、30トンという大量のマリファナが発見された。「なぜこれほど大量の在庫があるのか？国境の向こう側に買い手がいないからさ。単純に、最近ではアメリカ製やカナダ製のほうが高品質なんだ」と彼は語る。前章で説明したとおり、麻薬密輸用トンネルを密入国者向けに転用しているのも、カルテルが苦戦している証拠だ。密入国者は麻薬ほど金にならないうえ、最悪のタイミングでくしゃみをしてトンネルの位置をばらしてしまう。「バカの見本だ。せっかく麻薬用のインフラを築いたなら、ずっと隠し通さなきゃいけない」と、まるで貴重な財産の使い方を誤るカルテルに呆れるような口ぶりでマッツィテッリは言う。「そのインフラを数百人ばかりの密入国者の移動に使うのは、いちばん貴重な商品にもはや買い手が見つからないからだ。そうでもなければ、そんなリスクを冒すわけがない」。こうした自暴自棄な手段を見るかぎり、大量の大麻を輸出するカルテルは切羽詰まっているといえそうだ。

今後、合法大麻産業はどうなるのか？新たな州が法律を自由化するたび、大麻市場はより巨大な投資家の関心を集める。すでに大麻産業は文字どおりクロゼットから飛び出し（アメリカの大麻はクロゼットのなかで栽培されることが多かった）、ロビー団体、ＰＲ会社、展示会、活発な業界紙など、一般の巨大産業と同じ特徴を備えつつある。ラスベガス開催の毎年の展示会には２０００人を超える起業家が参加し、『マリファナ・ビジネス・デイリー』のような新しい情報源も生まれた。『デンバー・ポスト』紙にはリカルド・バカというマリファナ担当編集者までいる。彼は大麻評論家や大麻レシピの専門ライターを選任したほか、つい最近、大麻をテーマとするセックス・コラムニストを募集した。

大麻ビジネスの成長により、合法化運動に投じられる資金はますます増えている。昔は、大麻の合法化運動を牽引していたのは主に学生やヒッピー（または『エコノミスト』紙の編集者のような一部のリバタリアン）で、彼らの実施する素人じみた運動は資金力のある反対派によって簡単にねじ伏せられた。今日では資金はその逆に流れている。２０１４年の住民投票を例に取ろう。アラスカ州では、「マリファナ政策プロジェクト」や「薬物政策連合」が拠出した85万ドルの資金のおかげもあり、「賛成」キャンペーンが懐疑的な一般市民に勝利した。後者は、道徳的立場から長く合法化に賛成してきた資本家ジョージ・ソロスが一部資金を提供している圧力団体だ。一方の「反対」キャンペーンは10万８０００ドルを調達するにとどまった。オレゴン州はさらに一方的なレースだった。「反対」キャンペーンが調達したのは主に州保安官協会からの16万８０００ドルで、「賛成」派は７５０万ドルを調達。最高額となったフロリダ州のキャンペーンは接戦だった。「反対」派は、カジノ経営で財を築いた億万長者シェルドン・アデルソンの援助で４７０万ドルを調達したが、「賛成」キャンペーンは６１０万ドルの調達に成功した。その大部分を提供したのはオーランドの裕福な弁護士ジョン・モーガンで、カリフォルニア、コロラド、ネバダなどの遠方の州の企業からも寄付が集まった。

結局、フロリダ州のキャンペーンはもう一歩のところで失敗に終わった〔ただし2016年の住民投票で医療用大麻は合法化された〕。可決されていれば、2000万の人口を抱えるフロリダ州は現時点で圧倒的に最大の大麻市場になっていただろう。「われわれはビジネスではなく患者への共感を争点にしていたとはいえ、失われた機会は大きい」とモーガンは投票結果について述べた。「それも巨大な機会だ。コロラド州を見ればわかる。不動産価格は上昇、3万人の雇用が生まれ、小売は伸び、州の税収も上がった」。大麻ビジネスはあまりに肥大化しているため、今や主流の投資家の多くが知らず知らずのうちに大麻に利害を抱えている。鋭い投資で世界有数の富豪までのぼり詰めた「オマハの賢人」ことウォーレン・バフェットでさえ、倉庫にカスタムメイドの中2階スペースをつくる会社「キュービック・デザインズ」を通じて、大麻産業に利害関係を持っている。キュービック・デザインズは、金属の床に大麻草がびっしりと並んだ写真が載ったチラシを1000軒の大麻薬局に配り、「栽培面積を2倍に」とアピールした。この件について、オマハの賢人はコメントを発表していない。

ますます多くの州が大麻合法化の波に乗るなか、連邦当局がこの件について無視を決めこんでいるのは奇妙だ〔大麻は連邦法では違法のため、たとえば合法の州で大麻を使用したとしても企業の解雇事由になりうる〕。コロラド州の法律の起草に貢献したデンバー大学法律学教授のサム・ケイミンは、連邦レベルの合法化はコロラド州の実験が開始されてから10年後、つまり2024年くらいになるだろうと見ている。カリフォルニア、イリノイ、ニューヨークの各州で合法化されれば、連邦レベルの改革は避けられないと彼は考える。もしそうなれば、合法大麻ビジネスに現在かかわっている人々は大喜びだろう。連邦法での大麻の違法性は、マリファナ企業にとって最大の制約であり、銀行取引から複数の州にわたる事業展開まで、あらゆる面で妨げになっている。連邦レベルでの禁止を解けば、マリファナ企業はずっと楽に成長できる。ディクシー・エリクサーズのチャック・スミスは自社を「大麻業界のペプシコ」にしたいと息巻く。

しかし、別の可能性もある。連邦レベルで合法になれば、大麻ビジネス参入に二の足を踏んでいた大企業が、その巨大なつま先を水につける可能性もあるのだ。これまでの合法大麻産業の驚くべき点は、大企業がゴールドラッシュに加わろうとしないことだ。コロラド州には世界最先端の嗜好用大麻市場が存在するが、巨大チェーンはひとつもない。２０１４年時点で、10を超える支店を持つ大麻薬局はないのだ。同州の新しい大麻企業のほとんどは大麻の愛好家から起業家に転身した人々が運営しており、資金力のある有名企業が本格的に参入してきたら生き残れるとはとうてい思えない。そもそも、大麻産業の構造からして大企業はかなり有利だ。複雑な規制に対処するのも、農業の特徴である規模の経済を活かすのも、信頼できる全国ブランドで不安な新規顧客を安心させるのも、みな大企業のほうが得意だ。ディクシーの飲料がバドワイザー製のＴＨＣ配合ビールに勝てるだろうか？　ベン&ジェリーズの大麻入りアイスクリームが買えるとしたら、わざわざディクシーの大麻入り食品を買う人がいるだろうか？そして、セブン‐イレブンで大麻入りラッキーストライク20本パックが買えるとしたら、大麻薬局の小型チェーンは生き残れるだろうか？

有名企業が大麻市場に参入するまではもう少し時間がかかる。アメリカの大半の州はもとより、ウルグアイを除くすべての国で大麻が違法である現状では、法律的な面でもイメージ的な面でも、大麻産業への参入はリスクが高いだろう。大麻合法化を声高に支持しているヴァージン創設者リチャード・ブランソンでさえ、ひとつの実験的なサイドビジネスのためにヴァージン・ブランドを危険にさらそうとはしていない（私は彼の事務所にインタビューを依頼してみた。無料の宣伝チャンスはまず見逃さないブランソンだが、コメントを拒否された）。投資家たちはうずうずしている。投資銀行「ＲＢＣキャピタルマーケッツ」

のたばこ研究チームによる研究メモにこうある。「大麻合法化がより大きな枠組みのなかにどう当てはまるのか、投資家が問いかけはじめるのは時間の問題だ。アメリカにおいて連邦レベルで大麻が完全合法化されれば、たばこ会社はこの市場について見直すようになるだろう」[9]

表向きには、大手たばこ会社はマリファナへの関心を否定してきた。しかし内心では、数十年前からマリファナたばこのアイデアを追求している。ある3人の学者は大手たばこ会社の過去の記録を掘り起こし、驚きの事実を発見した。[10] 8000万ページにおよぶかつての機密内部資料のなかに、大手たばこ会社が大手大麻会社になる方法を真剣に検討していたという証拠が隠されていた。少なくとも1970年代以降、たばこ会社はたばこのライバルとしても新たな商品ラインとしても、マリファナに強い関心を寄せていることが判明したのだ。その最初の痕跡は、世界最大のたばこ会社のひとつ「フィリップモリス」が後援する化学分野のフェローシップ・プログラムを監督していたバージニア大学のアルフレッド・バーガー教授のメモに見つかった。当時は1969年で、世論調査によると20代のアメリカ人の12パーセントが大麻の使用経験を持ち、未経験者の10パーセントが試してみたいと答えていた。バーガーはフィリップモリスの研究所の科学研究責任者に宛ててこう記した。「マリファナ喫煙は10年以内に爆発的に広まり、おそらくは合法化へと向かうだろう。たばこであれなんであれ、最初にマリファナ喫煙の方法を世に出した企業は、市場シェアを獲得し、競合他社よりも大麻製品の合法的な公的需要を満たせる可能性が高い。したがって、マリファナのあらゆる側面に関する研究プログラムを早急に開始することを提案したい」

同年、フィリップモリスは司法省に接触し、検査を実施するための大麻サンプルを要求。大麻に対する政府の理解を深めるという名目で出された要求は司法省に承認され、司法省は「良質」な大麻を提供すると約束した。その直後のメモで、フィリップモリスUSA社長のロス・ミルハイザーはこう記した。「個人的には大麻の使用に反対だが、犯罪的な要素を断ち切るためにも、近い将来に合法化され、一定の制約のもとで販売される可能性はある。よって、こうした大きな前兆があるからには、次の点について吟味しておく必要がある。①競合相手、②考えられる製品、③現段階での政府との協力」

大西洋の反対側でも関心は膨らんでいた。１９７０年、国連の薬物関連条約の監視と実施をつかさどる機関「国際麻薬統制委員会」の委員長でありながら、ブリティッシュ・アメリカン・タバコ（ＢＡＴ）社のコンサルタントでもあったサー・ハリー・グリーンフィールドは、ＢＡＴの経営陣に対し、「たばこ業界が行なってきた膨大な量の喫煙調査を大麻の調査へと活用する可能性」を示唆した。彼は当時ＢＡＴの主任技術顧問を務めていた著名な物理学者サー・チャールズ・エリスとその件で話をしていたが、サー・チャールズは「そのアイデアにかなり興奮していた」という。同年、サー・チャールズはＢＡＴ向けの文書のなかで、「マリファナたばこの喫煙は、現在の喫煙習慣の自然な延長だ。大麻に対する考え方がより寛容になれば、葉巻への転換に匹敵するような喫煙習慣の変化が起こることだろう」と訴えた。ＢＡＴ自身のマリファナ計画に関しては、「まずは一定量の粉末状の大麻または乾燥して刻んだ大麻繊維を均一に含むたばこを大量生産する方法を学ぶことが先決だ」と訴え、大麻の効果を検証するマウス実験を提案した。

長年、たばこ会社は大麻産業を注視しつづけてきた。１９７２年、たばこ会社「Ｒ・Ｊ・レイノルズ」の「極秘」計画文書では、大麻が１９８０年までに合法化される確率は15パーセントと推定されていた。今はなき大手たばこ会社「ブラウン・アンド・ウィリアムソン」の１９７６年の報告書では、大麻が１９９０年までに非犯罪化、そしておそらくは合法化され、「新たな商品ラインという点でたばこ産業に多大な影響を及ぼす」と予測された。そのあいだもずっと、たばこ会社はその事実を否定しつづけた。『タイム』誌はたばこ会社が大麻ビジネスに狙いをつけていることをほのめかす記事を掲載したが、たばこ会社の抗議を受けて謝罪するはめになった。

1970年代の大手たばこ会社の考えのなかには、今でも成り立つものもある。ブラウン・アンド・ウィリアムソンのある内部報告書は、アメリカでマリファナが少しずつ合法化されはじめているという状況を想定した。これはちょうど現在の状況と重なる。まず、「大麻製品はたばこ会社にとってしごく合理的な新産業に思えるが、株主の厳しい反対意見により、いくつかの企業はすぐには市場に参入できない」と推測した。さらに、アメリカの前例にならって外国の政府もマリファナを合法化すれば、「南米やインドネシアが低い生産コスト、適度な品質、安価な価格という点から大麻製品の主要供給国になる」と予測した。

このシナリオが実現する可能性は十分にある。大麻の禁止制度にとりわけ不満を抱いているのは、自国の有力な麻薬カルテルに数十億ドル規模の市場を明け渡してきたラテンアメリカの各国政府だ。ウルグアイは率先して大麻を合法化し、ブラジルやメキシコの前大統領も同様の政策を支持していた。最近では、コロンビアとグアテマラの現職大統領が合法化の声を上げている。大麻が国境の反対側のサンディエゴで自由に入手できるのに、メキシコがティファナで大麻と戦うなど想像しにくい。ラテンアメリカでの合法化が続けば、40年近く前のブラウン・アンド・ウィリアムソンのアナリストの予測が的中するかもしれない。北米自由貿易協定の締結で、アメリカに輸出されるテレビや冷蔵庫の組立工場がメキシコに次々と建ったのと同様、大麻倉庫は賃料や人件費の安さを活かすためにまちがいなく国境の南へと移るだろう。コカ・コーラ社の元幹部で、2000年から2006年までメキシコ大統領を務めたビセンテ・フォックスは、自分自身もグアナフアト州にある自身の農場を大麻畑に変えたいと思うだろうと述べた。「大麻が合法化されれば、まちがいなく私には栽培できると思う。私は農家の生まれだからね」と大統領は2013年に地元紙に語った。「大麻産業は犯罪者たちから何百万ドル単位の金を奪うだろう。その金は［シナロア・カルテルの］チビのグスマンではなく、実業家へと流れるのだ」

メキシコがアメリカ市場向けに大麻の生産を始めれば、デンバーの倉庫群はデトロイトの自動車工場と同じ運命をたどるかもしれない——海外との価格競争に敗れた末に倒産するという運命を。そうすれば、大麻産業はメキシコでの違法な生産から、アメリカでの合法的な生産、そして再びメキシコでの生産へと、1周回って再びメキシコに戻ることになるだろう。以前との唯一のちがいは、メキシコの大麻農家の雇い主が麻薬カルテルからフィリップモリスのような企業へと変わることくらいなのだ。

Conclusion

経済学者は最高の警官

最近、米テキサス州オースティンのとある事務所で、麻薬戦争史上類を見ない成功があった。州保安局の職員たちが、組織犯罪グループから16億ドル以上に相当する麻薬を一斉押収する作戦を実行したのだ。その作戦が光っていたのはその内密さだ。作戦はたった1発の銃撃もただ1人のケガ人も生むことなく実行された。いや、武器を取り出すどころか、ただの1人の職員も机から腰を上げることなく作戦を実行してみせた。十数億ドル分の押収は、国境付近で押収した麻薬の額を卸売価格から末端価格へと変更したことによって行なわれたのだ。スプレッドシートへのたった一つの修正で、テキサス州内の麻薬押収額は1億6100万ドルから18億ドルへと跳ね上がった。都合のいいことに、この10倍もの上方修正は、保安局が州に活動実績を報告するわずか1週間前に行なわれた[1]。
焼却処分したマリファナ（大麻）の価格を誇張するメキシコの将軍であれ、麻薬押収額を高く見せるテキサス州の国境警備隊であれ、麻薬戦争に携わる人々の多くは経済学を自分にとって都合よく解釈しているようだ。そう考えると、警官が経済学者として当てにならないのはそう不思議でもない。しかし、経済学者に警官役を与えてみたら、いったいどうなるだろう？

このアイデアは聞こえほど奇抜ではない。ウェールズ南部の緑地帯にあるオフィスビルでは、統計専門家のグループがある非常に奇妙なデータをまとめている。イギリスの正式な統計機関「国家統計局」に勤務するアナリストたちは、インフレや失業率などの日常的なデータを記録することに日々を捧げているのだが、２０１４年以降、正規の経済規模に加えて、犯罪者による経済活動の規模も測定するよう命じられており、現時点では合法的なビジネスと同じ会計モデルを用いて麻薬と性の市場についても調査している。彼らの初期の発見によると、英国の違法薬物市場は国内総生産に対し、広告業界にほぼ匹敵する年間およそ74億ドル相当の貢献を行なっているようだ。売春ビジネスはさらに巨大で、年間およそ89億ドルを生み出している。二つを合計すれば、性と麻薬はイギリスにとって農業以上の市場価値を持つということになる。

統計専門家の方法論に目を通していると、なんとも不思議な気分になる。大麻栽培者の収益から電気代を、売春婦の収益から「ゴム製品」の代金を経費として差し引いたことを冷静に説明しているからだ。その計算は細心の注意をもって行なわれている。たとえば、大麻栽培の経費は英環境・食糧・農村地域省の農業データをもとに推定され、売春婦の経費は衣料品が月額１７０ドル、コンドームが顧客１人あたり70セントとして計算される。政府の刊行物に印刷されていなければブラックジョークにすら見えるかもしれない。しかし、犯罪活動の冷静なビジネス分析は、組織犯罪を営利事業としてとらえるメリットに政府が気づくとともに、かつてない広まりを見せている。今やEU各国は性産業と麻薬産業を国民会計に含めており、イギリスは違法賭博、音楽やソフトウェアの海賊版、盗品売買(フェンシング)へと対象を拡大することを検討中だ。犯罪を戦争や道徳的な社会運動としてとらえるだけではなく、ビジネスとしても分析するようになれば、世界はそこから何を学べるだろうか？

私は本書で、ごくふつうの産業を調査するのと同種のアプローチを用いながら、麻薬カルテルの活動を分析しようとしてきた。人材獲得の悩みからオンライン業者が実店舗に与える脅威まで、ギャングと一般経営者には顕著な共通点がいくつもある。しかしその一方で、麻薬取引を食い止めるための政策がまったく的外れであるケースも目立つ。一般のビジネス界なら効果がないとしてすぐに破棄されるような規制手法が、麻薬対策の世界では長年続けられているのだ。本書では、政府の麻薬対策が四つの大きな誤りによって妨げられてきたという証拠を提示している。

麻薬対策の誤り　1――供給面へのこだわり

今日(こんにち)の麻薬戦争では、麻薬ビジネスの供給面（密売組織側）に執拗な注目が捧げられているが、むしろ需要面（消費者側）を重視すべき圧倒的な根拠がある。本書の第1章では、軽飛行機から除草剤を散布し、アンデス地方のコカの葉の供給を断つ試みが、数十年間の投資と無数の暴力の末にほとんどコカイン価格に影響を及ぼしていないことを説明した。そのひとつの理由は、ウォルマートが仕入れ先に無理難題を押しつけるのと同様、カルテルが自身の購買力を利用して農家に増加コストを吸収させてきたからだ。しかし、より重要なのは、コカインの原材料であるコカの葉のコストが低すぎて、コカインの最終価格にあまり影響を及ぼさないという点だ。1キログラムの粉末コカインの生産に必要なコカの葉の価格はわずか数百ドル程度。よって、コカの葉の栽培コストが2倍になっても、1キログラムあたり10万ドル以上で販売される最終製品の価格は1パーセントも上昇しない。したがって、供給面に攻撃を加えるとしたら、サプライ・チェーンの終盤、つまりコカインの押収が密売人に経済的なダメージを与える富裕国をターゲットにするべきなのだ。

たとえ効果的だったとしても、供給面への着目が的外れである理由がもうひとつある。一般的に、製品の価格が上昇すると消費量は減少するのだが、その減少量は製品によってまちまちだ。需要の「弾力性が高い」製品の場合、価格が少し上昇しただけでも需要は極端に減少するが、需要の「弾力性が低い」製品の場合、価格が大幅に上昇しても購入量はあまり変化しない。麻薬市場の場合、価格と消費量のデータの実証がかなり難しいため、弾力性を測定するのは厄介だが、大半の証拠を見るかぎりでは麻薬の需要の弾力性は低いことがうかがえる。アメリカのある証拠調査[2]で引用されている研究によると、マリファナの需要の弾力性はおよそマイナス0・33だった。つまり、価格が10パーセント上昇しても需要は3・3パーセントしか減少しない。薬物が逮捕者の尿検査で検出される確率を測定した別の研究によると、相関はいっそう弱く、コカインがマイナス0・17、ヘロインがマイナス0・09だった。つまり、コカインの価格が10パーセント上昇するたび、尿検査でコカインの陽性反応が出る人の割合は1・7パーセントしか減少せず、ヘロインにいたっては1パーセントも減少しないわけだ。

麻薬の需要の弾力性が低いという考えは直感と一致する。特に中毒性の高い物質ならなおさらそうだ。デンバーで暮らすヘロイン中毒の老婦人シンシア・スクードのような常習者は、おそらく価格が少し上昇したからといって摂取をやめたりはしないだろう。麻薬カルテルが手を広げている密入国ビジネスも同様だ。アメリカの国境警備の強化によって密入国サービスの価格は上昇したものの、安全な入国に対する需要はたいして変化していない。コヨーテに対する需要は麻薬と同じくらい弾力性が低いようだ。この点もまったく不思議はない。別離した子どもと再会したり、より割のいい仕事についたりするために密入国するという決意は、価格が多少上昇したからといって揺らぐとは考えにくい。

違法な商品やサービスの需要の弾力性のなさは、供給面を重視した政策に二つの懸念を投げかける。一つ目は、麻薬（または密入国）のコストを大幅に吊り上げることに成功したとしても、麻薬（または密入国サービス）の購入者の数を減らすという肝心な面ではほとんど効果がないという点。よって、政府はほんのわずかな成果のために大量の資源を投じるはめになる。二つ目は、価格が大幅に上昇して需要が少ししか減少しなければ、取り締まりが〝成功〟するたびに市場の麻薬価格は上昇してしまうという点。たとえば、ある小さな町で売人が１グラムあたり10ドルで週に１キログラムのマリファナを売り、合計１万ドルを売り上げているとしよう。町の取り締まりの強化によって売人のコストが上昇し、価格が10パーセント増の１グラムあたり11ドルになったとする。先ほどの弾力性の計算が正しいとすると、需要は３・３パーセント減少するだろう。すると、ディーラーは週に９６７グラムのマリファナを１グラムあたり11ドルで販売し、合計１万６３７ドルを売り上げることになる。取り締まりの成功で消費量は微減したが、価格は大幅に上がり、闇経済全体はそれまで以上に大きくなってしまう。

逆に、需要面をターゲットにすると何が起こるのか？　先ほどの小さな町が人々に麻薬の摂取を控えさせる政策を開始し、成功したとしよう。健康促進キャンペーンでも、若者向けのレジャー施設の拡充でも、中毒患者の更生プログラムでもなんでもかまわない。すると需要が減る。そうなると、売人たちは小さくなった顧客のパイを奪い合うため、おそらく値下げで対応するだろう。[3] すると消費と価格の両方が減少し、犯罪市場は二つの面で縮小することになる。ほかの違法市場にも同じロジックが当てはまる。密入国ビジネスの供給面を担うコヨーテを取り締まるよりも、密入国の需要を枯渇させるほうが理にかなっているかもしれない。その方法として、合法的な入国ができるようビザの発給要件を緩和する友好的な施策と、正式な書類なしでアメリカに住むのを厳しくする敵対的な施策の二つが考えられる。いずれにしても、違法な入国を希望する人を減らすことで、密入国者の数だけでなくコヨーテが顧客に提示する価格も下げられるだろう。

麻薬にせよ、密入国にせよ、ほかの違法ビジネスにせよ、原理は同じだ。供給面に攻撃を加えても、消費は減少するが価格は上昇し、むしろ犯罪者の収益は増えてしまう。需要面に攻撃を加えれば、その両方を同時に減らせるのだ。

麻薬対策の誤り 2――長期的なコストよりも目先の節約の優先

米ニューハンプシャー州では、囚人の数は増えているのに刑務所への支出額はどんどん減っている。2009年に刑務所の一つが閉鎖されると、囚人たちは州内の残りの施設に詰めこまれた。2014年にはさらに1500万ドルが予算から削られ、囚人向けの教育や更生プログラムが減らされた。政治家たちも認めるように、こうした状況は情けないかぎりだが、肝心の財源が不足している。全員が認めるような高い水準で刑務所制度を運営するだけの資金がないというのだ。

ところが、ニューハンプシャー州の小さな町・キーンを訪れてみると、財源不足という主張がとたんに怪しく思えてくる。キーンは平和な町だ。1999~2012年に発生した殺人事件は3件のみ。それでも、町の警察は「ベアキャット」と呼ばれる装甲兵員輸送車を購入するために28万6000ドル近くを費やしたのだ。なぜバグダッドにお似合いの車がキーンのような町に必要なのか？ 町の警察署長は、キーン恒例のカボチャ祭りなど、危険な状況でパトロールを行なう際に必要だからだと説明した。[4]
キーンの事例が証明するように、政府は犯罪の予防ではなく取り締まりに関しては、金に糸目をつけないのだ。政府は有権者の声に応え、治安には千金の価値があると主張する。そのため、ベアキャットのような物品の購入はたいした不満の声もなく進む。２００２〜２０１１年までに、米国土安全保障省は州警察と地方警察に３５０億ドルを支出し、ベアキャットのような物品の購入を補助したが、その一方で犯罪防止への支出は厳しく監査されている。財源が不足すると、真っ先に割を食うのはたいてい囚人、麻薬常習者、犯罪者予備軍の人々だ。社会がこういう人々への支出を後回しにするのはわからなくもないが、長期的に見れば余計に高くつくということがわかってきている。
確かに、刑務所内の教育や更生プログラムを削減すれば、数千ドルの節約にはなるだろう。しかし、そのせいで一部の囚人が読み書きを学びそこねたり、麻薬中毒を克服できなかったりして、出所後に再就職できず、再び犯罪に走ったとしたらどうだろう。そのコストは莫大だ。さまざまな政府干渉によって予防できるコカイン消費の量を推定したある古典的な調査[5]によると、ラテンアメリカの「供給国」における供給管理に１００万ドルを費やすたび、アメリカの総コカイン消費量を約10キログラム削減できるという。同じ１００万ドルをサプライ・チェーンのもう少し先、アメリカへの輸送中にコカインを押収する活動に費やすと、20キログラム近くを削減できる。学校での予防プログラムはもう少し効果的で、１００万ドルにつき約25キログラムの削減になる。しかし、これらの干渉よりはるかに効果的だったのが、麻薬中毒者向けの治療プログラムだ。治療に１００万ドルを費やすたび、１００キログラムを超えるコカインの消費を防ぐことができる。つまり、治療は取り締まりと比べて最大で10倍もコスト・パフォーマンスが高い（ひとつ前のセクションで説明したとおり、供給ではなく需要に対処していることもその一因だろう）。ベアキャットで麻薬常習者を追いかけ回すよりも、同じ人を麻薬から遠ざけ、仕事につかせるほうが経済的であるというのが、平凡ながらも当然の真実なのだ。

本書ではいくつかの箇所で、高額な対策から安上がりな早期の予防へと財源を転換するほうが得策であるという事例を見てきた。カリブ海地域では、政府が刑務所の安全に（そして囚人の昼食にさえ）お金を支出しようとしないために、刑務所がカルテルの求人センターのような役割を果たしてしまっている。メキシコでは、政府が基本的な公共サービスを提供できていないために、カルテルが〝企業の社会的責任〟を果たし、市民から一定の支持を得ることに成功している。アンデス諸国の政府は、コカからトマトへの転作に少額の補助金を出すこともできるのに、コカ畑の力ずくの破壊にずっと膨大なコストを費やしている。中米諸国の政府は、若者向けの雇用創出プログラムに資金を拠出する代わりに、若者が犯罪組織で職を見つけたあとで捕獲するという高コストな選択肢を選んでいる。そしてアメリカ政府は、処方鎮痛薬の中毒患者の更生プログラムへのわずかな出費を惜しむばかりに、人々がヘロイン中毒に陥るのを黙って見過ごし、そのあとでヘロインの抑制に巨額を投じているのだ。

世界の社会問題の解決により多くの支出を呼びかけるのは簡単だ。麻薬の世界がほかの問題とちがうのは、すでに十分すぎる資金が費やされているという点だ。ただ、費やす分野がまちがっている。今こそ、警察には惜しみなく予算を投じ、教育や予防へはお金を出し渋るという政府の考え方を改めるべきなのだ。

麻薬対策の誤り３——グローバルなビジネスへの国単位の対応

麻薬密売組織はグローバル化を進め、複数の国々、時には複数の大陸にまたがる正真正銘の国境なきビジネスを営んできた。しかし、そのグローバルなビジネスを撲滅する取り組みは、ほとんどが国単位でばらばらに行なわれてきた。その結果、ある国で取り組みが成功しても、別の国がそのしわ寄せを食う例が多かった。つまり、麻薬ビジネスをある場所から追い出しても、結局は別の場所に姿を現わすだけなのだ。本書では、こうした「風船効果」（ラテンアメリカの用語で「ゴキブリ効果」）の例をいくつも見た。１９９０年代、コカ畑がペルーから一掃されたとき、当時の国連の麻薬対策責任者は「目覚ましい成果」と評したが、[6]結果的にはコロンビアに移っただけだった。それから10年足らずでコロンビアがコカ畑を一掃すると、国連はまたもや「目覚ましい成果」と指摘したが、[7]こんどはペルーで復活した。この2回の目覚ましい成果とは裏腹に、実質的な成果はほとんど上がっていなかったのだ。

同じようないたちごっこは麻薬ビジネスの密輸面でも繰り広げられている。１９８０年代にカリブ海の密輸ルートが封鎖されると、コカイン王たちはメキシコへと注目を移した。その後、メキシコの取り締まりが強化されると、カルテルは中米の弱体化した国々にビジネスを移転しはじめた。そして現在、中米の警戒強化によって、麻薬ビジネスは再びカリブ海地域の元の場所へと戻りつつある。カルテルは小売市場の転換という点でも同じくらい機敏だ。２０００年代初頭、アメリカではコカイン消費量が激減したが、同時期にヨーロッパではほぼ同じ量だけ増加した。国単位で見れば、麻薬戦争はたびたび成功しているように見えても、世界規模で見ればほとんど進展はない。私たちがメキシコ北部の州で、ある政府高官の装甲ＳＵＶ車に乗り、カルテルの支配する地域を走っていると、その高官はこう言った。「できるのは、問題をどこか別の国に押しつけ、相手に丸投げしてしまうことくらいなのです」

当然、各国の政府は国境の外で起きている問題について真剣に考えたりはしない。コロンビアのコカ畑の取り締まりはコロンビアの視点から見れば大成功だったが、コカインの国際市場にはほとんどダメージを及ぼさなかった。問題は、カルテルはグローバル・ビジネスなのに、それを監督する国際的な規制当局と呼べるようなものが存在しないことだ。それにもっとも近いのは国連薬物犯罪事務所だが、供給を断つという従来の戦略にこだわりすぎるあまり、この政策の欠点をきちんと直視できていないように見える。彼らは国単位の個々の成功をアピールするばかりで、それよりも明らかに芳しくない集計結果については触れようとしない。もしも一般のグローバル企業が同じトリックを試したらどうなるだろう？　もし企業が一つの市場での好調ぶりばかりを強調し、期待はずれな最終利益についてごまかそうとしたら、株主たちが黙っていないだろう。

国連薬物犯罪事務所でそれがまかり通っている理由は、そのもっとも有力な株主、つまり維持費の大部分を拠出している富裕加盟国が、現状の戦い方にある程度満足しているからだ。世界の麻薬の大半を消費する富裕国は、自国のはるか遠くで戦いが起きていることに満足している。何度も述べているとおり、麻薬供給ネットワークの破壊は、商品の価値がもっとも高く、商品の没収が売人たちに壊滅的なダメージを与えるサプライ・チェーンの最終盤で行なわれた場合に最大の効果を発揮する。ところが、ロンドンやワシントンDCの上空に配備される武装ヘリコプターの数は目立って少ない。シウダー・ファレス自治大学のウーゴ・アルマダ教授は、アメリカ（と同盟富裕国）が外国の土地と比べて自国ではずっと現実的に麻薬と戦っている点を厳しく指摘した。違法ドラッグの使用経験を持つアメリカ人は4割にもおよぶ。この数字は、暴力を起こさないかぎりアメリカ社会が麻薬の使用をある程度まで黙認していることを示している。その一方で、麻薬密売組織にきっぱりと対処できていない他国は名指しされ、制裁を受ける。組織犯罪の専門家で元世界銀行理事であるモイセス・ナイムは、自著でこう記す。「どの国も国際的な恥辱や、経済制裁といった結果は招きたくはない。それに、アメリカという国は世界銀行や国際通貨基金といった国際金融機関に影響力を行使し、裏ルートで懲罰的措置をくわえたりするのである[8]」

ラテンアメリカの大統領たちはもはやこの状況への憤激を隠そうとしない。メキシコ大統領として6年間麻薬と戦ってきたフェリペ・カルデロンは、麻薬撲滅を彼に求めながら、他方ではトン単位で麻薬を輸入していた近隣諸国への怒りをにじませる。「[アメリカ人が]麻薬を吸いたいと言うなら、吸いたいだけ吸えばいい。容認するわけではないが、それはアメリカの消費者、アメリカ社会が決めることだ。だが、彼らが殺人者の手に資金を垂れ流しつづけるのはとうてい我慢ならない」と彼は私に語った。

この政治の行き詰まりを必然のものにしているのは、世界市場の構造だ。歴史的に、大半の国は麻薬の生産国（コロンビアなど）、密輸国（メキシコなど）、消費国（欧米など）の3種類のいずれかに分類されてきた。政府や有権者が麻薬産業の一面しか見られない原因はここにある。麻薬が海岸線に到達するのを食い止めたい消費国は、実際にはあまり有効でないとしても、サプライ・チェーンの初期の段階で麻薬取引になるべく厳しく対処するべきだと訴えてきた。一方の生産国や麻薬中継国は、自国の国境の外でしかほとんど害を生まないビジネスを抑制するために予算や人命を捧げる理由が理解できないのだ。

しかし、この状況は変わりつつある。二つの世界的なトレンドのおかげで、世界じゅうの国々が麻薬取引を多面的にとらえつつある。一つ目のトレンドは、「生産国」と「消費国」の区別そのものがぼやけはじめたことで、生産国と消費国の利害が一致しつつあることだ。麻薬は主に中流階級の悪癖だが、発展途上国が豊かになるにつれ、車を買ったり外国旅行に出かけたりするのと同じ感覚で、麻薬の習慣を身につける新たな中流階級が増えはじめている。そのもっとも顕著な例がブラジルだ。今や、ブラジルは粉末コカインに関しては世界第二、そしてクラック・コカインに関してはダントツで世界最大の市場になった。と同時に、消費国でも麻薬の国内生産が増えはじめている。その一つの例がマリファナで、特にアメリカでは国内で栽培される傾向が高まっている。もう一つは合成麻薬で、キッチン程度の施設があればどこでも生産できる。麻薬の国内生産が増えるにつれて、消費国は供給ネットワークを攻撃しても効果がないことに気づきはじめた。国内のマリファナ市場の急成長にともない、アメリカはコロンビアのような麻薬作物の撲滅計画ではなく合法化へと舵を切った。ニュージーランドもいわゆる〝脱法ドラッグ〟について同様の結論に達し、たどたどしいながらも同じような方法で規制を試みている。

世界的な麻薬政策に影響を及ぼしている二つ目の巨大なトレンドは、勢力バランスの変化だ。かつて麻薬の生産国や密輸国だった貧しい国々が少しずつ豊かになり、影響力をつけはじめている。2000年、国連薬物犯罪事務所は予算の96パーセントを、富裕国で主に構成される20カ国の主要拠出国から受け取っていたが、2014年にはその数字が60パーセントまで減少。今や予算の3分の1を〝新興〟援助国が出しているのだ。そのなかでも近年の最大の拠出国はコロンビアとブラジルで、両国の政府とも現在の取り締まり中心の麻薬対策に不満を表明している。別の見方を持つ新興国もある。ときおり国連薬物犯罪事務所に巨額の寄付をし、2010年にロシア人外交官のユーリ・フェドートフを同事務所の事務局長に据えることに成功したロシアは、国内で非常に罰則の厳しい麻薬政策を実施している。中国は毎年恒例の国際麻薬乱用・不正取引防止デーに合わせて麻薬密輸入者を処刑することもある。新興国にはハト派だけでなくタカ派もたくさんおり、まだタカ派が優勢とまでは行っていないが、国際的な麻薬対策が今までにない形で実施されていることは確かだ。

麻薬対策の誤り 4――禁止とコントロールの混同

1998年、国連は「麻薬のない世界はきっと実現できる」というスローガンでイベントを開催した。多くの点で、それは立派な目標だった。年1回以上麻薬を摂取する人々はおよそ2億5000万人。その大半はなんの問題もなく楽しんでいるが、ごく一部がひどく苦しんでいる。約18万人が過剰摂取で死亡し、統計に載らない何百万単位の人々が被害を受けたり、他人に危害を加えたりしている。麻薬中毒の惨状を目にした人なら合法化など支持できるわけがない、とデンバーの麻薬捜査官トム・ゴーマンは言う。「責任を持って麻薬を使用できる人々もいるが、麻薬の犠牲になる人々もいる。私は後者の人々のためを思っているんだ」

もちろん私も同じだ。しかし、南米の生産者から、カリブ海地域の密輸入者、コロラド州の消費者、サイバー空間の小売業者まで、本書で説明してきた麻薬取引の実情を踏まえると、結論はこうなる。本気で麻薬の流れをコントロールし、カルテルを廃業に追いこみ、一般市民を守りたいと思うなら、禁止はその有効な手段ではないのだ。先述の国連の会議以来、あの楽観的なスローガンで約束された「麻薬のない世界」が実現する兆しはまったくない。各国政府は麻薬禁止を徹底するためにゆうに1兆ドルを超える予算を費やしたが、1998年以降、マリファナとコカインの消費量は50パーセント、アヘン剤の消費量は約3倍も増加した。これを「成功」と呼ぶ人はいない。

長年、麻薬の合法化は、主にマリファナ愛好家たちが推進してきた。ほかのさまざまな合法物質より危険性が低いというのが彼らの主張だ。確かにそのとおりなのだが、一般市民を納得させるには至らなかった。世界にはもう危険な遊びが十分にあるのだから、そこにあえてマリファナ（そしておそらく次にはもっと有害な麻薬）をつけ加える必要はないというのが大方の意見だった。しかし近年、この議論が逆転しつつある。麻薬は安全ではなく危険であるからこそ、マフィアの手に委ねるよりもきちんと法律で規制するほうが効果的にコントロールできるという主張が、麻薬合法化の根拠としてしばしば唱えられるようになったのだ。

法律で規制された麻薬市場とはどのようなものだろうか？　米コロラド州では今まさにその最初の実験が進行している。麻薬は安全性と純度が検査され、子どもが開封できない明確な成分表示のある容器に詰められ、21歳以上の人々に限定された量だけ販売されている。コロラド州は課税と認可によって新たな収入源を手に入れたうえ（初年度だけで７６００万ドル）、逮捕者数の減少はコスト削減にもつながった。同州でマリファナの不法所持で告発された人々の数は合法化前の年間3万人から現在の年間約２０００人（上限を超える量や認可されていない量を保持する人々、または未成年者）まで減少した。年間7億ドルを上回る売り上げが組織犯罪グループから合法企業へと移った。州外からの訪問客が需要の大部分を占めるため、消費量に及ぼす影響について結論を出すのは時期尚早だが、爆発的な蔓延というようなことは起こっていないようだ。アメリカの約半数の州では、なんらかの形でマリファナが合法化されているが（その大半は〝医療用〟という漠然とした目的のため）、消費量は１９９０年代半ばと比べてあまり変化していない。

こうした暫定的な好結果に励まされ、コロラド州の実験開始から1年足らずでもう3州が嗜好用大麻の合法化の輪に加わった。２０１４年、ウルグアイは国内全体で大麻を合法化した世界初の国となり、２０１５年にはジャマイカがガンジャ〔ジャマイカにおける大麻の呼称〕を医療目的および宗教目的で合法化すると同時に、全国民にとって非犯罪化すると発表した。この麻薬革命は元をたどればアメリカから始まったものなので、このときばかりは連邦政府も麻薬に対して穏健な政策をとる国々を批判できなかった。「ジャマイカの法律は当然ジャマイカの問題だし、主権国家たるジャマイカが決めることだ」と米麻薬対策担当国務次官補のウィリアム・ブラウンフィールドは述べた。彼は自国が無視している麻薬の禁止政策を外国では擁護するという厄介な役回りを務めている。

本書で説明してきた数々の失策と比べると、今のところマリファナ合法化は成功といえそうだ。しかし、もっと強力な麻薬ではどうなのか？　現時点で、マリファナ以外の嗜好用麻薬の合法化を試みた唯一の国がニュージーランドだ。従来の強力な麻薬の供給が不足している同国は、世界で初めて合成麻薬を調合する国となった。ニュージーランドであれほかの国々であれ、こうした〝脱法ドラッグ〟の取り締まりは永遠に続くいたちごっこの様相を呈している。風船のある場所を絞ると別の場所が膨らむように、またはゴキブリをある場所から退治すると別の場所に集まるように、あるドラッグを禁止してもすぐにまた同じようなドラッグが開発されてしまう。とりわけ脱法ドラッグの場合、禁止は効果がないばかりか、かえって危険な場合もある。ＭＤＭＡ（通称エクスタシー）のような麻薬は、少量なら比較的リスクは低いのだが、近年ではより危険なドラッグに置き換わっている。近年、エクスタシーの摂取で死亡する人々の多くが、ＭＤＭＡと似てはいるがはるかに危険なＰＭＡという物質を知らず知らずのうちに摂取していたとされる。政府はＭＤＭＡを禁止し、比較的無害な小さいゴキブリを退治した代償として、その代わりずっと有害な数十匹のゴキブリを呼び寄せてしまったわけだ。正式な検査を受けた低リスクのドラッグを数種類だけ認可するという方法のほうが、すべてをひとくくりにして禁止し、実質的には何も禁止できていない現状よりはまちがいなく安全だろう。いつかニュージーランドのシステムがうまく機能しはじめれば、そういう世界が実現するかもしれない。

もっとも危険性の高い麻薬に関していえば、合法化はいっそう効果的だろう。麻薬をギャングの手に委ねるのではなく、法律で管理するべきだという主張は、その麻薬が安全ではなく有害であればあるほど説得力を増す。ヘロインを例に取ろう。あえて大きな声では言わないが、スイス、オランダ、イギリスなどの一部のヨーロッパ諸国は、非常に限定的な形ではあるがすでにヘロインを合法化している。といっても、コロラド州のように一般販売しているわけではなく、専門の医師が麻薬中毒患者にヘロインを無料処方することが認められているのだ。医師の管理や制限のもとでヘロインを使用すれば、中毒患者は少しずつ麻薬を断つことができるという考えだ。この治療プログラムがもっとも確立されているスイスでは、国内の麻薬使用者の10～15パーセント、使用量で見ると国内の最大6割を占める3000人の重度の中毒患者に治療が行なわれた。医師の監督のもと、患者たちに無料でヘロインを与えた結果、中毒患者による強盗件数が9割減少した。

しかし、それは序章にすぎなかった。こうしたヘビーユーザーを市場から取り除いた結果、麻薬産業にとってもっとも貴重な顧客がいなくなり、需要という点でヘロイン市場はビジネスが成り立ちにくくなった。と同時に、供給面にも致命傷を与えた。ヘビーユーザーは重度の依存症だったので、そのほとんどが自分自身の麻薬の代金を工面するため、密売にも手を出していた。したがって、ヘビーユーザーを市場から取り除くことは、同時に国内の密売人の大部分を取り除くことにつながり、気軽に麻薬を入手することがずっと難しくなった。麻薬ビジネスの常連客を片っ端から患者として取りこむことで、麻薬市場を崩壊に導くことができたのだ。スイスのチューリッヒでは、1990年に登録された新たな中毒患者の数は850人だったが、2005年には150人まで減少した。[9] 医師の管理する非常に限定的な治療プログラムという形で、ヘロインを合法化したことで、単純に禁止するよりもはるかにヘロインを入手しづらくなったのだ。

「麻薬戦争」という言葉を提唱した数カ月後、当時の米大統領リチャード・ニクソンは大統領執務室で、政府がデザインした麻薬対策パンフレットについてH・R・ハルデマン首席補佐官と話し合っていた。ニクソンは憤慨していた。

「パンフレットの表紙に、しっかりとした写真入りで、大統領の言葉としてこんなことが書いてある。麻薬の問題はわが国の最重要課題であり、『さまざまな方法で』対処が必要だとね」とニクソンは激怒した。「『さまざまな方法』という言葉を見て吐き気がしたよ。お願いだから、『全面戦争』とか、『あらゆる面から』とか、そうだなあ、『卑劣きわまる』とか、そういう表現を入れてくれよ」

ハルデマンは同意した。「『さまざまな方法で』対処するというのは、どう対処していいのかわからないときの言い草ですよ。事実そうなのかもしれませんが、絶対に言うべきことではありません」[10]

この全面戦争アプローチこそ、その後の大半の政府が取りつづけてきた策だった。どんどん増えつづける世界の麻薬中毒にどう対処していいのかわからないまま、政府は成果の出ないそれまでの政策をかたくなに貫きつづけてきた。しかし、1年、また1年と過ぎるたびに結果はますます明らかになっていく。全面戦争アプローチは麻薬の消費者の数を減らすどころか、数種類の安価な農産物の価格を吊り上げ、3000億ドル規模の凶暴きわまるグローバル産業を生み出したのだ。

今こそ、麻薬産業に対処する「さまざまな方法」を試してみる時にちがいない。政府の戦略に抜本的な変化がないかぎり、マフィアの経営状態は盤石だろう。ニクソンの宣戦布告から半世紀。悲しきかな、今ほど麻薬カルテルを経営しやすい時代はないのだ。

謝辞

本書の始まりは『エコノミスト』誌の２０１２年7月28日号に掲載された1本の記事だった。当時のビジネス担当編集者ロバート・ゲストからメキシコに関するビジネス・コラムの執筆依頼を受け、私は本書の一種のパイロット版となる記事を書いた（まだ読む元気がおありなら、www.economist.com/node/21559598 を参照してほしい）。ロバートは同誌のなかでも特にお世話になった1人だ。私がメキシコ滞在中に南北アメリカ担当編集者を務めていたマイケル・リードは、歩くラテンアメリカ事典だ。現在ブルームバーグ・ニュースにいるジョン・ミクルスウェイトは、何よりメキシコにまったく無知な私を雇い、メキシコへと派遣してくれた勇気ある当時の編集者だ。セリーナ・ダンロップは本書で使用した写真を見つけ出す手助けをしてくれ、アダム・メイラはプロの腕で地図やグラフを作成してくれた。アンドリュー・パーマーは彼のエージェントであるアンドリュー・スチュアートを紹介してくれた。スチュアートがいなければ本書はこの世に出なかっただろう。ジョン・マヘイニーをはじめ、出版社パブリックアフェアーズの頭の柔らかい人たちは、出版経験もなく、風変わりなアイデアを持った私のことを信じてくれた。そして、イギリス、アメリカ、メキシコ、グアテマラ、エルサルバドル、ホンジュラス、ボリビア、ドミニカ共和国、ポルトガル、ニュージーランドなどでの取材の最中、時に個人的なリスクを冒してまで私をサポートしてくれた数えきれない人々に広く感謝したい。そして最後に、私のかけがえのない家族にも、ありがとうを。

Economy (New York: Doubleday, 2005), p. 80〔邦訳　モイセス・ナイム『犯罪商社.com ネットと金融システムを駆使する、新しい“密売業者”』河野純治訳、光文社、2006年、112～113ページより引用〕

9. “War on Drugs: Report of the Global Commission on Drug Policy,” June 2011, http://www.globalcommissionondrugs.org/wp-content/themes/gcdp_v1/pdf/Global_Commission_Report_English.pdf.

10. 1972年3月21日の大統領執務室、リチャード・ニクソンとH・R・ハルデマンの私的な会話より。http://www.csdp.org/research/nixonpot.txt.

Bloomberg, February 18, 2015, http://www.bloomberg.com/news/articles/2015-02-18/new-york-expands-fight-on-smuggled-cigarettes-with-ups-lawsuit.

8. "Possible Impact of the Legalization of Marijuana in the United States," IMCO, October 2012（スペイン語）, http://imco.org.mx/seguridad/posible_impacto_de_la_legalizacion_de_la_marihuana_en_estados_unidos.

9. Sam Ro, "Wall Street Analyst Argues Big Tobacco Will Soon Have to Answer Big Questions About Pot," *Business Insider*, December 10, 2014, http://uk.businessinsider.com/rbc-analyst-on-marijuana-2014-12.

10. Rachel Ann Barry, Heikki Hiilamo, and Stanton Glantz, "Waiting for the Opportune Moment: The Tobacco Industry and Marijuana Legalization," *Milbank Quarterly* 92（2）（2014）, http://www.milbank.org/uploads/documents/featured-articles/pdf/Milbank_Quarterly_Vol-92_No-2_2014_The_Tobacco_Industry_and_Marijuana_Legalization.pdf.

Conclusion　経済学者は最高の警官

1. Kiah Collier and Jeremy Schwartz, "DPS Boosts Drug Seizure Values as It Seeks More Border Money," *Austin American-Statesman*, February 26, 2015, http://www.mystatesman.com/news/news/state-regional-govt-politics/dps-boosts-drug-seizure-values-as-it-seeks-more-bo/nkKbc〔2017年8月現在アクセス不能。以下にある。http://www.mystatesman.com/news/state--regional-govt--politics/dps-boosts-drug-seizure-values-seeks-more-border-money/xJRPmNX18hnq7DIhBhfGcO/〕

2. Peter Reuter, *Understanding the Demand for Illegal Drugs*（Washington, DC: National Academies Press）, http://www.nap.edu/catalog/12976/understanding-the-demand-for-illegal-drugs.

3. 値下げが行なわれるとすれば、その額は供給の弾力性によって決まる。この点について詳しくは、麻薬の需要と供給に関する司法省発表の2002年の次の報告書を参照。William Rhodes et al., "Illicit Drugs: Price Elasticity of Demand and Supply," https://www.ncjrs.gov/pdffiles1/nij/grants/191856.pdf.

4. キーン恒例の危険なカボチャ祭りについては、私の *Economist* 誌の勇敢な同僚であるジョン・ファスマンが次の記事で報じている。"Cops or Soldiers?" *Economist*, May 22, 2014, http://www.economist.com/news/united-states/21599349-americas-police-have-become-too-militarised-cops-or-soldiers.

5. "The Benefits and Costs of Drug Use Prevention," RAND Corporation, research brief, 1999, http://www.rand.org/pubs/research_briefs/RB6007/index1.html.

6. Thalif Deen, "UN Body Praises Peru, Bolivia for Slashing Output," Inter Press Service, March 7, 2000, http://www.ipsnews.net/2000/03/drugs-un-body-praises-peru-bolivia-for-slashing-output より。

7. UN press release, "UNODC Reports Steep Decline in Cocaine Production in Colombia," June 19, 2009, http://www.unodc.org/unodc/en/press/releases/2009/june/unodc-reports-steep-decline-in-cocaine-production-in-colombia.html.

8. Moisés Naím, *Illicit: How Smugglers, Traffickers, and Copycats Are Hijacking the Global*

government/publications/drug-misuse-findings-from-the-2013-to-2014-csew/drug-misuse-findings-from-the-201314-crime-survey-for-england-and-wales.

13. "Popping Pills: Prescription Drug Abuse in America," National Institute on Drug Abuse, 2011, http://www.drugabuse.gov/related-topics/trends-statistics/infographics/popping-pills-prescription-drug-abuse-in-america〔2017年8月現在アクセス不能。以下にある。https://www.drugabuse.gov/sites/default/files/poppingpills-nida.pdf〕

Chapter 9　多角化するカルテル・ビジネス

1. Bryan Roberts et al., "An Analysis of Migrant Smuggling Costs Along the Southwest Border," Department of Homeland Security, working paper, November 2010, http://www.dhs.gov/xlibrary/assets/statistics/publications/ois-smuggling-wp.pdf.

2. Ibid.

3. Jeffrey S. Passel, D'Vera Cohn, and Ana Gonzalez-Barrera, "Net Migration from Mexico Falls to Zero—and Perhaps Less," Pew Hispanic Center, April 23, 2012, http://www.pewhispanic.org/2012/04/23/net-migration-from-mexico-falls-to-zero-and-perhaps-less.

4. いずれも、Beau Kilmer et al., "Reducing Drug Trafficking Revenues and Violence in Mexico," RAND Corporation, occasional paper, 2010, http://www.rand.org/content/dam/rand/pubs/occasional_papers/2010/RAND_OP325.pdf で挙げられている。

5. Robert S. Gable, "Comparison of Acute Lethal Toxicity of Commonly Used Psychoactive Substances," *Addiction* 99 (6) (2004).

6. T. J. Cicero, "The Changing Face of Heroin Use in the United States," *JAMA Psychiatry* 71 (7) (2014), http://www.ncbi.nlm.nih.gov/pubmed/24871348.

Chapter 10　いたちごっこの果てに……

1. Ricardo Baca, "Chart: Colorado Marijuana Sales Hit $700 Million in 2014," *Cannabist*, February 12, 2015, http://www.thecannabist.co/2015/02/12/colorado-marijuana-sales-2014.700-million/27565.

2. Adam Smith, "Tech-Savvy Criminals Now Using Heat-Seeking Drones to Target Cannabis Farms," *Halesowen News*, April 17, 2014, http://www.halesowennews.co.uk/news/11155386.print.

3. Colorado Marijuana Enforcement Division の最初の年次報告書（2015年）より。https://www.colorado.gov/pacific/sites/default/files/2014%20MED%20Annual%20Report_1.pdf.

4. Maureen Dowd, "Don't Harsh Our Mellow, Dude," *New York Times*, June 3, 2014, http://www.nytimes.com/2014/06/04/opinion/dowd-dont-harsh-our-mellow-dude.html?_r=0.

5. Beau Kilmer et al., "Reducing Drug Trafficking Revenues and Violence in Mexico," RAND Corporation occasional paper, 2010, p. 19, http://www.rand.org/content/dam/rand/pubs/occasional_papers/2010/RAND_OP325.appendixes.pdf.

6. "Mapping Marijuana," *Economist*, January 20, 2015, http://www.economist.com/blogs/graphicdetail/2015/01/daily-chart-11.

7. Chris Dolmetsch, "New York Expands Fight on Smuggled Cigarettes with UPS Suit,"

Treasury of New Zealand, May 2014, http://www.treasury.govt.nz/publications/informationreleases/ris/pdfs/ris-moh-apsa-may14.pdf.

14. Amanda Gillies, "Matt Bowden's Legal High Company in Liquidation," *3 News*, May 16, 2015, http://www.3news.co.nz/nznews/matt-bowdens-legal-high-company-in-liquidation-2015051617#axzz3eYIB5tSf.

Chapter 8　オンライン化する麻薬販売

1. http://www.pizzahut.com/assets/pizzanet を参照。

2. Global Drug Survey, 2014, http://www.globaldrugsurvey.com/facts-figures/the-global-drug-survey-2014-findings.

3. Judith Aldridge and David Décary-Hetu, "Not an 'eBay for Drugs': The Cryptomarket 'Silk Road' as a Paradigm Shifting Criminal Innovation," Social Science Research Network, May 13, 2014, http://papers.ssrn.com/sol3/Papers.cfm?abstract_id=2436643.

4. この問題の極端な例として、第5章で紹介した月の石を売ろうとしたホンジュラス軍大佐の件を思い出してほしい。買い手を見つけるのはそうとう難しかったため、彼は価格を100万ドルから1万ドルと冷凍トラック1台まで値下げせざるをえなかった。世界じゅうを探せばもっと高値をつける買い手はどこかにいただろうが、その買い手を見つけるのは不可能だっただろう。

5.「出口詐欺」の実行犯が犯行声明を出すケースさえある。2015年初頭、DataProVという業者は3万4900ポンド（5万2000ドル）規模の出口詐欺を働いたあと、エボリューション・マーケットプレイスの取引ページにこんなメッセージを残した。「たいへん申し訳ありません。ほとんどの方々にとっては微々たる額でしょうが、一部の方々にとってはかなりの額でしょう。なかには1万ポンドを超える被害を受けた方もおられます。どうぞお達者で」

6. B. C. Ginsburg et al., "Purity of Synthetic Cannabinoids Sold Online for Recreational Use," *Journal of Analytical Toxicology* 36 (1) (January 2012).

7. Anupam B. Jena and Dana P. Goldman, "Growing Internet Use May Help Explain the Rise in Prescription Drug Abuse in the United States," *Health Affairs*, May 12, 2011, http://content.healthaffairs.org/content/30/6/1192.full.pdf+html.

8. Matthew O. Jackson, *Social and Economic Networks* (Princeton, NJ: Princeton University Press, 2008).

9. Geoffrey Pearson and Dick Hobbs, "Middle Market Drug Distribution," Home Office Research Study 227, November 2001, http://eprints.lse.ac.uk/13878/1/Middle_market_drug_distribution.pdf.

10. Beau Kilmer and Peter Reuter, "Prime Numbers: Doped," *Foreign Policy*, October 16, 2009, http://foreignpolicy.com/2009/10/16/prime-numbers-doped.

11. Peter S. Bearman, James Moody, and Katherine Stovel, "Chains of Affection: The Structure of Adolescent Romantic and Sexual Networks," *American Journal of Sociology* 110 (1) (July 2004), http://www.soc.duke.edu/~jmoody77/chains.pdf.

12. "Findings from the 2013/14 Crime Survey," Home Office, 2014, https://www.gov.uk/

Ramírez, "Government of the Republic Identifies Nine Cartels; They Control Forty-three Gangs," *Excelsior*, September 16, 2014（スペイン語）, http://www.excelsior.com.mx/nacional/2014/09/16/981925#imagen-2.

Chapter 7　法律の先を行くイノベーション

1. "Drugs Use Map of the World," *Guardian*, July 2, 2012, http://www.theguardian.com/news/datablog/interactive/2012/jul/02/drug-use-map-world.

2. Tom Wainwright, "Legal Highs: A New Prescription," *Economist*, August 8, 2013, http://www.economist.com/news/leaders/21583270-new-zealands-plan-regulate-designer-drugs-better-trying-ban-them-and-failing-new.

3. 一例として、C. Wilkins et al., "Legal Party Pill Use in New Zealand," Centre for Social and Health Outcomes Research and Evaluation, Massey University, Auckland, http://www.whariki.ac.nz/massey/fms/Colleges/College%20of%20Humanities%20and%20Social%20Sciences/Shore/reports/Legal%20party%20pills%20in%20New%20Zealand%20report3.pdf を参照。

4. "World Drug Report 2013," UNODC, June 26, 2013, http://www.unodc.org/lpo-brazil/en/frontpage/2013/06/26-world-drug-report-notes-stability-in-use-of-traditional-drugs-and-points-to-alarming-rise-in-new-psychoactive-substances.html.

5. "Controlled Drugs: Licences, Fees and Returns," Home Office, July 24, 2015, https://www.gov.uk/government/publications/controlled-drugs-list.

6. この滑稽なやり取りは、イギリス議会の 1996 年 7 月 23 日の正式な記録 http://www.parliament-the-stationery-office.co.uk/pa/cm199596/cmhansrd/vo960723/text/60723w10.htm に永久保存されている〔2017 年 8 月現在アクセス不能。以下にある。http://hansard.millbanksystems.com/written_answers/1996/jul/23/drugs〕。

7. "Is Irish Ban on Legal Highs Driving Market Underground?" *Guardian*, June 30, 2015, http://www.theguardian.com/society/2015/jun/30/risks-of-legal-highs-drive-bereaved-mother-to-campaign-for-uk-ban より。

8. "Psychoactive Substance Regulations—Regulatory Impact Assessment," Treasury of New Zealand, August 5, 2014, http://www.treasury.govt.nz/publications/informationreleases/ris/pdfs/ris-moh-psr-jul14.pdf.

9. "Pharmaceutical Industry," Programmes, World Health Organization, http://www.who.int/trade/glossary/story073/en〔2017 年 8 月現在アクセス不能〕

10. Joseph A. DiMasi, "Innovation in the Pharmaceutical Industry: New Estimates of R&D Costs," Tufts Center for the Study of Drug Development, November 18, 2014, http://csdd.tufts.edu/files/uploads/Tufts_CSDD_briefing_on_RD_cost_study_-_Nov_18,_2014..pdf.

11. "The Price of Failure," *Economist*, November 27, 2014, http://www.economist.com/news/business/21635005-startling-new-cost-estimate-new-medicines-met-scepticism-price-failure.

12. Lena Groeger, "Big Pharma's Big Fines," *ProPublica*, February 24, 2014, http://projects.propublica.org/graphics/bigpharma.

13. "Regulatory Impact Statement: Amendment to the Psychoactive Substances Act 2013,"

reuter/files/milken.pdf で見事に述べられている。

10. Miguel L. Castillo Girón, "Land Ownership Transfers in the Petén, Guatemala," Western Hemisphere Security Analysis Center, Florida International University, February 1, 2011, http://digitalcommons.fiu.edu/cgi/viewcontent.cgi?article=1019&context=whemsac.

11. Natalia Naish and Jeremy Scott, *Coke: The Biography* (London: Robson Press, 2013), p. 18.

12. エルサルバドルは一種の例外だ。世界経済フォーラムのデータによると、エルサルバドルはカルテルにとってニカラグアよりも少しビジネスがしやすい程度だが、殺人発生率ははるかに高い。エルサルバドルの血に飢えたストリート・ギャングが暴力の水準を押し上げているというのがひとつの考えられる説明だろう。実際、この表のデータは第2章で紹介したエルサルバドル国内の主要ギャングどうしの手打ちが伝えられる前のものだ。一方、ホンジュラスの殺人発生率は、2009年に発生した同国の軍事クーデターの余波もあって、2012年は特に高かった。

Chapter 6 フランチャイズの未来

1.「リカルド」は仮名。ほかの情報には手を加えていない。

2. "Incidence of Crime 2014," National System of Public Security, 2015（スペイン語）, http://secretariadoejecutivo.gob.mx/docs/pdfs/estadisticas%20del%20fuero%20comun/Cieisp2014_012015.pdf.

3. Chris Kanich et al., "Spamalytics: An Empirical Analysis of Spam Marketing Conversion," *CCS'08*, 2008, http://cseweb.ucsd.edu/~savage/papers/CCS08Conversion.pdf.

4. Roger Blair and Francine Lafontaine, *The Economics of Franchising* (Cambridge: Cambridge University Press, 2005).

5. Antonio O. Mazzitelli, "Mexican Cartels' Influence in Latin America," Florida International University, Applied Research Center, September 2011, http://www.seguridadydefensa.com/descargas/Mazzitelli-Antonio-Mexican-Cartel-Influence-in-Central-America-Sept.pdf.

6. Peter Drucker, *The Daily Drucker* (New York: HarperCollins, 2004)〔邦訳 P・F・ドラッカー『ドラッカー365の金言』上田惇生訳、ダイヤモンド社、2005年、16ページより引用〕

7. メキシコのカルテルに関するロドリゴ・カナレスの傑作TEDトークは、http://www.ted.com/talks/rodrigo_canales_the_deadly_genius_of_drug_cartels/transcript?language=ja を参照。

8. 殺人件数は2004年が539件、2014年が1514件。http://secretariadoejecutivo.gob.mx/incidencia-delictiva/incidencia-delictiva-fuero-comun.php を参照。

9. Charles G. Miller, "Hot Litigation Topics in Franchising," http://www.bzbm.com/wp-content/uploads/2012/07/HOT-LITIGATION-TOPICS-IN-FRANCHISING.pdf（未発表論文）

10. Témoris Grecko and David Espino, "War for the 'Red Gold' Tears Guerrero Apart," *El Universal*, February 3, 2015（スペイン語）, http://www.eluniversal.com.mx/nacion-mexico/2015/impreso/guerra-porel-8216oro-rojo-8217flagela-a-guerrero-222823.html および Julio

a0a4-00144feab7de.html#axzz3lqtuDTmC.

8. *La Jornada*, September 20, 2005（スペイン語）, http://www.jornada.unam.mx/2005/09/20/index.php?section=politica&article=022n1pol.

9. Herschel I. Grossman, "Rival Kleptocrats: The Mafia Versus the State," in Gianluca Fiorentini and Sam Peltzman, *The Economics of Organised Crime*（Cambridge University Press, 1997）.

10. Leopoldo Franchetti, *Political and Administrative Conditions in Sicily*（1876）.

11. Diego Gambetta and Peter Reuter, "Conspiracy Among the Many: The Mafia in Legitimate Industries," in Fiorentini and Peltzman, *The Economics of Organised Crime*.

12. FBI, "Investigative Programs: Organized Crime," http://www.fbi.gov/about-us/investigate/organizedcrime/cases/carting-industry〔2017年8月現在アクセス不能〕

13. Tom Wainwright, "Señores, Start Your Engines," *Economist*, November 24, 2012, http://www.economist.com/news/special-report/21566782-cheaper-china-and-credit-and-oil-about-start-flowing-mexico-becoming.

Chapter 5　オフショアリング

1. Alan Blinder, "Offshoring: The Next Industrial Revolution?" *Foreign Affairs*（March 2006）, https://www.foreignaffairs.com/articles/2006-03-01/offshoring-next-industrial-revolution.

2. Clair Brown et al., "The 2010 National Organizations Survey: Examining the Relationships Between Job Quality and the Domestic and International Sourcing of Business Functions by United States Organizations," Institute for Research on Labor and Employment, December 2013, http://www.irle.berkeley.edu/workingpapers/156-13.pdf.

3. "Latin America: Tax Revenues Continue to Rise, but Are Low and Varied Among Countries," OECD, January 20, 2014, http://www.oecd.org/ctp/latin-america-tax-revenues-continue-to-rise-but-are-low-and-varied-among-countries-according-to-new-oecd-eclac-ciat-report.htm.

4. 最終的にこの離婚戦略は失敗に終わる。私と会った直後、コロン大統領の元妻の出馬は結局違法と判断された。それから2人は再婚していない。

5. http://kevinunderhill.typepad.com/Documents/Opinions/US_v_One_Lucite_Ball.pdf および http://www.collectspace.com/news/usvmoonrock.pdf を参照。

6. Tom Wainwright, "Dicing with Death," *Economist*, April 12, 2014, http://media.economist.com/sites/default/files/media/2014InfoG/databank/IR2a.pdf.

7. "Country Report: Honduras," US Department of State, 2014, http://www.state.gov/j/inl/rls/nrcrpt/2014/vol1/222904.htm.

8. "Cocaine from South America to the United States," UNODC, https://www.unodc.org/documents/toc/Reports/TOCTASouthAmerica/English/TOCTA_CACaribb_cocaine_SAmerica_US.pdf.

9. この主張については、Peter Reuter, "The Limits of Supply-Side Drug Control," *Milken Institute Review*（First Quarter 2001）, http://faculty.publicpolicy.umd.edu/sites/default/files/

02236.

3. David Skarbek, *The Social Order of the Underworld: How Prison Gangs Govern the American Prison System* (Oxford: Oxford University Press, 2014).

4. David Grann, "The Brand," *New Yorker*, February 2004, http://www.newyorker.com/magazine/2004/02/16/the-brand.

5. "The Illicit Drug Trade in the United Kingdom," Home Office, 2007.

6. Melvin Soudijn and Peter Reuter, "Managing Potential Conflict in Illegal Markets: An Exploratory Study of Cocaine Smuggling in the Netherlands," 2013.

7. Charles Bowden, *Murder City: Ciudad Juárez and the Global Economy's New Killing Fields* (New York: Nation Books, 2010).

8. 例外のひとつがハーバード・ビジネス・スクールのロイ・Y・J・チュアの実験であり、ある程度の「文化的対立」がある職場で働く人々は創造性のテストでスコアが低い傾向にあることが暫定的に示されている。

9. Moisés Naím, *Illicit: How Smugglers, Traffickers, and Copycats Are Hijacking the Global Economy* (New York: Doubleday, 2005), p. 73.〔邦訳　モイセス・ナイム『犯罪商社.com ネットと金融システムを駆使する、新しい"密売業者"』河野純治訳、光文社、2006年、102ページ〕

10. Cited by Common Sense for Drug Policy, http://www.csdp.org/research/nixonpot.txt.

11. International Centre for Prison Studies, http://www.prisonstudies.org.

12. Ruth Maclean, "We're Not a Gang, We're a Union, Say the Drug Killers of Ciudad Juárez," *London Times*, March 27, 2010. 筆者のWebサイト https://macleanandrickardstraus.wordpress.com/2010/03/27/were-not-a-gang-were-a-union-say-the-drug-killers-of-ciudad-juarez より入手可能。

Chapter 4　PRとシナロアの広告マン

1.『レフォルマ』紙の2014年4月1日の定期世論調査より。http://www.funcionpublica.gob.mx/sintesis/ComSoc_historico/2014/abril/01/t5.pdf, p. 8（スペイン語）

2. この軽快なバラードは https://www.youtube.com/watch?v=pfGtRJjkS-g で聴くことができる。

3. "El Chapo Accuses Governor of Chihuahua of Helping Juárez Cartel," *Proceso*, September 15, 2010（スペイン語）, http://www.proceso.com.mx/?p=101344.

4. Al Ries and Laura Ries, *The Fall of Advertising and the Rise of PR* (New York: HarperCollins, 2012)〔邦訳　アル・ライズ＆ローラ・ライズ『ブランドは広告でつくれない 広告vs PR』共同PR株式会社翻訳監修、翔泳社、2003年〕

5. Nick Davies, *Flat Earth News* (London: Chatto and Windus, 2008) にて挙げられている2008年の推定値。

6. "What Do You Want from Us?" *El Diario de Juárez*, September 19, 2010（スペイン語）, http://diario.mx/Local/2010-09-19_cfaade06/_que-quieren-de-nosotros/?/.

7. Alison Smith, "Fortune 500 Companies Spend More Than $15bn on Corporate Responsibility," *Financial Times*, October 12, 2012, http://www.ft.com/cms/s/0/95239a6e-4fe0-11e4-

7. Oeindrila Dube, Omar Garcia-Ponce, and Kevin Thom, "From Maize to Haze: Agricultural Shocks and the Growth of the Mexican Drug Sector," Center for Global Development, 2014, http://www.cgdev.org/sites/default/files/maize-haze-agricultural-shocks-growth-mexican-drug-sector_0.pdf〔2017年8月現在アクセス不能。以下にある。https://www.cgdev.org/sites/default/files/maize-haize-agricultural-shocks-growth-mexican-drug-sector_1.pdf〕

8. "Colombia Coca Cultivation Survey 2005," UNODC, June 2006, http://www.unodc.org/pdf/andean/Colombia_coca_survey_2005_eng.pdf, p. 7.

9. "Recommended Methods for the Identification and Analysis of Cocaine in Seized Materials," UNODC, 2012, http://www.unodc.org/documents/scientific/Cocaine_Manual_Rev_1.pdf.

10. Beau Kilmer and Peter Reuter, as quoted in *Foreign Policy*, October 2009, http://foreignpolicy.com/2009/10/16/prime-numbers-doped.

Chapter 2　競争か、協力か

1. この真偽不明な伝説は、ルピージョ・リベラの麻薬民謡"50 Mil Rosas Rojas"（5万本の赤いバラ）でドラマチックに歌い上げられている。

2. "Ciudad Juarez Man Sentenced for Eight Years for Bribery/Drug Smuggling," US Immigration and Customs Enforcement news release, September 15, 2008, http://www.ice.gov/news/releases/ciudad-juarez-man-sentenced-8-years-briberydrug-smuggling〔2017年8月現在アクセス不能〕

3. Stephen S. Dudley, "Drug Trafficking Organizations in Central America: Transportistas, Mexican Cartels and Maras," Wilson Center, 2010, http://www.wilsoncenter.org/sites/default/files/Chapter%202-%20Drug%20Trafficking%20Organizations%20in%20Central%20America%20Transportistas,%20Mexican%20Cartels%20and%20Maras.pdf.

4. US Securities and Exchange Commission, http://www.sec.gov/Archives/edgar/data/1467858/000146785812000014/gm201110k.htm#s8EF7834BE4E777188CAF1031CB30C168, p. 15.

5. Gianluca Fiorentini and Sam Peltzman, eds., *The Economics of Organised Crime* (Cambridge: Cambridge University Press, 1997).

6. Christina Villacorte, "Tattoo Removal in Prison Gives Inmates a Second Chance," *Huffington Post*, September 4, 2013, http://www.huffingtonpost.com/2013/09/04/tattoo-removal-prison_n_3864222.html.

Chapter 3　麻薬カルテルの人材問題

1. "The Illicit Drug Trade in the United Kingdom," Matrix Knowledge Group/Home Office, 2007, http://webarchive.nationalarchives.gov.uk/20110220105210/rds.homeoffice.gov.uk/rds/pdfs07/rdsolr2007.pdf.

2. Joe Palazzolo and Rogerio Jelmayer, "Brazil Files Bribery Charges in Embraer Aircraft Sale to Dominican Republic," *Wall Street Journal*, September 23, 2014, http://www.wsj.com/articles/brazil-files-bribery-charges-in-embraer-aircraft-sale-to-dominican-republic-14115

原 注

Introduction　カルテル株式会社

1. Executive Secretariat of the National Public Security System, "Reports of Incidence of Crime by Year," 2010（スペイン語）, http://secretariadoejecutivo.gob.mx/incidencia-delictiva/incidencia-delictiva-fuero-comun.php.

2. これらの推定値はどうしても概算になってしまうのだが、国連薬物犯罪事務所（UNODC）の統計に基づく。たとえば、"Time for Policy Change Against Crime, Not in Favor of Drugs," 2009, https://www.unodc.org/unodc/en/about-unodc/speeches/2009-03-11.html を参照。

3. Beau Kilmer et al., "Reducing Drug Trafficking Revenues and Violence in Mexico," RAND Corporation occasional paper, 2010, http://www.rand.org/content/dam/rand/pubs/occasional_papers/2010/RAND_OP325.appendixes.pdf, p. 19.

4. Moisés Naím, *Illicit: How Smugglers, Traffickers, and Copycats Are Hijacking the Global Economy* (New York: Doubleday, 2005), p. 68〔邦訳　モイセス・ナイム『犯罪商社.com　ネットと金融システムを駆使する、新しい"密売業者"』河野純治訳、光文社、2006年、95ページ〕

Chapter 1　コカインのサプライ・チェーン

1. "Plurinational State of Bolivia, Monitoring of Coca Cultivation 2014," UNODC, August 2015（スペイン語）, https://www.unodc.org/documents/bolivia/Informe_Monitoreo_Coca_2014/Bolivia_Informe_Monitoreo_Coca_2014.pdf.

2. "World Drug Report 2006," UNODC, 2007, https://www.unodc.org/unodc/en/data-and-analysis/WDR-2006.html.

3. http://www.whitehouse.gov/sites/default/files/ondcp/policy-and-research/2013_data_supplement_final2.pdf, p. 75〔2017年8月現在アクセス不能。以下にある。https://obamawhitehouse.archives.gov/sites/default/files/ondcp/policy-and-research/2013_data_supplement_final2.pdf〕

4. Tom van Riper, "The Wal-Mart Squeeze," *Forbes*, April 24, 2007, http://www.forbes.com/2007/04/23/walmart-suppliers-margins-lead-cx_tvr_0423walmart.html.

5. Charles Fishman, "The Wal-Mart You Don't Know," *Fast Company*, December 2003, http://www.fastcompany.com/47593/wal-mart-you-dont-know.

6. Jorge Gallego and Daniel Rico, "Manual Eradication, Aerial Spray and Coca Prices in Colombia," unpublished paper, 2012, http://www.mamacoca.org/docs_de_base/Fumigas/Daniel_Rico_GallegoJorge_Manual_Eradication_Aerial_Sparying_and_Coca_Prices__2012.pdf.

著者略歴

（Tom Wainwright）

『エコノミスト』誌エディター（イギリス）．以前は同誌のレポーターをメキシコシティで務め，メキシコ，中米，および米国国境周辺地域を担当．『タイムズ』『ガーディアン』『リテラリー・レビュー』にも寄稿している．オックスフォード大学で哲学，政治，経済学を修めた．本書が初の著作．

訳者略歴

千葉敏生〈ちば・としお〉翻訳家．訳書 バーネット他『LIFE DESIGN』（早川書房，2017）タレブ『反脆弱性』（ダイヤモンド社，2017）サンプター『サッカーマティクス』（光文社，2017）ほか．

トム・ウェインライト
ハッパノミクス
麻薬カルテルの経済学
千葉敏生訳

2017年12月8日　第1刷発行

発行所　株式会社 みすず書房
〒113-0033 東京都文京区本郷2丁目20-7
電話 03-3814-0131(営業) 03-3815-9181(編集)
www.msz.co.jp

本文組版　キャップス
本文印刷所　萩原印刷
扉・表紙・カバー印刷所　リヒトプランニング
製本所　東京美術紙工

ISBN 978-4-622-08663-5
[ハッパノミクス]

21世紀の資本	T.ピケティ 山形浩生・守岡桜・森本正史訳	5500
貧乏人の経済学 もういちど貧困問題を根っこから考える	A. V. バナジー／E. デュフロ 山形浩生訳	3000
貧困と闘う知 教育、医療、金融、ガバナンス	E.デュフロ 峯陽一／コザ・アリーン訳	2700
大脱出 健康、お金、格差の起原	A.ディートン 松本裕訳	3800
善意で貧困はなくせるのか？ 貧乏人の行動経済学	D.カーラン／J.アペル 清川幸美訳 澤田康幸解説	3000
テクノロジーは貧困を救わない	外山健太郎 松本裕訳	3500
テクノロジーとイノベーション 進化／生成の理論	W. B. アーサー 有賀裕二監修 日暮雅通訳	3700
テクニウム テクノロジーはどこへ向かうのか？	K.ケリー 服部桂訳	4500

（価格は税別です）